人文社科
高校学术研究论著丛刊

学习有效性实践探微

靳 会 著

中国书籍出版社
China Book Press

图书在版编目(CIP)数据

学习有效性实践探微 / 靳会著. -- 北京：中国书籍出版社, 2023.6

ISBN 978-7-5068-9458-6

Ⅰ.①学… Ⅱ.①靳… Ⅲ.①课堂教学 – 教学研究 Ⅳ.①G424.21

中国国家版本馆CIP数据核字（2023）第109411号

学习有效性实践探微

靳　会　著

丛书策划	谭　鹏　武　斌
责任编辑	牛　超
责任印制	孙马飞　马　芝
封面设计	东方美迪
出版发行	中国书籍出版社
地　　址	北京市丰台区三路居路97号（邮编：100073）
电　　话	（010）52257143（总编室）　（010）52257140（发行部）
电子邮箱	eo@chinabp.com.cn
经　　销	全国新华书店
印　　厂	三河市德贤弘印务有限公司
开　　本	710毫米×1000毫米　1/16
字　　数	297千字
印　　张	18.75
版　　次	2023年9月第1版
印　　次	2023年9月第1次印刷
书　　号	ISBN 978-7-5068-9458-6
定　　价	98.00元

版权所有　翻印必究

序

读者朋友，摆在您面前这本书，是作者热衷于教育事业、默默无闻、埋头苦干、从事教学工作的经验总结。

靳会老师的专著能够从相关理论、教学模式、教学设计、经验分享等方面向我们详细介绍学习有效性的在校实践。把有效学习的策略汇集成书，全方位展现出整个探索过程，这是来自实践的经验，是新课改背景下推进新课堂变革的硕果。靳会校长的研究成果对于一线教师有着十分重要的借鉴意义。我认为本论著在小学教师落实"教—学—评"一致性、提高小学教育教学质量中起到了一定的作用。论著当中研究成果较多，典型案例可操作性强，可以真正解决小学教师教学中的实际问题，值得大家细细品读、学习和思考。

30年，从发展的角度看只是短暂的一瞬，可对于靳会老师来说，却是她教育生涯的全部。翻阅她所著的这本书，让我浮想联翩，感动不已。在实行新课标、新教材、新课程、新课改的今天，到底如何才能实现学生学习的有效性呢？对于这一问题的研究是仁者见仁，智者见智。此书的撰写，可谓正当其时，希望您能从本书中寻找到一种契合和共鸣，得到一种启发和激励。

冯佐琳

目 录

第一章　关注学习习惯，全面提升素养　　　　　　　　　1

　　第一节　习惯内容及要求　　　　　　　　　　　　　2
　　第二节　习惯实施及养成　　　　　　　　　　　　　9

第二章　有效学习方式　　　　　　　　　　　　　　　13

　　第一节　准备充分　　　　　　　　　　　　　　　13
　　第二节　有序实施　　　　　　　　　　　　　　　15
　　第三节　合力保障　　　　　　　　　　　　　　　16

第三章　有效教学模式　　　　　　　　　　　　　　　20

　　第一节　"教—学—评一致性"的语文教学模式　　　21
　　第二节　"教—学—评一致性"的小学科学"探究—研讨"
　　　　　　课堂教学模式　　　　　　　　　　　　　35

第四章　有效教学设计　　　　　　　　　　　　　　　39

　　第一节　学期课程纲要的设计　　　　　　　　　　40
　　第二节　单元方案的设计　　　　　　　　　　　　48
　　第三节　学历案的设计　　　　　　　　　　　　　51
　　第四节　大单元设计　　　　　　　　　　　　　　60

第五章　有效教学研究　　109

第一节　专业教研形式　　109
第二节　专业教研内容　　112

第六章　有效课堂教学　　118

第一节　有效课堂是目标明确精准的课堂　　119
第二节　有效课堂是任务标准清晰的课堂　　127
第三节　有效课堂是"教—学—评"一致性的课堂　　132
第四节　有效课堂是"在学习、真学习、学会了"的课堂　　137
第五节　有效课堂是深度学习的课堂　　140
第六节　有效课堂是有学科味的课堂　　146
第七节　有效课堂是当堂检测的课堂　　148

第七章　有效辅导监测　　151

第一节　加强作业建设　　151
第二节　有效反思补困　　164
第三节　有效学业监测　　168

第八章　有效线上教学　　170

第一节　加强学生考勤　　170
第二节　有效教学探究　　172
第三节　有效复习指导　　179
第四节　做好线上线下有效衔接　　181

目 录

第九章　有效经验分享　　　　　　　　　　　　　　　　　　184

　　第一节　构建"12345"模式，助力"空中课堂"
　　　　　　高效运行　　　　　　　　　　　　　　　　　　184
　　第二节　核心素养导向下的"以评促学""以考促教"
　　　　　　评价体系实践研究　　　　　　　　　　　　　　191
　　第三节　单元教学设计样例展示　　　　　　　　　　　　211
　　第四节　"教—学—评一致性"的教学设计样例展示　　　244
　　第五节　小学"限时快乐作文"教学模式的探索与思考　260

第十章　"听"出来的有效课堂　　　　　　　　　　　　　　278

　　第一节　基于新课标如何听评课　　　　　　　　　　　　278
　　第二节　学生喜欢这样的教学设计　　　　　　　　　　　282
　　第三节　每一步，你达标了吗　　　　　　　　　　　　　283
　　第四节　当堂检测这样才有效　　　　　　　　　　　　　285

参考文献　　　　　　　　　　　　　　　　　　　　　　　　287

后　记　　　　　　　　　　　　　　　　　　　　　　　　　288

第一章　关注学习习惯，全面提升素养

"少成若天性，习惯成自然。"

——孔子

"教育是什么？往简单方面说，只是一句话，就是要养成良好习惯。"

——叶圣陶

"人生幸福在于良好习惯的养成。"

——美国著名哲学家罗素

古今中外，历代仁人志士对习惯的重要性都予以了完美的诠释。习惯形成性格，性格决定命运，也成为我们的共识。小学阶段是培养学习习惯的关键时期，良好的学习习惯对学生知识水平的提高具有重要的作用，它能促人向上，具有提高效率和学习质量的功效。良好学习习惯有利于激发学生学习的积极性和主动性，有利于形成学习成就感，有利于提高学习效率，有利于提升学习素养，使学生终身受益。因此，每一位小学教育工作者，都应在教育实践中，以多种有效的方式帮助学生养成良好的学习习惯，这是我们的职责所在。

第一节　习惯内容及要求

所谓习惯，是指由于不断重复而形成的比较固定化的行为方式。习惯的最大特点是自动化，不需要特别的意志努力，不需要别人的监控，在什么情况下就按什么规则去行动。习惯一旦养成，就会成为支配人生的一种力量。英国思想家洛克说得好："习惯的力量比理智更加有恒，更加简便。"培根则说："习惯真是一种顽强而巨大的力量，它可以主宰人的一生，因此人从幼年起就应该通过教育培养一种良好的习惯。"国内外教学研究统计资料表明，对于绝大多数学生来说，学习的好坏，20%与智力因素有关，80%与非智力因素有关。在信心、意志、习惯、兴趣、性格等主要非智力因素中，习惯占有重要位置。古今中外在学术上有所建树者无一不具有良好的学习习惯，进化论的创始人达尔文说："我的生活过得像钟表的机器那样有规则，当我的生命告终时，我就会停在一处不动了。"达尔文所说的"规则"，便是指良好的习惯，当然，也包括学习习惯。

为提高培养成效，首先要选准所要培养的学习习惯，经过实践，我们认为要根据小学生生理、心理及年龄特点，根据儿童学习活动的基本规律及儿童身心发展的规律，可以从以下十个方面列出具体、可操作的培养目标及要求，着手进行学生学习习惯的培养。

一、晨诵、午读、暮省

晨诵：为每一天注入生命源泉，培养一种与黎明共舞的生活方式。每天早上到校后自觉诵读，养成"入校即入班，入班即读书"的良好习惯。内容可以是经典诵读材料和教材中要诵读的内容。

午读：唤醒生命的美好与神奇，培养终身阅读者。读书内容为教材中的和市、区推荐的阅读书目。同时，学校各年级可采取"图书漂流"的方法，各班轮流阅读、交换阅读，使学生可以读到更多的书籍。

暮省：让反思成为学生的日常生活方式。学生每天在完成学业以后，通过日记、读书摘抄、读书心得、读写绘、汇编诗集等多种方式，反思、记录一天的学习与生活。

二、课前准备

（一）学习用品（课前检查）

（1）是否准备齐全。（根据各个学科的需要准备好相应的学习用品）

（2）是否摆放整齐。（书本整齐地摆放在桌子的右上角，文具用品放在笔槽处等）

（二）预备铃响

（1）停止一切活动，立刻收起活动器具。

（2）快速走进教室，注意安全不奔跑。如上楼梯必须加紧脚步，但避免连跨台阶等。

（3）在小领读员的带领下，开展相关学科的预备课程。

（三）预备课程

利用预备铃响到上课铃响之间的时间，完成相应的学科内容。

（1）语文、信息等课前要诵读。

（2）数学：口算课课练。

（3）英语：诵读单词、课文等。

（4）音乐：唱歌。

（5）道德与法治、科学：诵读相关知识点。

（四）专用教室

（1）课前准备好专用教室上课的学习用品，如音乐书、信息教材、美术包等用具。

（2）听到预备音乐声，立刻在走廊内安静排队。

（3）领队员及时喊口令进行整队，做到快、静、齐，等待老师来带队。

（4）上课铃声响，务必把学生带到专用教室并做好上课准备。

三、遵守纪律

（一）出勤纪律

按规定时间上课，不得随意迟到、早退，进出教室时不得影响他人学习和教师讲课。有事、有病要请假。

（二）听讲认真

（1）坐姿端正、不趴下、不侧坐、不喧哗、不说笑、不打闹、不做小动作，双手整齐端放桌上，眼睛注视老师。

（2）主动学习知识。听讲要专心、仔细，不开小差、不乱讲话、不摆弄东西、不做与学习毫不相干的事情。

（三）踊跃发言

（1）课上要认真思考，积极回答问题或提出问题，不断解开疑团，从而有所发现、有所创造。

（2）发言要先举手，起立、坐下和举手时尽量不要出声。

（3）发言要清楚、完整，声音要干脆、响亮。

（4）别人发言时要认真倾听，不随便插话，并能进行恰当评价与互动交流。

四、书写姿势

（1）坐姿：坐姿端正，头正、肩平、身直、足安。

（2）距离：一尺，指眼离书本一尺；一寸，指离笔尖一寸；一拳，指胸离桌子一拳。

（3）握笔口诀：

老大老二对对齐，手指之间留缝隙，老三下面来帮忙，老四老五往里藏。

掌心要空腕用力，笔杆倚在最高端，笔杆冲右耳，不要对鼻尖。

五、书写规范

（一）基本要求

（1）用笔：一、二年级用铅笔，三、四年级用钢笔；五、六年级用钢笔，也可用中性笔。

（2）字迹：书写时，字迹工整，不在作业本上乱涂乱画，养成写字垫纸的好习惯，作业一律不得使用涂改液。

（3）整洁：注意卷面整洁，不随便撕作业纸，保持作业本的清洁和完整无缺。

（二）格式要求

（1）汉语拼音簿（生字本）：安排好间架结构，大小适中，各部件匀称、规范。

（2）作文书写格式：题目居中；每段开头空两格；标点符号占一格，每一行开头第一格不要用除上引号之外的标点符号，上引号不能写在一行的最后；破折号、省略号占两格，引号的上引号和下引号各占一格。

（3）数学作业本（横格本）：使用横格本要注意字的上沿离横线要有一定空隙，下沿不要超出横线，字与字之间要有适当的距离。力求行款整齐。每次做题前要改正前次的错题，位置要在当次作业后，并注明"订正"字样。

（4）英语练习本：

字母：按照字母的笔顺和字母在三格中应占的位置书写。每个字母都应稍向右倾斜，约为5°，斜度要一致。

单词：书写单词时，字母与字母之间的间隔要均匀、适当，不要凑得过紧，也不要离得太远。尽量不要把一个单词拆开移行，万一要移行，则必须以音节为单位进行。

句子：书写时单词之间必须有适当的距离，一般以空出一个小写字母a的宽度为宜。

六、热爱读书

姿势：注意姿势正确。读书时或坐端正，或轻松倚靠于沙发上，端书而读。

保健：注意读书时的光线；注意读书的时间，如果过长，要适当休息，眼睛要眺望远方，以缓解眼睛疲劳；不要躺着读书；不在行进过程中或车上读书。

笔记：

（1）学会做读书笔记。记录个人的读书目录，摘抄课外读物的精彩句段，或在精彩处圈点，标记上自己的阅读体会。

（2）养成"不动笔墨不读书"的好习惯，体验读书的成就和乐趣。

方法：

（1）学习和总结泛读、通读、精读、略读、跳读、速读等读书方法，提高读书效率。

（2）边读边思考，善于"打破砂锅问到底"，不懂的地方向他人请教或查工具书解决。

选书：选择图书时，在注重兴趣的同时，要做到博览群书，要选择经典图书阅读，要选择有益于身心健康的书阅读。

七、课堂笔记

记录位置：一般记在课本或专用的笔记本上，但多数情况下是兼而有之的。

笔记内容：一记提纲；二记方法；三记补充；四记疑点，对老师所讲的内容有疑问的地方，先记下来，课后再求教于老师，或通过自己思考来解除这些疑虑；五记精华，课上强调及拓展的精华内容，切勿放过。

八、合作学习

（一）小组学习

（1）自主预习：主动、认真、投入地完成学习要求的内容，并保持组内的安静。

（2）人人参与：小组长要起带头作用，确保人人参与，尊重他人发言，善于倾听。

（3）小组讨论：积极大胆地参与小组交流讨论。组内分工明确，讨论积极主动、热烈有序，达到解决问题或产生新问题的目的；无高声喊叫等不良现象发生。

（4）评价补充：善于倾听、思考，能主动发现和提出问题，并有条理地表达思考过程。倾听后评价他人发言，及时补充自己的想法。

（二）汇报交流

（1）展示交流用规范性语言，声音响亮清晰，条理清楚，见解或方法独特、有新意。

（2）其他学生要认真倾听，以发现自己之不足，学习他人的长处，适时评价、补充、质疑、互动。

九、完成作业

（一）认真完成

（1）当天的作业要当天完成。
（2）独立、认真、按时完成老师布置的各类作业，不抄袭别人的作业。
（3）书写认真、规范、整洁。
（4）在做作业的过程中，要专心写字，不能出现一边听歌一边写字、算题等类似的事情。遇到不会的题时，要有迎难而上的精神，提高破解难题的能力；实在不会时，先做好记录，待所有作业完成后，再逐一请教他人。
（5）如果没完成作业，应主动向老师说明理由，并及时补上。

（二）仔细检查

（1）作业完成后认真检查。检查数量是否缺项，质量上是否全对，如发现错误应及时改正。
（2）评讲过的作业一次订正对。
（3）检查作业后把作业有序、分类放入书包中（作业流程是听清、做好、交齐；作业要求是以好为标准，以对为原则，以真会为目标）。

十、记录错题

（一）内容

（1）建立错题集，做好错题记录，找出错因，及时订正。
（2）不拘时间，不问多少，不分课内外，凡是错题都应一题不漏地主动分类收录。
（3）课上来不及记的，课后一定及时记录，在校来不及记的，回家要及时补记。

（二）分类

（1）按内容分类，使知识系统化。
（2）按题型分类，化繁为简，集中目标。
（3）按错因分类，可以举一反三，事半功倍。

第二节　习惯实施及养成

良好的学习习惯不是一朝一夕养成的，它需要有一个由简单到复杂的逐渐形成的过程。我们要根据学生的年龄特点，根据教学的具体情况，从小抓起，循序渐进。小学生自制能力差，一些良好学习习惯易产生，也易消退，所以对他们要严格要求，反复训练。在反复实践和强化训练中尤其要注意各科教师之间，教师与家长之间，班与班之间的密切配合，步调一致。作为学生，自己也要严格监督自己，发现偶有偏离，立即作出调整。此外，教师要为学生树立榜样，引导他们从榜样中感受良好习惯对一个人成才的重要影响，从而自觉培养良好的学习习惯。

为了使学生学习习惯的培养得以顺利达成，需要采取行之有效的举措。经过实践，我们认为从以下四个方面着手可以使学生的学习习惯得以有序、有效地养成。

一、培训先行，认识到位

学生在年龄小时，习惯既容易建立，也难以巩固，需要持之以恒。如果不良习惯越积越多并稳固定形时，那么就更影响良好习惯的建立，又不易纠正，如有的学生有上课不专心听讲、不按时完成作业的坏习惯，即使在老师的教诲下有了改正的决心，可往往是改了又犯、犯了又改，需要经过长期的艰苦努力，才能彻底改掉。很多人认为小学低年级要让孩子多玩，到了高年级习惯自然就养成了，这种观点是极其错误的，从小学一年级甚至幼儿园起，就应引导学生建立良好的学习习惯，并在成长过程中逐步强化训练，从而形成稳定的自觉行为，这些一定要成为老师和学生们的共识。

开学初，可以制定《小学生学习习惯养成教育方案》，并给全体老师进行专项培训，使老师们明白习惯养成教育的意义、价值和艰难，了解每种习惯养成的内容、要求和训练方法。让全体老师认识到习惯养成绝不是一个学科老师的事情，而是全体任课老师的共同责任；习惯养成也不是一日之功，需要坚持不懈地去做看似很简单的事情。同时，利用每周的例会再次对本周学习习惯的培养内容及要求进行专项培训。只有认识到位，具体实施时才会不折不扣，才能为良好习惯的形成打下坚实的基础。

二、循序渐进，持之以恒

为使每个学期的每一周都能进行有序的学习习惯的培养，需要按照学期周次的长短，合理安排每个习惯的训练周期，并将每个周定为相应的学习习惯周，如"课前准备周""书写姿势周""书写规范周""课堂纪律周""热爱读书周""错题记录周"等，使每个周的习惯训练相对集中，便于指导，互相借鉴，有效达成。

良好习惯的养成必须依靠学生多次反复地实践。小学低年级学生自制能力差，一些良好学习习惯易产生，也易消退，所以对他们要严格要求，反复训练，直到巩固为止。教师要有目的、有计划地增强学生的学习意识，让学生在自主学习的过程中养成良好的学习习惯。但不能只讲要求，而应结合教学实际精心备课、细心指导、反复训练、认真检查、严格督促，使良好习惯的养成融于课堂教学之中。

尽管每周有相对固定的主要的学习习惯，但其他习惯并不是不管不问，止步不前，而是兼而有之，重点培养。在每个周期内紧紧围绕主攻方向，安排学习内容，除学校组织和提倡的健康活动外，一切与主攻方向相悖的乃至不相关的劳神费时的事情都尽量不做。

三、检查督促，榜样引领

在实施中，一边检查，一边纠正，每次检查都要及时反馈，告知问题、分析原因、提出改进建议，再次检查整改，再予反馈。不断地如此循环，学生的良好习惯终会顺利养成。

根据习惯内容的不同，可设计不同的检查时间和方式，日日查、周周查、月月查等，使人人意识到学生习惯的养成已变成学校常规的工作。要教会学生学会自查整改，也就是说自己也要严格监督自己，发现偶有偏离，立即做出调整，尤其是高年级学生更要形成这方面的意识和习惯。比如，发现自己的字写得不端正了，发现上课时自己精神不集中了，发现自己没有执行或没有完成学习计划了……立即做出调整。培养习惯，就像走路一样，发现走的路线不对，及时调整到对的轨道上去，久而久之，一条小路便踩出来了。

为有效形成良好的学习习惯，还要充分发挥小榜样的引领作用，分门别类地评选出各种小标兵进行表彰，并及时在电子屏等校园宣传窗口滚动播放。另外，可以在班上多表扬一些上课认真听讲、作业工整、遵守纪律的学生，让其他学生自觉模仿，形成习惯。对学生的每一点良好行为，教师不仅要及时给予表扬，而且要在班上营造一种良好的议论氛围。同时，家长和教师也要注重自己的言行，做好学生的表率，不能使自己的不良习惯"传染"到孩子的身上。对高年级的学生要给他们多讲一些名人持之以恒、勤奋好学、刻苦钻研等方面的故事，引导他们多读一些课外书籍，从中感受良好习惯对一个人成才的重要影响，从而自觉培养良好的学习习惯。

四、活动激励，彰显成效

为了将习惯培养做深做实，学生可以开展丰富多彩的活动。比如，在"书写规范周"里，可以开展"写字教学'四步走'教学模式"的研讨，可以进行书写课的教学观摩，可以在教室内开辟"书写园地"张贴学生的优秀书写作品，可以举行书写作品展，可以定期制作书法展板供全校师生欣赏；数学学科可以有口算、动手操作实践活动；英语学科有书写、口语交流等活动。实践证明，对于这样的多元活动，孩子们非常乐意参与，在活动中不仅使习惯培养得以落地，还能促进孩子们各种素养的有效提升。

  儿童的心田是一块神奇的土地，播种了一种思想，便会有行为的收获；播种了行为，便会有习惯的收获；播种了习惯，便会有品德的收获；播种了品德，便会有命运的收获。良好的学习习惯对人生的确是太重要了，所以古今中外的教育学家、心理学家都非常重视学生学习习惯的培养。我国当代教育家叶圣陶曾明确指出："什么是教育？一句话，就是要养成良好的学习习惯。"联系现实生活中的人和事，再仔细分析一下，就会越发感到那些教育家的话确实包含着深刻的哲理，尤其是在学习方面，几乎每个人都适用。因此，要想获得良好的学习成效，就一定要重视从小培养学生良好的学习习惯。

第二章　有效学习方式

合作学习被人们誉为"近三十年来最重要和最成功的教学改革",其是指学生为了完成共同的任务,有明确的责任分工的互助性学习。合作学习在改善课堂内的社会心理气氛、大范围提高学生的学业成绩、促进学生形成良好认知品质等方面成效显著,成为当代主流教学理论与策略之一。尽管合作学习的价值得到了大家的一致认同,但是在实际操作中却出现了极不和谐的声音。诸如各抒己见、没有共识,易受干扰、东张西望,推诿抱怨、难成合力,袖手旁观、坐享其成等。尤其是小学阶段,是孩子们认知、性格、能力、规范、习惯等形成的关键时期,更需要培养学生自主学习基础上的合作学习能力。

如何在小学阶段实现学生的有效合作呢?结合多年的教学经验,笔者认为可以从以下几方面做出努力。

第一节　准备充分

凡事预则立,不预则废。小组合作学习亦是如此,只有进行了科学、合理地分组,只有进行了细致、全面的组长培训,有效合作学习才会取得事半功倍的效果。

一、指导分组

分组人数：建议4人一组或2人一组。

分组原则：一般按组内异质、组间同质的原则，将1名薄弱生、2名中等生、1名优等生分成2人一小组、4人一大组。在这个4人团队中，同桌结成对子。1号与4号为一对，1号为学友，4号为学师。2号与3号为一队，2号为学友，3号为学师。这样的编排有利于成员之间互补互助，并提高学习的有效性。

合理编号：1名薄弱生为1号，1名中等生（偏下）为2号，1名中等生（偏上）为3号，1名优等生为4号。

各司其职：编号之后还要让每个成员明确自己的职责，如1号可以收取各科作业，2号为纪律管理员，3号为中心发言人，4号为组长。组长是小组的领袖人物，一般都是由学习素养高，责任心、组织能力强的学生担任。如此一来，让他们都感到自己是小组中不可缺少的一员，无形中增强了小组的凝聚力，也使有效合作学习有了可能。

二、培训小组长

作为个体的他们是最棒的，那如何在小组这个集体中发挥优势，带动成员也全面发展呢？还需要对他们进行全面、细致的培训。通过培训，不仅可以使他们明白自己的意义、价值，更要明确自己的职责和工作方法。

既要负责维持小组纪律，及时制止破坏纪律的同学，又能根据组员的学习实际，合理分配学习任务；既要关注每一个组员的活动，又要帮助学习有困难的同学，鼓励较少发言的同学；既要负责汇总好组员的讨论意见，做出结论，又要及时展示学习成果，并能与其他组进行互动交流。所以，组长的培训工作也是至关重要的一环。

实践经验使笔者感受到学校层面可以组织一些"小组合作学习组长培训会"，其不失为一种好办法。届时讲清意义、方法之后，再让几个小组代表现身说法，当场展示，这样的培训会让组长们有豁然开朗的感觉。然后各班级再进行组长的二次培训，最后在各科课堂教学中慢慢落实，小组合作的训练也就会水到渠成了。

第二节　有序实施

实践是检验真理的唯一标准。要实现小组合作学习的有效性，就要在充分准备的基础上在实践中实现小组内的合作、交流、互动，再完成班集体展示中的汇报、交流、互动。

一、小组内的交流互动

要做到每个组员必须先独立思考、自主学习，然后在组内交流中学会表达、补充、质疑、总结，同时学会交流的学问和礼仪。如声音要适中，以本组同学听清为准；善于汇总自己和别人的看法及理由，及时进行提炼概括；仔细听取别人的意见，找出彼此一致的地方，最终达成一致性意见；需要请教同学时，要表述明白不懂不会的地方，接受帮助后，应肯定对方对自己的帮助并表示感谢；当你主动帮助别人时，要向同学说清发生困难的原因和解决的办法；对被帮助的同学不说讽刺、嘲笑、挖苦一类的话，不伤害同学的自尊心等。

小组内的交流方法可灵活使用，一般有以下三种方法。

方法一：2人一小组学友先说，学师评后再说，4人一小组，原则上1号、2号、3号、4号轮流说后，由组长做最后总结。

方法二：由1号、2号汇报，其他补充质疑，组长总结。

方法三：由某一位同学发言，其他同学补充、答疑。

二、班集体的展示汇报

一般由组长主持,此时需要一定的仪式感,这对小学阶段的孩子来说很重要。主持人的语言要规范一些,如"下面由我们小组来汇报,请大家腰板挺直坐正认真听。"其他同学也配合默契地回应一声"坐好了",看似简单的几个字,却能让全体学生快速将注意力集中到聆听小组汇报的内容上来,既巧妙地组织了纪律,又实现了学生间的互相尊重,还能提高汇报者的自信,学生的汇报就变成有意义的活动了,无形中提高了学习的有效性。

然后再按照分工进行问题的具体汇报。这一环节对学生逻辑思维及表达能力的培养是大有裨益的。亮观点、说依据、做结论(总结自己或小组的发言),同时还要善沟通、巧互动,比如讲完后,可以询问同学们"不知道我有没有讲明白?还有什么需要我解释的吗?"这既是一种礼仪,也是一种触发学生之间对话的有效方式。

第三节　合力保障

要使小组合作学习真正取得实效,还需要各层面的通力配合,各司其职,各尽其责。

一、发言人要做到

面向同学,声音洪亮,形体自然,落落大方。发言要围绕中心问题,层次清晰,有条理。别人对你的发言有疑问时,要针对问题耐心解释,摆事实讲道理,以理服人且言之有序、言之有"礼"。语言要规范,如"下面由我们组来汇报……""我们小组汇报完了,你们是否听明白?还有更好的方法吗?""大家请看这里,我是这样想的……""我来补充一下""我是这样认为的……""因为……"

二、"评委"要做到

树立我是"评委"的意识，这里的评委就是同班同学，所以要引导学生明白倾听他人观点比发言更重要的道理。那"评委"要做到什么呢？

首先，听的方面，听同学发言要专心，边听边想，记住值得肯定的要点，并努力听出彼此不一致的地方，做好挑战准备（补充、纠偏、质疑、复述或再展示）；别人发言时，不要随便打断，有不同意见，等待同学表述完后再提出；同学回答有误时，也不要嘲笑他人，学会尊重他人。

其次，评的方面，要先肯定对方意见正确的一面，再指出错误的一面，然后或更正或补充；评价他人时，态度要诚恳，不嘲笑、攻击他人。评价自己时要指出错误所在及努力方向，同时语言也要规范一些，如：你们小组总结得非常全面，和我们小组想得一样；我认为你的意见是对的，但我有补充……

三、教师要"四做到"

（一）要精心设计"学习任务""探究提示"

"学习任务""探究提示"是一节课的灵魂，设计好了就如同路线图，所以要高度重视，精心设计。一定要在认真研读教材、《教师教学用书》的基础上，根据学生已有的知识经验与学习能力来设计。只有看懂了"学习任务""探究提示"，明白"先做什么，怎么做，做到什么程度"，再个人自主学习或小组合作，就会起到事半功倍的效果。

比如，三下《海底世界》一课的"学习任务"可以这样设计：

（1）为什么说海底真是个景色奇异、物产丰富的世界呢？划出文中相关的词句，说说你的理解。

（2）哪些段落运用先总后分的构段方式？试着用这种方式说一段话。

（3）学了《赶海》和《海底世界》，你想对大海说些什么？

再比如，青岛版六年级下册《分数乘整数》中的问题是：6根布条，每根布条长1/2米。做这个风筝的尾巴，一共需要多少米布条？"探究提示"可以这么设计：

（1）分析题意，"1/2米"表示什么意思？（小提示：可以用图表示）

（2）列出算式，给同桌说一说这样列算式的理由？

（3）计算出结果，写出计算过程，想想这样算的道理是什么？（温馨提示：如果思考有困难可以借助6张同样大的长方形纸条折一折，涂一涂）

（4）给同桌讲讲你的计算方法及为什么这样算？

（二）要把握合作时机

要实现有效合作，就要选对时机。一般在以下几种情况下进行合作，才能实现其意义和价值：学生遇到疑难问题，而通过个人努力无法解决的时候；需要把学生的自主学习引向深入的时候；当学生的思路不开阔，需要相互启发的时候；学习任务比较大，需要分工协作的时候。

（三）要掌握点拨要领

教学过程中，教师不能包办代替，也不能放羊式不管不问，要在该出手时才出手，要让你的点拨与指导起到"四两拨千斤"的效果。所以教师务必深谙其中的技巧：懂得等待比说话重要、归纳比讲解重要；要善于装聋卖傻，把互动机会让给学生；讲重点，拨难点，不要面面俱到；要语言规范巧引导，如谁有不同方法或见解？谁还有比这更好的思路？你这样说不无道理，如果换个角度会怎样呢？

（四）要巧用评价结果

任课老师根据小组课堂表现，在评价专栏处给小组以加分奖励。每天暮省课时一总结，每周一汇总，每月一奖励，评选出"榜样小组"，将优秀小组合影张贴在班级风采展示栏里，最后再每学期一表彰，评选出"合作楷模"小组，

第二章　有效学习方式

并对组员给予书籍、簿本等一定的物质奖励。如此一来，会使合作学习的成果得以具体呈现，也会促进小组有效学习的良性循环。

综上所述我们可以看出，小组合作学习是一种行之有效的学习方式，只要准备充分、有序实施、合力保障、规范引导，就能培养学生合作学习的良好品质，就能使合作学习的有效性得到充分发挥，就能使我们的课堂教学越来越精彩，就能使学生的素养得以提升。

第三章 有效教学模式

乔伊斯和韦尔在《教学模式》中认为："教学模式是构成课程和作业、选择教材、提示教师活动的一种范式或计划。"说明了这是在一定的教学思想或理论指导下建立起来的各种教学活动的基本结构或框架，表现教学过程的程序性的策略体系。教学模式是教学理论的具体化，具有可操作性，它是教学理论与实践之间的桥梁，在理论和实践中都有重要意义。

新课改提倡教学以学生的发展为本，在实践中把握"让学生成为学习的主人"的主题策略，改变教与学的方式，积极探索适合学生特点的、科学实用的教学模式，是构建高效课堂、实现有效学习的前提。为此，我们设计了各学科基于"教—学—评一致性"的课堂教学模式。

教学有法无定法，教学有模无定模。无论哪种模式，并不是为了"模式"而"模式"，更不是搞成"模式化"或者固化了的"模子"。唯有先"入模"才能"出模"，再创新模式，最终脱离模式，实现真正的教学艺术。

第一节 "教—学—评一致性"的语文教学模式

一、课型一：主题诵读课

【基本思想】

（1）根据单元主题设定的经典古诗词或经典诵读内容，利用课前两分钟、大课间、放学路队这些零碎的时间进行分块式的诵读。

（2）每周利用周二或周四的一节早读课精心整体诵读，对于诵读内容老师可进行指导理解和背诵，增加学生对背诵内容的进一步认知，提高诵读兴趣和效率。

【教学环节】

（一）积累背诵有关单元主题的名言警句

例：出示有关"爱国"的名言警句。

（1）引导朗读，纠正读音。（师范读，针对易错难读生字读音加强巩固，学生练习读准音）

（2）说说这是关于什么的名言警句，还有不理解的地方吗？

（3）自由诵读，了解大意。（通过借助拼音自由朗读等形式练习朗读，做到正确认读）

（4）组内互读，检查背诵。（多种形式：自评，在书上给自己得星；同桌或小组互评，星级评价；全班集体检查）

（5）指导感悟，扩大积累。

（二）积累背诵本单元的古诗词

例：出示《观书有感》和《出塞》。

（1）老师范读，学生齐读。（师范读，针对易错难读生字读音加强巩固，

学生练习读准音）

（2）自由诵读，了解大意。（读准字音，用连词成句或借助资料方法知其大意）

（3）组内互读，检查背诵。（多种形式：自评，在书上给自己得星；同桌或小组互评，星级评价；全班集体检查）

（4）多样诵读，熟读成诵。

（5）指导感悟，扩大积累。

（三）积累背诵有关单元主题的成语

例：出示有关"爱国"的成语。
（1）引导朗读，纠正读音。
（2）说说这是关于什么的成语，还有不理解的地方吗？
（3）自由诵读，了解大意。（分析一般什么情况下可以用这些成语）
（4）组内互读，检查背诵。（多种形式：自评，在书上给自己得星；同桌或小组互评，星级评价；全班集体检查）
（5）指导感悟，扩大积累。

（四）积累背诵本单元中的国学经典和日积月累

例：出示经典诵读《陋室铭》。
（1）老师范读，学生齐读。（师范读，针对易错难读生字读音加强巩固，学生练习读准音）
（2）自由诵读，了解大意。（读准字音，用连词成句或借助资料方法知其大意）
（3）组内互读，检查背诵。（多种形式：自评，在书上给自己得星；同桌或小组互评，星级评价；全班集体检查）
（4）多样诵读，熟读成诵。（通过想象画面读、赛读、评读多种方式，熟读成诵）
（5）指导感悟，扩大积累。

（五）总结

布置作业，晨诵、课前3分钟或课下继续诵读。

二、课型二：单元整体感知课（1～2课时）

【基本思想】

掌握本单元的生字新词，通过检查预习的方式使学生能够正确认读并规范书写生字。能正确、流利地朗读课文。

通过自主学习、小组合作交流等方式初步感知课文内容，感知单元主题。

【使用说明】

如果一个单元有4篇课文，就可以分2课时完成，每课时2篇课文。如果一个单元有3篇课文，可以1课时完成（用第2课时的模式）；也可以用2课时，第2课时可加入和本单元有关文章的整体感知。

【教学环节】

（一）激发兴趣，导入新课

出示知识树，了解单元内容。

（二）合作识字——扫清障碍

课件出示易错难读的生字词，检测学生生字词认读情况。

出示预习方法（圈、查、读、标、思）；出示易错难读生字词（特别关注平翘舌、前后鼻音、易错生字笔画）。

圈：在文中圈出生字及组词，并在课后题中练习描红。

查：不理解的词语通过查字典或联系上下文等方法理解，尝试运用本单元重点词语。

读：反复读课文，读到正确、流利，即不多字、不漏字、不重复、不读破句子。

标：在课文一些重点地方用不同的符号做标记，如标小节号码、画好词佳句、疑难地方打问号等。

思：思考课文的主要内容，课后问题、文中含义深刻的句子，并尝试用简练语言概括课文内容。

了解词义，练习说话：

（1）说说你读懂了哪些词？用什么方法读懂的？

（2）选择你喜欢的词语说一句或几句话。

（3）总结理解词语的方法。

（三）检查朗读——打下基础

检查逐段朗读课文或读读你最喜欢的句子或段落。

评价标准：

（1）正确：吐字清晰，声音洪亮，能读准字音、不添字、不重复、不颠倒字词。★

（2）流利：能做到语气连贯，节奏自然，速度适中，不读破句。★

再读课文，通过"我来考考你"。找出你认为最难读的句段让同学读，生生互动。再评价读得是否正确、流利。

（四）了解内容——明确主题

（1）小组内互相交流，试着概括每课的主要内容。

（2）小组汇报，教师点拨。

（3）拟定单元主题，陈述理由。

（五）质疑问难——培养习惯

（1）谈收获。通过学习，说说这节课的收获。

（2）学生质疑。学贵存疑，想想你还有哪些不明白的问题？

（六）习作放题——做足准备

（1）读习作要求。

（2）说说此次习作的要点。

（3）说说该做哪些准备。

（七）指导书写——读帖入心

出示"写好生字'四步走'"：

（1）看一看：看看字的结构特点，写时整体要注意什么，关键笔画在田字格中的位置，尤其关注在横中线、竖中线上的笔画。

（2）说一说：说说看到的三个方面。

（3）写一写：老师范写，学生仿写。（注意关键笔画、易错笔顺和部件的提醒）

学生书写前，老师先让学生"10秒集体静坐"，一是检查学生的坐姿和执笔姿势，正确坐姿是：头正、肩平、身直、足安；正确执笔姿势是"三个一"，即眼离书本一尺远，胸离桌边有一拳，手离笔尖要一寸。二是让学生真正做到"静心"。

（4）对一对：写完对照课本检查，是否做到正确、美观。可同桌互相圈出写得比较好的字，也可投影学生的字，学生互评。没写规范的地方，下一遍写时及时更正。

出示评价标准：

（1）正确：能将生字写正确，不错字。★

（2）美观：间架结构合理。★

　　　　　关键笔画的位置正确。★

　　　　　书写干净整洁。★

（3）姿势：书写姿势正确。★

　　　　　握笔姿势正确。★

按照"四步走"指导书写。（写字要诀：读帖、描红、仿写、对照、再写。）

三、课型三：主题阅读课——品读悟法课（1课时）

【基本思想】

根据教材特点，可选择突出体现本单元主题的一篇文章，指导学生习得阅读及表达方法，然后再拓展一篇文章。上课之前先把目标定位准确，再根据目标有针对性地设计学习任务和评价标准，通过评分，每一位同学都会对自己有客观的评价，实现"教—学—评"的真正落地。

【教学环节】

（一）导入新课，出示目标

导入方式多种多样，根据教学的需要，可开门见山，要言不烦；可设置情境，使学生迅速度过前5分钟的学习低效时段；可复习字词，回顾内容，课题质疑。此环节需将目标抛给学生，便于学生整体把握学习方向。

（二）自主学习，小组合作

1.围绕主题、目标，呈现"学习任务和评价标准"

一般在回顾课文内容的基础上引导学生质疑，或根据课题、课后题、课文中心句或重点段进行质疑，老师再提炼出核心问题。此时，可出示"学习任务、评价标准"。

为更好地落实教学评一致，评价标准的制定应围绕学习任务展开，制定时要特别关注显性的行为动词，给出直观的标准，更易于课堂评价。因此，学习任务、评价标准的设计，一要具体、可操作性强，二要语言简洁、明白，三要围绕教学目标和核心问题精心设计。

2.自主学习，合作探究

（1）学生借助"学习任务、评价标准"自主读书学习，自主圈画批注，自主思考发现，自主归纳小结。

学生通过努力可能自己就能把问题解决，这是最好的结果，也是最有成效的结果；也可能学生通过自己思考，自己不能解决，但这也为合作学习打下了坚实的基础。

（2）让学生依据"学习任务、评价标准"，在自主学习后以小组为单位展开研究，查缺补漏。教师参与到学生的探究过程中，初步收集评价信息，了解学生对问题的看法，观察他们的研究过程，必要时给予引导、指点。

组长检查组内成员的自学成果，若知识比较简单，都能理解掌握，检查一下就可以了。若存在问题，大家一起讨论，实在解决不了，做好记录，反馈时可以质疑。另外，小组长和学会的学生还要分工给没学会的学生充当"小老师"，该讲的讲，该说的说，该做的做。组长做好汇报的分工及准备工作，并针对组内成员的交流情况给予评价。

（三）汇报交流，点拨指导

根据"学习任务"的先后顺序，指导学生汇报交流，其他组同学进行补充、质疑或解惑。通过生生互动，实现课堂的真正自主和高效。教师尤其在课文重难点处，在读写结合点上，进行相应的语言文字的训练，以最终达到教学目标的实现。点拨时要注意以下几点：

（1）关注学生是否达到最高评价标准，若没有达成则教师采取补教的方式再次学习，落实以评促教、以评促学的目的。

（2）关注语言文字的训练，真正体现"学—练—用"的教学思想，从而落实核心目标。

（3）从情感态度价值观、阅读方法和写作方法等方面着力对学生进行指导，以培养自学能力、阅读能力及写作能力，并起到举一反三的效果。

（4）要给学生足够的时间和空间，并积极关注课堂中的每个细节，当学生遇到困难时，适时介入和点拨，推进课堂向纵深发展。

（5）要教育学生养成虚心倾听的习惯，告诉学生"尊重别人，就是尊重自己"。要尊重学生的独创，不管结果对与错，要及时表扬与鼓励，激发学生的学习动力。

（6）要关注小组汇报及互动时语言是否规范，同时注重对小组的即时性评价及鼓励。

在学生汇报交流中，要注重对评价的正确引导，给予最高的评价标准，让学生有标可依，有样学样，最终达到自主、独立的评价，促进教学评的落地生根。

（四）巩固拓展，学法迁移

（1）总结学法。
（2）拓展阅读课外的文章。（依据内容或者写法上的训练点，选择篇目进行整合阅读）
①出示评价任务和评价标准。
②学生明确评价任务、评价标准。
③学生根据评价任务、评价标准自主学习。
④学生在小组交流自己的思考结果，统一组内答案。
⑤教师组织学生班内交流。
（3）布置学生阅读课外和本单元相关的文章。
①结合训练点，推荐课外阅读文章，达到一课一得，学法练法，巩固提升的目的。
②学生自己计算得分，反思本课的得与失。

四、课型四：主题阅读课——整本书阅读（3～4课时）

【基本思想】

（1）整本书阅读课分为读前激趣课、读中交流课和读后汇报课。读前激趣课重在激发阅读兴趣，读中交流课是为了更好地推进阅读，在阅读汇报课上，要勇敢地分享自己的收获和感悟，提高阅读和表达能力。
（2）读中交流课后，再通过读后汇报课进行读读、背背、说说、讲讲、画画、演演等多彩的活动，丰富学生的思想，延伸学习的触角，培养学生口语表达、搜集整理材料及习作等语文综合实践能力，切实提高学生的语文素养。

【教学环节】

（一）读前激趣课（1课时）（第1周）

1.创设情境，激趣导入

多种形式趣味导入，可依据整本书的故事体裁，创设情境，激发学生兴趣。

2.了解信息，交流故事

（1）看目录，猜内容，知作者。指导学生交流书籍封面的相关信息，观察封面文字、图片、标题、目录，依据阅读经验猜测故事内容，激发学生阅读期待。

（2）片段欣赏，激发兴趣。

（3）画"情节波"，讲故事。阅读梗概，了解大意；选取其中的精彩故事，抓住关键词语，绘制学习支架"鱼骨图"的思维导图，尝试梳理故事或某一情节的大致内容。

3.自由阅读，分享推荐

制订阅读计划，合理规划阅读时间、阅读章节，圈画喜欢或印象深刻的句段，为读中交流课积累材料，做足准备。

（二）读中交流课（1~2课时）（第2~3周）

1.回顾故事，了解阅读进度

你读到哪页了，哪些地方让你感受深刻，说出自己感受深刻的地方，并说说为什么。

2.交流分享 激发兴趣

（1）交流片段（情节），分享感受。分享自己喜欢的片段、情节以及印象最深刻的地方，说说自己的感受或想法。

（2）品读片段（情节），总结方法。教师在学生交流基础上，抓住关键内容，提炼、总结读书方法，依法自读，学习运用阅读策略品读语言文字及人物形象的高效阅读法。

（3）多样交流（读写画），展示成果。多种形式展示、分享自己的阅读笔记、读书小报或思维导图，说说感受或想法。

3.修订阅读计划

根据交流的收获，修改设定阅读时间与阅读章节。教师鼓励学生自己制订个性化阅读计划，及时跟踪反馈阅读进度。在阅读中鼓励做读书笔记，摘抄一些有新鲜感的词语、句子。

（三）读后汇报课（1课时）（第4周）

1.导入新课，出示学习目标

本环节评价标准的制订，依据本课的学习目标进行设置，针对汇报课的特点从语言、内容、写法、字词、句段等方面，设计有针对性地评价。

2.汇报交流，多样展示

（1）出示汇报展示的评价任务和评价标准。

（2）学生明确评价任务、评价标准。

（3）学生根据评价任务、评价标准自主进行展示准备。

（4）学生在小组交流自己的展示结果，互相评价补充。

（5）教师组织学生班内交流。

预设内容：

好词共分享。①小组内互查词语。②小组对抗赛。

佳句齐赏读。①小组内互读。②小组间赛读。

内容我知道。①我来讲。②我质疑。③我会填。

写法我来说。①我来说。②我来评。

畅谈读后感。①我要说。如读了课文，我想说……我从中学到了……②我来评。

本环节汇报交流中，针对不同方面给予评价，出示最高的评价标准，学生有标可依，进行正确评价，最终实现教学评的落地生根。

收获我来秀。①演一演，把相关文章排成课本剧进行表演；②赏一赏，根据文章内容或单元主题，赏评学生绘制的手抄报；③辩一辩，寻找和本单元有关的话题，组织学生展开辩论赛，通过辩论，明白事理，培养能力；④导一导，让学生尝试进行"我是小导游"的活动，不仅巩固了课文内容，还内化了学生语言，丰富了学生体验，提高了学生素养。

3.主题拓展，总结提升

（1）学生畅谈收获。

（2）老师小结。

（3）结合每一单元的"读写结合训练点"，完成本单元《自主学习单》的"习作展台"。

本环节中的评价标准是结合读写训练点的习作内容、书写、写作手法等方面进行评价。具体设计可依据不同读写结合点和不同题材的习作要求来拟定。

五、课型五：主题表达课——限时快乐作文课（2课时）

【基本思想】

构建限时快乐作文训练体系，探索学生互评互批的评价方法，让师生都能享受到限时作文所带来的愉悦。

【教学环节】

教学流程是：搜集资料—完成习作—评改交流—二次修改—电子存档。具体操作流程如下：

（一）搜集资料（此环节安排在每单元学习前）

结合教材明确本单元习作内容及要求。

指导学生从以下几个方面进行习作准备。

（1）把本单元几篇课文或与此次习作相关的优秀文章作范例进行精心阅读，从中汲取"营养"。

（2）搜集可以使用的妙词佳句、精彩片段、名言警句、歇后语等记录在

《自主学习单》的《习作资料搜集单》中。

（3）思考自己将要写什么以及如何写，简单列出习作提纲。

（4）其他。（教师可以根据学生的特点以及学段、习作要求的不同安排其他准备内容）

这一环节不是可有可无，老师务必监督检查学生的《习作资料搜集单》，以促进学生真正做好作文课前的准备，才不至于做"无米之炊"。

本环节安排在单元整体感知课上，学生明确习作要求，课下精心阅读相关的文章、摘抄妙词佳句好段、搜集相关背景资料，做好习作前的准备。

（二）完成习作（此环节用作文教学课的第一课时来完成）

（1）审题与命题（时间约3分钟）。引导学生快速而准确地理解文题，审清体裁，明确习作要求，并指导完成命题。

（2）指导与点拨（时间约10分钟）。教师可以就中心、内容、学生在审题及写作过程中可能遇到的问题，作恰当的指导与点拨，也可结合本单元阅读教学中的写作技巧作以指导，为学生快速写作埋下伏笔。

（3）学生快乐作文（时间约25分钟）。给学生创造一个安静的环境，促其一气呵成，在25分钟内完成不少于规定字数的文章。

（4）小结（时间约2分钟）。教师根据习作完成情况，做简要小结，以达到帮助学生不断获得成功体验，提高写作信心之目的。

（三）评改交流（此环节用作文教学课的第二课时来完成）

（1）自我修改（时间5分钟左右）。引导学生边读边修改自己的习作，力争改掉错字病句等基本毛病。画出自己习作中精彩的句子或段落，并写上这样好的好处。为鼓励习作的个性化，也可鼓励学生在每页页脚处写上自己最爱的名言警句、歇后语等。

（2）学生互评互批（时间15分钟左右）。

第一遍读，找错字病句，写出眉批。错字圈出，在右侧划出改字框；病句下面画上横线，打上问号，并在眉批处写出原因或改正方法。根据习作要求，用①②等序号标注需要改正或添加、删减的句段，以便原作者在评语后面分别就①②等地方予以订正。

第二遍读，找妙词佳句，写出眉批。妙词下面画上三角号，佳句用波浪线标出来，并在眉批处写出好在哪里。

第三遍读，写出等级、总评、姓名、日期。在题目的右上方得出习作的等级。在习作的后面写出总评。首先写优点，再提出不足和建议。切记写评语时不要写空话、套话、大话，要围绕当次习作要求及老师指导时的要点，写有针对性的评语。如果原作者看到评语还不知道如何修改文章，那就说明评语不成功，需由批改者重新写评语。老师对此一定要严格要求，让学生养成认真、负责的批改习惯。总评最后的右下角另起一行写批改人，再另起一行在右下角写批改日期。

本环节可以根据同桌互评作文中对内容和写法的批改认真程度、是否规范、是否符合本次习作要求等方面进行评价。

（3）作文展示交流（时间15分钟左右）。这一环节通过赏评习作、赏评批改，要求老师明确展示的目的，借助"火眼金睛"关注学生的参与度，关注每名学生，让他们真正动起来，认真听，认真评，并细心发现学生在写、评时都没发现的错误，切实以提高每名学生写作能力为最终目的。另外，通过引领，更有效地指导学生并为学生做出榜样。

本环节既要针对习作者的作文内容是否符合本次习作要求进行评价，又要针对评改者是否符合评改要求进行评价。

（四）二次修改（时间为5分钟左右）

此环节也在第二课时完成。二次批改是指习作的原作者根据"作文展示交流"这一环节得到的收获和启示，以及同学的评改意见针对自己的习作进行再次修改，以达到更加完美之目的。根据修改建议可在随文点评处和总评后予以修改补充。

（五）电子存档

此环节以家庭作业的形式课外进行。学生把习作定期变成电子稿，或放在朋友圈上，或整理成文稿作为资料积累，到小学毕业时学校统一将其打印出来，留作小学生活的纪念。

六、课型六：主题实践课

【基本思想】

回顾单元内容，加深对主题和单元训练点的认识。根据单元主题或单元训练点，完成语文园地内容。

【教学环节】

教学流程是：回顾单元内容—交流平台—识字加油站—词句段运用—书写提示—日积月累。具体操作流程如下：

（一）回顾单元内容

（1）师生共同板画"知识树"或思维导图。
（2）回顾阅读方法及文章写法。学生交流，教师梳理总结提升。

（二）交流平台

（1）回顾本单元的学习收获，对本单元的语文要素及落地点进行归纳、梳理、总结。
（2）小组交流本单元学到的方法，并练习运用。
评价标准：
（1）说出自己学到的方法。★
（2）能将学到的方法正确运用。★

（三）识字加油站

采用灵活多样的方式，引导学生学习一些常用字。

（四）词句段运用

完成教材安排的语言实践活动，引导学生在生活中运用语言文字，提升运用语言文字的能力。

（五）书写提示

学习钢笔字，按照提示，练习成段书写，指导写好一段文字。

（六）日积月累

根据教材安排的古诗、俗语、名言警句等传统文化经典内容，指导学生诵读、理解。

第二节 "教—学—评一致性"的小学科学"探究—研讨"课堂教学模式

《科学课程标准》要求：小学科学旨在培养孩子对大自然的好奇心与求知欲，让他亲身经历科学探究的过程，在动手的同时动脑，培养他们的科学探究的方法与科学思维能力，从而提高他们的科学素养。学生应该以"探究"的方式进行科学学习，一方面，探究是科学家在认识自然界的过程中常用到的方法；另一方面，探究也是一种教学与学习的方法。

一、"探究—研讨"教学模式的构建

从2001年实施新课改至今,小学教学实行的是"合作探究"教学模式。主要分为六个教学环节:一提出问题,二猜想预测,三制订计划,四合作探究,五交流总结,六拓展应用。

这种模式比课改前的自然学科"教师讲、学生听"有根本性的变化,强调对学生探究技能与方法的培养。但是,教师引导参与多,教学环节多,教学过程有"人为切割,支离破碎"的感觉。省科学教研员常说"科学课堂应该是活动大一点、环节少一点,能用两个环节的不用三个环节、能用一个环节的就不用两个环节"即对当前课堂教学环节过多的评价。

探究活动是科学探究的外在形式,科学思维才是探究的灵魂,在实践中采取一手抓探究,一手抓研讨,将探究与研讨有机结合、和谐统一,以实现"探究—研讨"的主旨所在。鉴于此,我们整合了"合作探究"教学模式中六个环节变为两个大环节,更突出了学生的主体地位,强调培养学生的科学思维能力。"探究—研讨"教学法是美国著名科学教育专家兰本达博士在20世纪80年代创立的学说,其既是一种教学思想,也是一种教学模式,还是一种教学方法。其主要环节有两步:

(1)在教师引导下的探究活动。师生确定探究问题(约5分钟)—制订探究方案(约5分钟)—小组合作探究(约10~15分钟)。

(2)在探究基础上的研讨活动。小组代表展示探究中的现象、数据、发现(约5分钟)—交流、碰撞、研讨各自的想法与意见(约5~10分钟)—归纳、总结得出新结论(约3分钟)—应用、拓展(约4分钟)。

二、"探究—研讨"教学模式的说明

课前师生要准备大量材料,为探究做准备。比如,《凸透镜》教师要准备凸透镜、"凸透镜成像"分组实验的器材、生活中的凸透镜与一些烧瓶等类似凸透镜物体,还有课件、探究活动表格等;生要准备生活中的一些放大镜、老花镜、照相机镜头等生活中的凸透镜，一些圆柱形玻璃水杯、装水的白炽灯泡等类似凸透镜物体等。师生共同搜集一些器材为课上的探究活动与研讨活动做好充分的准备。否则，"巧妇难为无米之炊"。

（一）在教师引导下的探究活动

探究活动要在教师引导下进行。目的除了培养学生的探究能力外，还放在了为研讨活动"搜集证据"的位置。由三个小环节组成：

1. 确定探究问题

标准倡导"探究从学生经验中产生的真实问题是科学教学的核心策略。"所以问题应有探究的价值、有一定难度。比如，《凸透镜》一课，根据学生玩放大镜的经验提出问题：凸透镜有哪些作用？成像有什么规律？

2. 制订探究方案

方案中包括对问题的猜想、预测、实验器材、步骤、实验中注意事项，小组合作中的分工等。比如，《凸透镜》一课，让学生交流凸透镜的一些玩法，预测其成像时的大小、倒正、虚实与条件，介绍实验所需要的器材，说明不要对着太阳看等安全事项，小组合理分工、明确各自角色等。

3. 小组合作探究

在探究方案的基础上，小组有序进行探究活动，强调要经历探究过程，注意实验现象、数据、结论的记录，为研讨活动搜集证据。教师指导、帮助、调控班级与小组的探究活动。比如，《凸透镜》一课，按照方案，合作完成"凸透镜可以放大""凸透镜可以聚光""凸透镜可以成像"三个探究活动，并做好记录。教师深入各小组，重点指导学生探究"凸透镜成像的规律"，调控各小组完成探究活动。

（二）在探究基础上的研讨活动

本模式更注重学生的研讨活动，强调培养学生的科学思维能力。此活动分三步进行：

1.展示活动

小组展示探究中真实现象和数据，对其进行描述、解释。比如，《凸透镜》一课引导交流：你们组凸透镜的玩法是什么？不同的玩法有什么不同的现象？凸透镜可以成什么像？成像的条件是什么？

2.交流活动

在展示的基础上进行分析，得出结论与发现，不同小组发表各自的想法与意见。比如，《凸透镜》一课，交流、分析、对比凸透镜不同玩法与现象中相通的地方，找出凸透镜成像时的条件与成像的大小、倒正的对应关系：有的组可能发现了"蜡烛到凸透镜的距离大于光屏到凸透镜的距离时，呈倒立缩小的实像"，有的组可能发现了"蜡烛到凸透镜的距离小于光屏到凸透镜的距离时，呈倒立放大的实像"，也有的组可能都发现了，要在交流、思辨的基础上达成共识。

3.总结拓展

在交流、思辨的基础上，归纳得出结论，并解决生活中的问题，或者进行一些拓展活动。比如，《凸透镜》一课，在学生交流发现、相互碰撞、讨论的基础上，总结出凸透镜的作用和成像规律。然后再解决一些生活中的问题，如照相机的镜头为什么用凸透镜？它成像的特点是什么？

第四章 有效教学设计

当下，大多数老师还是基于经验或教材进行教学设计，目标定位不精准，缺少对学科整体性、一致性的思考，造成目标偏离课标要求，教与学的方式与课标"实施建议"不匹配，怎么能实现有效学习呢？推动课堂变革的引领者崔允漷先生提出了让学科教育"回家"，即一致性思考和实施为什么教、教什么、怎么教、教到什么程度的基于课程标准的教学。

"腹有诗书气自华"比喻饱读诗书，气质才华自然横溢；同理，对于课改方向、课程标准、教材、学情、学科知识本质研究透了，在课堂上就会"腹有专业课自精"，何愁上不好每堂课、教不好每个学生呢？专业让我们更优秀、更卓越！做专业的老师就要从专业的教学设计做起！

专业教学设计是站在学科素养的角度，以学科《课程标准》为设计准则，遵循"逆向设计"原则，面向学科总目标，一致性地设计学期课程纲要、单元方案、课时设计。"逆向设计"即通过研究课标、教材、学情确定预期学习结果（目标），再思考什么样的证据可以证明达到了预期结果（评价），最后思考借助什么资源（内容）、通过什么学习活动最有利于达成这些预期结果（实施）。

研磨学期课程纲要，科学规划学期学习路线图，有利于站在"发展学生学科素养"的角度审视育人目标，从"课程思维"角度系统性地研究《课程标准》、教材、学情，站在学生角度思考课程目标、内容、实施、评价；有利于审视课程实施的所需条件；有利于明确课程总体目标与内容框架；有利于开展课程审议、管理与评价。

单元方案的编写,是以单元为单位设计学习目标、学习评价、学习活动,上承学期课程纲要,下连课时设计。有利于把每一领域的知识体系,梳理成一条线,与单元相关联的知识进行整合,促进系统化教学,实现知识间纵向、横向联系;有利于运用已有知识、学习方法策略解决新问题,形成知识与能力的迁移,让每一节课既"瞻前"又"顾后"。

课时学历案的设计是指一课时的一致性的设计目标、评价与活动,对"学生需要完成什么任务,搜集到怎样的学习信息可以结束本目标的学习"了然于胸。学历案的用户是学生,用学生语言、按学的逻辑去编写,要符合学生的思维与认知特点。学历案是一种教学规范,是规划好了的专业跑道,是让老师动起来、跑起来、上好每堂课的重要依据。

俗话说"磨刀不误砍柴工"。教师课前要认真钻研教材,仔细研究课标、学情,做好基于课程标准的教学设计。对教材的重点、难点、知识间的联系、关键处等都要找准写实,方法要设计得当,教学思路要清晰,安排好教学结构,设计好教学过程,落实好"教—学—评一致性",再通过以评促学、以评促教、以评达效实现最终的学习目标。

第一节　学期课程纲要的设计

一、什么是学期课程纲要

学期课程纲要是对一个学期一致性的设计课程目标、课程内容、课程实施和课程评价,是一把量化的"标尺"、学习的认知地图、思维导图。

学期课程纲要不同于传统的学期教学计划。一是设计理念不同:学期课程纲要是站在整个学科素养背景下,一致性的思考为什么教,教什么,怎么教,教到什么程度;而传统的学期教学计划只是站在一个学期的角度,只关注教什么、怎么教,缺少思考研究为什么教,教到什么程度。二是对整个学期的指导作用不同：前者指导一个学期的教学工作；而后者只是为了做而做，对整个学期的工作、对教师自身专业成长基本上起不到指导作用。

二、怎样编写学期课程纲要

学期课程纲要不同于教学进度表，其完整地体现了课程元素，下面结合表4-1《课程纲要撰写评议要点》具体阐述课程纲要的各个构成要素。

表4-1 课程纲要撰写评议要点

维度	子维度	评议要点
结构维度	（1）一般信息	提供的一般信息是完整的，至少包括：题目（如语文一年级（上）课程纲要），设计者（人名、单位），课程名称，课程类型，教材来源，适用年级，课时或学分
	（2）正文内容	包括：背景，目标，内容，实施，评价，所需要条件（如有必要的话）；具体呈现时，也可以将内容与实施合并在一起陈述
	（3）整体印象	通过整合学科课程标准、教材、教参和学情，完整、清楚地说明了一个学期或模块基于课程标准的专业教育活动方案设计，不能写成具体的教学参考
内容维度	（4）背景	说明该课程与前后内容的关系，相关学生已有知识与认知特点
	（5）目标	源于课程标准与学生研究；描述通过一定课时学习后的关键结果的表现；告诉别人通过此内容的学习如何指向学科素养或关键能力；一般4~6条，每条至多3句；按目标叙写规范，每条按核心素养或三维陈述；相类似的陈述方式如通过什么方式学习什么，理解或会做什么，提高或体会什么
	（6）内容	开学初与学生分享此纲要；教材处理依据目标、学情、条件；依据目标合理安排课时，有利于提高新授课学习的有效性；课时数据包括复习、考试时间

续表

维度	子维度	评议要点
内容维度	（7）实施	所选择的教与学的方法与目标匹配；创设有利于学习的情景；学习方式多样；以资源、活动、事件来陈述，体现学科化、本学期或模块化
	（8）评价	评价框架（评什么、怎么评、谁来评）的设计与结果解释与目标匹配；成绩结构及来源（过程与结果）清楚；过程评价体现对纸笔测试无法涉及的学科目标的关注；告知不及格的理由，以及相关补修补考政策
	（9）一致性	关键目标在内容、实施和评价部分的落实情况，内容处理与实施设计是否有利于学生产生更好的表现，评价框架与目标的一致性
	（10）所需条件	有特殊要求的课程须说清楚所需要的知识、资源等条件，这些条件是必需的且可得到的

（一）学期课程纲要的结构

（1）基本信息。一般包含课程名称、课程类型、教材来源、适用年级、教材、设计者等信息。

（2）课程背景。一般包括课程标准相关目标内容、本册教材编排内容、本册内容与前后内容的联系、学习能力。

（3）课程元素。一般包括课程目标、课程内容、课程实施、课程评价。

课程目标是指一个学期要把学生带到哪里去、学会什么、发展什么，是课程的灵魂。制定目标的依据是对课程标准的分解和对学生的研究、对学材及其他教学资源的分析。具体要求是：全面、适当、清晰；目标要涉及三个维度，特别是认知要求。

课程内容是围绕目标提供什么样的内容、基本的素材或活动，对学材的内容及相关的资源进行一定的选择与组织，教师要从总体上把握教学内容的难点、重点，依据课程标准、学材及现场学习资源进行设置。

第四章 有效教学设计

课程实施是组织什么样的活动帮助学生更好地学习；如何更好地实施课程内容，以便于学生实现预定的学习目标。涉及学习主题、课时安排、教与学的方法等。

课程评价是如何证明学生学习效果，选择与课程目标匹配的评价方式，以获得学生实现目标的证据，包括过程作业与模块、单元测试。

（4）所需条件。为顺利实施该课程所需要的条件。

（二）课程背景分析

这方面重在研究分解课程标准中的内容标准，要站在整个学科素养的背景下去分析，具体步骤如下：

（1）对照教材，找到课标中与之相关的内容标准进行摘录。从我们教师的专业素养来说很难像专家那样直接把学段中的内容标准分解成每个学期的，所以只能采用逆推的方法，由教材走进课标。如本学期四年级属于第二学段，所以我们就要到课标中找第二学段内容标准。

（2）按领域分类，分析核心素养。把找到的内容标准按照学科的各种领域进行分类，如数学可以分为四类即数与代数、图形与几何、统计与概率、综合与实践。分类后再具体分析每个领域发展学生哪方面的学科核心素养，也就是站在终极目标中去思考每一学期的目标。

（3）分析摘抄的内容标准中的行为条件、行为动词。在课标中的内容标准陈述中，一般很少具体阐述，像"结合具体情境""通过观察操作""结合实际情境"就是影响学习结果的限制或范围、学习的条件等，重在关注学生学习的过程与方法。像"能、了解、认识"等都是不同层次的结果性行为动词，是学生学习这些内容要达到的程度。分析时还要细致思考类似这样的行为动词如何分解成有层次的目标的，如"认识三角形"，认识是一个隐性的行为动词，怎么才能知道学生已经认识三角形呢？就需要思考把"认识"这种隐性的行为动词变成解释、说明、分类等可观察、外显性的行为动词。再比如，像"体验、探索"等都是过程性行为动词，但它们又有很大的不同。"体验"是指参与特定的活动，主动认识或验证对象的特征，获得一些经验，凸显所经历的各个过程步骤，形成认知结构，再体验这一过程目标水平，学生在教师引导下反思自己刚刚经历的过程，关注的是自己刚刚经历过的学习过程，也即被教师引导到元认知领域发展，把过程作为学习材料；"探索"则是独立或与他人合作参与特色的活动，理解或提出问题，寻求解决问题的思路，发现对象的特征及其相关对象的区别和联系，获得一定的理性认识，再探索这一过程水平，学生既是探索材料的完成者，同时又是探索过程的推动者，他们主体性的两个维度得以彰显，教师成了学生自主开展探索过程的支持者，在他们探索困难的时候，给予必要的指点，排除不必要的环境干扰，保证学生有效展开探究活动。也就是说，过程性行为动词不一样，需要学生经历学的过程不一样，教师引导的策略不一样，达到的结果也会不一样。"探索"是过程性行为动词中描述的最高层次，学生在具体情境中解决实际问题，经历猜想、验证、比较、归纳的学习过程，发展学生推理能力。细细分析后会为后面进行的单元和课时设计做足准备，有效地指导整个学期的教学。

（4）本册教材中编排的内容。对于课标理解透彻了，接着再去研读教材，分领域梳理教材中编排的内容。明确内容的目的是依据课程标准的内容标准创造性地使用教材。

（5）梳理本册内容与前后内容的联系。需要老师们打通小学段六年的12本教材，系统性地把握整个学段教材中编排的知识体系。这样做有助于老师们既了解学生已掌握到哪，又能为后继的学习做好铺垫。需要注意的是不管是前内容还是后内容都要与本册内容有直接关联。看似罗列很简单但要通读1~6年级所有教材内容。

（6）学习能力。按学科内容特点分析学生当前的学习兴趣、习惯、生活经验、认知发展、已积累的方法策略等。分析的依据是采取调查、前测或根据教师与学生长期的相处的体验。

（三）课程目标

课程目标在整个学期纲要里，引领课程内容、课程实施、课程评价，四个课程元素保持整体性、一致性。学期课程纲要中的目标是整个学期核心纲领性的目标，源于课标、教材与学情研究；一般4~6条，每条1~3句；兼顾

第四章　有效教学设计

三维目标；指向关键结果（核心素养）的表现；叙写规范。

（1）叙写依据是根据对所摘录的课程标准中相关内容标准的分析，结合对教材、学情的分析进行综合设计。课程标准应是符合相应学段、相应学期的课程目标；教材应关注到本册内容与前后内容的纵向联系；学生能力应分析在本学期的应具能力、当下能力及欠缺能力。

（2）叙写原则是三维目标合一，即"过程与方法+知识与技能+情感态度价值观"，其中"过程与方法"就是行为条件，这部分在课标中有的是没有的，这就需要老师关注学科的学习方法与策略、学情，确定通过什么路径进行学习；"知识与技能"就是行为动词+学什么，即行为表现；后面是所体现的核心素养，也是相对应的情感态度价值观的体现。整个目标的叙写直白来说就是通过什么路径（过程与方法）习得特定的知识技能，学到什么程度，对学生有什么意义。

（3）目标必须是能评可测的。行为主体必须是学生。行为动词必须是可测量、可把握、不可模糊。简单来说，行为条件就是从目标中能看出通过什么方式学习什么，理解或者会做什么，提高或体会什么。

（四）课程内容

课程内容指基于目标、学情、条件处理教材，有逻辑地选择与组织相关的知识或活动；课时安排合理等。一定要合理处理教材内容，要根据目标、学情和条件，对学习内容进行深入分析，以确定根据课程目标学生需要学习哪些知识和技能，要达到什么程度和水平，培养何种能力和态度，身心获得怎样的发展等。

为了实现目标要学习与之相关的课程内容，要根据背景分析里对课标、校情、学情的分析，创造性地处理教材内容，对教材进行增、删、换、立、合，突出实用性。可以把同一单元或不同单元的相关内容整合学习，符合学习的认知规律。比如，数学中有些难以理解和掌握的知识点，却只在教材中的练习题里出现，我们就可以创造性地使用教材，把它们单列出来设计成新授课内容；还可以给学生创设真实性的学习任务，比如学完第三单元运算律后增加了一节运用运算律解决实际问题的综合运用课，学完第四单元认识多边形后，增加一节数学实践课制作多边形，以上综合实践活动的增加，就是想让学生在真实的情境下运用所学知识解决实际问题，以此提高学生的数学学科能力，内化素养。这样才真正让课程纲要起到指导一个学期的作用，而不是为了做而做。

清晰写明各单元主题、单元学习目标、语文要素、整合篇目、学习内容（即课文等教学内容）、具体课时安排、课外推荐阅读等以表格的形式来呈现，让人一目了然。课程内容表里要呈现一个学期所学习课时内容的安排，比如新学期第一课一定要与学生分享《课程纲要》，目的是让学生了解要学会什么、用什么学、怎么学、如何证明学会了，这样才能更好地把握自己的学习状态；同时可以融入学校特色的学科活动，如制作单元知识树、综合实践活动、多元化评价检测（书写考级、阅读考级、口算、动手操作、解决问题测试）、试卷讲评等纳入课时安排中，如此设计就可以体现学生学习主体的地位，从"要我学"变成"我要学"，也真正让学期课程纲要在实际教学中落地。

（五）课程实施

课程实施指创设学习的情境，安排学习活动，提供多样化的支持，为达成目标设计路径（即做什么事、怎么做）。

（1）课程资源：为课程实施服务需要用到的一些资料、用具等做好规划。如语文三年级下册的课程资源主要包括教材、新课堂、练习册、基于课程标准的单元读本等。

（2）学习活动：设计的思路是为了达成目标，学生在这个学期主要做哪几件事，如何做，做到什么程度，教师如何引导帮助。设计时可以与学校平时的教学特色、教学活动、教师平时的课堂、学生的认知特点等接轨，让师生在学期初都能对本学期的学习活动做到明明白白、清清楚楚。

（六）课程评价

课程评价是证明学生一个学期的学习目标是否达成的整体评价框架。整个评价框架的设计是要贯穿整个学期的评价，突出学科、年级的特点，明确评什么、怎么评、评的标准、评价的主体，同时要与整个纲要的目标、内容、实施相匹配。为了全面评价学生可以将学期总评成绩分为两部分：形成性评价成绩和结果性评价成绩。形成性评价注重学生学的过程的评价，包括学生课前学、课中学和课后学。"课前学"关注对学生完成学习单与口算的整体情况的评价。"课中学"则关注对学生发言、倾听、质疑和合作等思维过程的评价。"课后学"则是对学生完成作业质量的评价；结果性评价与形成性评价又有所不同，结果性评价主要以纸笔测试为主，其中单元检测是将学生的各个单元一一记录，形成变化曲线，让学生的学习留下轨迹，并能发现问题所在，薄弱在哪。整个课程评价框架的设计既促进学生明确往哪方面努力，努力到什么程度，也指导教师时刻关注学生学的过程和结果，即关注学生是否学会了，要在每一节课收集学生是否学会的依据，把这些依据以"素质报告书"的形式发给家长，记入学生的成长档案，真正做到了设计、指导与实践。

三、注意事项

课程纲要最主要的是目标、内容、实施和评价四个要素，这四要素要讲究一致性。

（1）编写学期课程目标要列出学期关键目标，每一条目标都要以三维目标来思考，即知识与技能、过程与方法、情感态度价值观。

（2）内容与目标相匹配的，可以依据目标、学情、条件对教材进行删减和增换，然后合理安排课时，课时数应包括多元评价、复习和考试时间。

（3）实施是回答"怎么去"的问题。选择的教与学的方法必须与目标相匹配。

（4）评价是回答"到了哪里"的问题。对于每一项教学活动都要有相应的评价标准，确保评价框架与目标的一致性，针对具体的目标和学习活动予以评价，既要关注习惯养成，又要关注学习所得。

（5）"四要素"保持一致。编写课程纲要时如何使四个要素（目标、内容、实施、评价）达到一致呢？

第一，要确保关键目标在内容、实施、评价部分的落实。目标在整个学期课程纲要里要引领内容、引领实施、引领评价。内容安排、课程实施和评价这几个方面要紧紧围绕学习目标来进行设置或撰写，做到目标、内容、实施、评价的一致性。也就是说，要针对关键目标组织与选择合适的课程内容、提出实施策略和建议、设置评价方案。

第二，内容实施与处理要有利于学期课程目标的实现。

第三，评价方案要确保与目标的一致性。

简单来说，课程纲要就是以纲要的方式呈现一个学期的课程计划，编写课程纲要最关键的是处理好"四要素"以及保证"四要素"的一致性。

第二节 单元方案的设计

一、什么是单元方案

单元方案就是在开展专业实践之前，依据国家课程标准和学期课程纲要，对某个单元（主题）进行的专业教学设计。它起到承上启下的作用，"承上"是对学期课程纲要的细化，"启下"是对课时设计的引领。

二、怎样编写单元方案

完整的单元方案一般包括四个要素，分别是背景分析、学习目标设计、学习评价设计和学习活动设计。

（一）背景分析

主要从课程标准、教材和学情三个方面进行具体分析。

第四章　有效教学设计

第一步：找到和本单元学习内容、目标相关的课程标准的内容，再进行细致的分析，指向一定的学科的核心素养，把抽象、笼统的课程标准和核心素养"具体化""细节化"。这个分析过程看似简单，但真正反映了教师的专业学科素养，只有长期地研究积累，才能根据课程标准的相关内容快速分析出学科核心素养的内容。

第二步：本单元教材编排的内容。明确单元内容后，还需要再次细研教材，精准把握教材各个章节的内涵，我们也可以参考教师用书，依据课程标准内容创造性地使用教材，对教材进行提炼萃取，真正变"教教材"为"用教材教"。

第三步：本单元内容与前后内容的横向纵向联系，找到本册教材或小学段所有年级教材中的上挂下连的点进行有效分析研究，形成完整的知识结构和体系。第四步：学生的学习能力分析。主要是分析本班学生现有的发展水平对学习本单元的帮助与干扰，学生现有发展水平主要是指学生的知识准备、能力水平、学习动力的状态等。只有掌握了学生的学习能力，才能科学设置学习目标，保证最终的学习效果。一般情况下，我们会采取调查、前测或根据教师与学生长期相处的体验来了解学生的学习能力，并按学科内容特点分析学生当前的学习兴趣、学习习惯、生活经验、认知发展、已积累的方法策略等，确定学生最终的学习能力。

（二）学习目标设计

要明确设计合理、明确和可行的学习目标是构建有效课堂教学的第一要务和先决条件。在对学习背景全面分析的基础上，制定单元学习目标，单元目标的编写是层层递进的，体现学习进阶；要由浅入深，递进式分层续写。

（三）学习评价设计

确定好单元学习目标后如何落实？又该落实到什么程度呢？这就要根据单元学习目标来设计评价任务，根据评价任务设计相应的评价标准，实现目标、任务、标准的对应性。这里设计的评价任务不再是单纯做评价样题，一般包含顺承学习行为的过程性评价：课前学、课堂表现、作业，单元学后评价、情境、大任务（多个知识点）、纸笔测试等；尤其是要重视学后任务的设计，即学完本单元后站在学生的角度、贴近学生生活实际所设计的学习任务，要在真实情境下设计"真"任务，以检测单元学习目标是否达成。

（四）学习活动设计

学习活动指的是围绕学习目标展开相应的评价任务，获取（收集）评价信息，利用（处理）评价信息，以促进学习的过程。一般以一目了然的表格形式呈现，包含课时主题、课时分配、主要活动设计、实施方式和学习资源五大要素。课时主题和课时分配，这两个信息代表在多长时间内学习什么？这个课时分配是暂时确定的，在实际教学过程中，还会根据学生的学情进行适当的调整；主要活动设计是针对课时设计的具体的主要学习活动，是指向单元学习目标的学习活动，也是教师引导学生学的评价任务，陈述方式可以更加直白，包含有指一指、说一说、读一读、写一写等这样的过程性评价，也有做评价样题、纸笔测试等结果性评价，两种评价方式相结合检测学习目标的真正达成；实施方式就是学生学与教师教的体现，会渗透学习学科知识的一般思路和方法；学习资源指达成目标的资源、前备知识提示，包括教材、教具、学具以及具有学校特色的口算课课练、学习单等，是一些具体的辅助工具。

总之，单元方案与学期课程纲要、课时设计紧密联系、一一对应。它既是学期课程纲要的一个分支，又是本单元各课时设计的统领，它把学期和课时融为一体、连为一脉，实现了自上而下逐步分化，自下而上不断整合，做到了三者的融会贯通，是我们开展教学实践的重要指导。

第三节　学历案的设计

一、指导思想

落实立德树人根本任务，深化育人关键环节和重点领域改革，切实提高育人水平；遵循教育教学规律和学生身心发展规律，全面推动课堂教学改革；严格按照国家课程方案和课程标准实施教学，确保学生达到国家规定学业质量标准；围绕"课程标准—学期课程纲要—学历案"目标链，聚焦学科核心素养达成，深入推动备、教、学、评一体化，建构"教—学—评一致性"的深度学习实践课堂。

二、基本内涵

学历案从字面上而言就是学生经历学习过程的文案，是教师在班级教学背景下，围绕一个具体的学习单位（课题、主题、章节或单元），从期望学生"学会什么"出发，设计并展示"学生何以学会"的过程，以便于学生自主建构经验或知识的专业方案。它是由教师设计、用于规范或引导学生学习的文本，是通向目标达成的脚手架。

学历案的核心思想是"教—学—评一致性"，其设计思路可以有效解决教师"为什么教""教什么""怎么教""教到什么程度"。学历案也是学生使用的学习文本，可以帮助学生解决"为什么学""学什么""怎么学""学会了吗"的问题。

三、构成要素

完整的学历案（表4–2）大致包括课题与课时、课标要求、学习目标、评价任务、学习过程（资源与建议、课前预习、课中学习）、检测与作业、学后反思7个要素。

表4-2 完整的学历案

要素	设计要求
课题与课时	（1）课题：显示单元或章节或课题名称 （2）课时：依据学期课程纲要、目标、教材、学情确定该内容的学习时间，如1～3课时
课标要求	（1）课标陈述：课程标准中关于课程目标、学科核心素养、学习目标与内容、学业质量标准等有关表述 （2）适当解读：给出有关课标内容的学习提示
学习目标	（1）依据：课程标准、学期课程纲要、教材、学情、教学资源、学业质量标准等 （2）目标：可观察、可操作、可测评，指向学科核心素养，相互之间有关联，三维目标整合叙写，可分解成具体任务或指标
评价任务	（1）依据：视目标的数量、难度、关联、种类以及学情确定评价任务的数量与安排 （2）要求：与目标一致，包括情境、知识点、任务，能引出学生目标达成所需要的表现证据，以形成性评价（过程性评价）为主
学习过程	（1）资源与建议：达成目标的资源、路径、前备知识提示（可根据学科特点选择提供） （2）课前预习：定时间，定目标，有任务 （3）课中学习：围绕目标达成，用学习任务串成问题链设计，创设真实情境，呈现学习进阶（递进或拓展）；嵌入评价任务；体现学生自主或合作探究建构的真实学习过程
检测与作业	（1）要求：包括课前、课中与课后作业，整体设计作业；围绕学习目标设计；数量、难度适中，体现分层；功能指向明确；体现知识的情境化（学以致用） （2）功能：检测类、巩固类、提高类
学后反思	（1）要求：提供反思路径或支架，引导学生梳理已学知识、学习策略，管理与分享自己的知识，以巩固和强化所学内容 （2）求助：诊断自身问题，报告求助信息，便于获得支持与解决

四、要求与建议

（一）编写原则

学历案是突出学生学习过程与学习经历的课时专业方案。编写时，要聚焦课堂效益提升，不断建构基于课程标准的课堂，形成在课程目标引领下的"备—教—学—评一体化"的教学格局；要依据各学科课程理念及学科特点，遵循学科学习规律，凸显素养目标的引领、统摄作用；要从学生的需要出发思考：学生为什么要学这些内容（目标），学习这些内容对他们的发展有什么作用？学生怎么学？学历案设计可从课时学历案开始尝试，逐步走向大单元设计，从"课时学历案"走向"大单元学历案"。

（二）课标要求

（1）摘抄。例如，青岛版四年级上册"认识万以上的数"。在学段中找到相应的内容要求、学业要求和教学提示。

内容要求	在具体情境中，认识万以上的数，了解十进制计数法
学业要求	能结合具体实例解释万以上数的含义，能认、读、写万以上的数
教学提示	数的认识的教学应为学生提供合理的情境，引导学生进一步经历整数的抽象过程，知道大数的意义和四位一级的表示方法，建立数感

（2）分析。找出行为条件、行为动词、核心概念（知识技能），要把隐性的结果性行为动词转化为可操作、可测量的外显性行为动词。

行为动词		表示的内涵	举例	可观察的外显行为动词
了解（知道，初步认识）	了解、理解重在知	从具体实例中知道或举例说明对象的有关特征；根据对象的特征，从具体情境中辨认或者举例说明对象	（1）了解符号<、=、>的含义 （2）阅读说明性文章，能抓住要点，了解文章的基本说明方法	说出、读、写、回忆、选出、举例、列举、复述、描述、识别、再认等
理解（认识，会）		描述对象的由来、内涵和特征，阐述此对象与相关对象之间的区别和联系。"知其然，知其所以然"	（1）探索并理解运算律 （2）能借助字典、词典和生活积累，理解词句的意思	解释、说明、阐明、比较、分类、概述、概括、判断、区别、提供、猜测、预测、估计、推断、检索、收集整理等
掌握（能）	掌握、运用，重在用	多角度理解和表征学科对象的本质，把对象用于新的情境	（1）能进行简单的小数运算 （2）能联系上下文，理解词句的意思	使用、质疑、辨别、设计、解决、检验、总结、评价等
运用（证明，应用）		综合使用已掌握的学科对象和对象之间的关系，选择或创造适当的方法解决问题	（1）在实际情境中，运用数和数的运算解决问题 （2）尝试在习作中运用自己平时积累的语言材料，特别是有新鲜感的词句	完成、制作、设计、创造、创作等

（三）学习目标

学习目标就像是一份"微型教案"，目标是否准确、清晰、可操作、可评价，直接关系学习活动的展开和学习结果的评价。学习目标是希望学生经历一定时间的学习之后形成的预期结果。它是指在课堂教学中，学生在教师指导下完成某项学习任务后应达到的质量标准。它的意义在于以下三点：一是明确教学内容，二是指导教学活动，三是为教学评价提供依据。一般2～3条，整合三维叙写，指向关键能力或素养。

（1）一定要基于对"课程标准、教材、学情"的综合分析，依次思考"学习目标—评价设计—学习活动"。

（2）一定要规范表述，行为主体学生可以省略，叙写格式是：行为条件+行为表现（显性行为动词+核心概念即学习的知识技能）+表现程度。比如，"通过摆一摆、算一算、编儿歌等活动，编出6的乘法口诀，正确说出乘法口诀表达的意义。"可操作性要强，学生一看就明白"通过什么学习方式，要做什么、怎么做、做到什么程度。"规范、精准的叙写目标，要体现行为主体学生化、行为表现可测化、行为条件具体化、行为程度明确化。

（3）课的目标之间一定要体现层层递进的逻辑关系，还要体现和学期纲要、单元方案目标设计的一致性。

（四）评价任务

目标设计完成后，就要设计相匹配的评价任务，也就是设计达成目标的情境问题或任务，而不是设计"怎样实现目标"的教学设计，这在课程常识中叫"评价设计先于教学设计"，也就是所谓的逆向设计。评价任务起到了承上启下的作用，既可以保证与学习目标的一致性，又可以与学习活动相整合，保证与学习活动的一致性。

1.正确认识评价任务

评价任务是什么？在确定目标后，要思考设计什么样的任务，可以引出学生与目标相匹配的行为表现，学生有什么样的具体表现可以判断学生是否达成目标。紧扣学习目标设计，把每一条目标转化成需要学生做的具体的任务，即评价任务。

2.评价任务的作用

一是帮助、促进学生达成目标，在达成目标的过程中学得更有趣、更有深度；二是检测目标是否达成，是否可以结束本目标的教学活动，还有哪些地方做得不够,作为下一步教学决策的依据。

3.评价任务的种类

(1)先学评价任务:为了帮助学生达成学习目标,诊断学生"现在在哪里",教师没教之前,先给学生安排自主探究式的评价任务,学生试着用自己已有的认知经验进行思考、小组合作学习,教师通过收集学生评价信息,针对困惑处、疑难处进行"有的放矢地教"。例如,三年级下学期《用连乘解决实际问题》的学习目标是:结合具体情境,通过画直观图,正确分析数量关系,讲解清楚。先行评价任务就可以设计成:画图表示信息,指图说一说先求什么,再求什么。课堂上,通过观察学生画的图,诊断其是否理解题意;通过倾听学生的讲解,诊断学生解决问题的思路是否正确。如果不正确,根据收集到的信息分析诊断"学生现在在哪里",确定下一步如何导学。

(2)教后评价任务:教师教后,为了评价学生是否学会安排的任务。这类任务的主要作用是证明学了、教了之后是否学会了。这类任务包括纸笔测试、表现性任务。

4.评价任务设计注意事项

(1)评价任务必须与学习目标相匹配。评价任务从学习目标中来,必须引出学习目标所需要的评价信息,通过搜集的评价信息判断出学生自主学习可以学到什么程度或学后、教后是否达成目标。

例如,二年级上学期《有余数的除法》的学习目标是:通过动手分一分,结合分物体的过程,解释有余数除法的意义。针对这一目标设计的评价任务是:用小棒代替面包分一分,用算式表达分得的结果,解释算式表达的意义。

评价任务与目标匹配不等于与目标的数量一一对应。一个学习目标可以设计一个或多个评价任务,一般不超过3个任务,同一个目标对应的多个任务之间是递进的层次;一个评价任务可检测一个学习目标或多个目标,检测多个目标的评价任务一般是真实情境的大任务。

(2)要充分考虑学生的最近发展区。根据学习目标设计的评价任务,必须建立在学生的认知发展水平和已有知识经验基础之上,不能没有探究空间,也不能挑战性太大。如果没有探究空间,不利于学生思维能力的发展,不利于催生丰富的学习经验;如果挑战性太大,学生不知从何思考,造成学而无效，既耽误课堂教学的时间，也降低学生的学习自信。

（3）评价任务指向要明晰，可执行；评价任务要清晰、具体、可操作。学生一看就明了：要我做什么，要我怎么做。

5.评价标准的设计

设计评价任务后，要根据学习目标预设出学生最高水平的行为表现有哪些。在课堂上对于每一条评价标准，既可以根据此标准收集学生的评价信息，也可以让学生根据此标准互学、互评、自评。评价标准一般有两项指标。一是结果性指标，答案非对即错，如每做对1题得1分，线段图能准确表示出信息和问题等；二是过程性指标，是把学生思维过程显性化的指标，指向学生的表达、动手操作等。在说的过程中学生展示的思维过程，教师了解学生研究问题的角度及思考过程中使用的方法是否科学，如可以"有根有据地讲解……"

（五）学习过程

1.资源与建议

达成目标的资源、路径、前备知识提示（可根据学科特点选择提供）。

例如，（1）三角形的认识是学习平面图形的起点与基础（描述了所学内容处于什么样的知识体系中，它的地位作用是什么），在学习本课之前，学生认识了线段和角的特点，会用三角尺规范画出点到直线的距离（学习资源，与本内容相关的之前已有的知识技能），教学时就可以借鉴研究长方形和正方形特征的研究思路与方法来研究三角形的特征（提供可借鉴的研究思路、方法）。学好这部分内容，为后续探究其他图形的特征积累经验（后继的地位作用）。（2）本课的学习按以下流程进行：概括三角形的特征—发现三角形的稳定性—画三角形的高（指明学习路径，学习的大致流程，需经历几个环节）。（3）本课的重点是：概括三角形的特征，讲解研究过程。本课的学习难点是：三角形高的画法。可以通过学习任务3与借助以前学习过的画点到直线距离的方法来突破画规范作高的难点（指出所学知识的重点和难点，给出突破难点的建议）。

2.课中学习

学习活动设计,即板块化结构设计。最重要的一条规律就是将"评价设计"中的评价任务嵌入其中。教学活动的设计要板块式、结构化、小循环,即一个目标对应一个学习活动板块,有几个目标就有几个板块,每个板块的主题是相应目标中的核心内容。

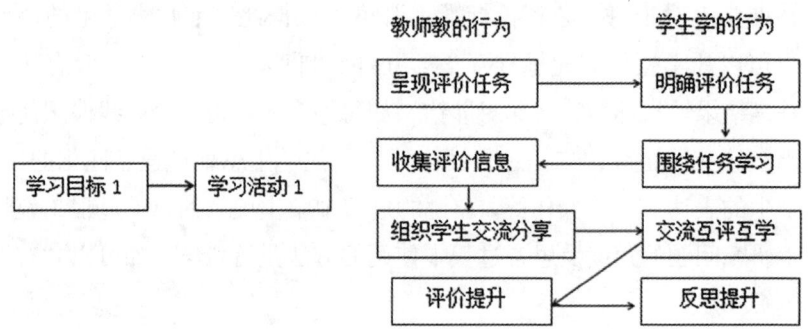

图4-1 教学活动的设计

每一个学习活动板块都可以按"六环节"去实施,分别是:

(1)呈现学习任务和评价标准。

(2)解读学习任务和评价标准。

(3)执行学习任务。

(4)教师初步收集评价信息(随机对个别小组点对点指导)。

(5)学生展示,师生再次收集评价信息(多次)。

(6)总结完善,达到最高标准。

例如,部编版三年级上册第八单元《司马光》一课的学习活动一是:正确、流利、有停顿地朗读课文。相应的六步实施为:

(1)出示评价任务:(PPT出示去掉标点的课文)看着去掉标点的课文,同位间试着正确、流利、有停顿地朗读课文。

评价标准:正确★

　　　　　流利★

　　　　　有停顿★

（2）学生明确学习任务、评价标准。

（3）学生根据评价任务、评价标准自主朗读。

（4）同位间互相评价朗读。

（5）教师组织学生班内朗读。

（6）点拨指导与总结。在汇报的时候根据评价标准进行互评，在互评中如果学生没达到读的目标，就采取教的方式可以教师指正读、指名再读或教师范读，通过同位间再读再互评，引导学生读好停顿，最后根据评价标准达到正确、流利、有停顿地朗读课文的目标。

又如，《司马光》一课的学习活动二是：了解课文大意，用自己的话讲故事，背诵课文。其中一个评价任务的实施是这样的：

（1）出示评价任务：展开想象，小组内用自己的话讲一讲这个故事。

评价标准：用自己的话讲★

故事情节要完整★

语句通顺连贯★

（2）学生明确学习任务、评价标准。

（3）学生根据评价任务、评价标准组内讲故事。在巡视学生讲故事的情况，有针对性地指导个别学生"跌、皆"等词句的意思。

（4）组内互相评价讲故事。

（5）教师组织学生班内讲故事。

（6）点拨指导总结。在学生汇报中引导学生依据评价标准进行互评，若学生没有讲出故事，请小组内其他同学补充汇报，再重点引导不会的学生连词成句地说一遍，以促使全班同学能够用自己的话完整、连贯讲故事，以达成目标。

（六）检测与作业

要求：包括课前、课中与课后作业，整体设计作业；围绕学习目标设计；数量、难度适中，体现分层；功能指向明确；体现知识的情境化（学以致用）。

功能：检测类、巩固类、提高类。

（七）学后反思

要求：提供反思路径或支架，引导学生梳理已学知识、学习策略，管理与分享自己的知识，以巩固和强化所学内容。

求助：诊断自身问题，报告求助信息，便于获得支持与解决。

这一要素的统一指导语的体例可参考如下：请你梳理出本课时的主要知识点、重要数学思想和数学方法；你是通过什么策略或方法学会这些知识的？用这样的方法，你还想研究什么问题？还存在什么问题或困惑，需要老师提供何种帮助？有什么好的经验可以跟大家分享？

第四节　大单元设计

一、认识大单元设计

大单元教学是以核心素养为纲，以问题解决为目标，以学生学习行为为设计主线，以大观念、大任务、大问题为统领，强调真实情境、真实任务，强调在问题解决过程中渗透学科思维模式和探究模式，突显学习过程的综合性和实践性，使学生经历完整学习过程，从而达成核心素养和学业质量的双丰收。

"大单元"的"大"，既是一种教学理念，也是一种实践思路。大单元教学强调的是整体意识，系统意识，即强调课时之间，课文之间，单元之间，教材之间，甚至与其他学科之间，与生活之间的联系，要站在系统的角度去审视一节课、一篇文章、一个单元它所处的位置，它应该承担的任务。2022年版《语文课程标准》的课程实施中也明确指出了：以大单元的理念实施教学，体现语文学习任务群特点，整体规划学习内容；创设真实而富有意义的学习情境，凸显语文学习的实践性。

大单元教学是站在语文学习任务群的角度、系统的高度去确定学习目标，既要观照学生"语文要素"的系统训练，又要兼顾"人文主题"对学生的教育作用。它打破传统以"单篇"形式的教学，倡导在"大概念、大情境、大任务"驱动下，学生积极主动地参与到语文学习实践活动中，培养学生解决实际问题的能力。

　　大单元教学与传统单元教学的区别是：传统单元教学，更多关注知识、技能，教材有什么就教什么，为教而教的去情境教学，苦于没有系统培训，没有强有力的支持；大单元教学则是站在最小的育人单位单元的角度，统筹规划，每个单元都是一个微课程，需要系统分析，以培养完整的人，具体学习中，不再是知识技能的单一训练，而是在大观念的统领下，以问题解决为目标的做中学，强调了真实情境打破了教材的时空限制，形成结构化的知识和核心素养。

二、如何进行大单元设计

　　大单元教学设计的关键技术有：单元基本信息、单元背景分析、大概念提取、大任务分解、单元目标研制、单元评价设计和单元学习进程等这几个要素。

（一）单元基本信息

　　大单元设计与实施可能出现"兵马未动、粮草先行"的情况。也就是课还没上，老师与学生已经分头行动，学的内容不仅是教材，范围可能在校内外。大单元教学强调的是历程之完整，既避免传统的课时逻辑对学生学习精力造成的割裂，强调以学习定时间，而不是以时间定学习；又实现了超越教材，超越课堂的时空限制。

（二）单元背景分析

1.课标分析

（1）课标陈述：陈述什么？结合单元主题和语文要素的提示，上源寻找对接国家语文课程标准，找到相应的总目标、学段目标、学业质量标准。学段目标是对应总目标的具体细化，学业质量反映本学段目标落实情况的关键表现。也就是分别从学段目标（要求）、内容要求、学业质量（要求）、教学提示中摘录与本单元相关的内容。

（2）对摘录内容进行分析。课标体现的是国家的教育目的，国家教育蓝图可视化，我们的目标就是为国育人。素养本位的课程标准就是学科之家，心中无课标的教学无疑是离家出走。看课标对相关内容的定位才能更好地理解国家的育人目标和教材编写意图，真正实施为国育人的教学。提炼出本单元要落地的核心素养；明确行为条件，核心概念（知识技能）；对行为动词进行分解，明确行为表现；从课标的陈述中分析出学生学什么？学到什么程度？学生怎么学？

语文学科：

内容	课标摘录
学段要求	
学习内容	
学业质量	
教学提示	

数学学科：

步骤	内容			
课标摘录	学段目标	内容要求	学业要求	教学提示
课标解析	核心素养	
	学生学什么	
	学到什么程度	

2.单元教材分析

单元教材分析即内容分析，教材内容不等于教学内容，大单元教学则指的是一切教学所需的资源。教材内容变成学习内容，就要对教材进行教学化处理。分析教材的结构、性质、特点、背景，纵向分析、横向分析它们在学科中的前后左右关系。例如，要素中：体会思想感情的要求，在整套教材中是如何纵向分布的。再横向分析本单元各个板块的价值，共同指向语文要素的落实。明确本单元在整个学段中的课程地位。也就是说应该分析教材有什么？能不能达成目标，达成该怎么办？达不成又该怎么办？包括单元编排横向联系（指本册有联系的单元之间）、单元编排纵向联系（指学期之间相关联系的内容）、单元内容编排结构及联系（指本单元各内容之间的联系）、课后习题分析（从习题中思考编者的设计意图，即从评价中反推学什么、怎么学，还可以进行不同版本教材分析对比。（借鉴、精选教学资源）

3.学情分析

从生活经验、兴趣、已有基础、学生思维难点等方面对学情进行分析。大单元教学更注重前测的方式和内容，用证据证明学生"现在在哪里"，用数据分析，找出学生的学习障碍点，并为突破障碍点提供学习支架，分析教的方式和学的方式。

有人说，教育研究有三个视角，课标分析要求教师要用飞鸟之眼俯瞰教材，隐含着教师不单是教科书的执行者，而是课程的开发者。用蜻蜓之眼，深入挖掘教材，教师是用教科书教而不是教教材。用蚂蚁之眼观察学生，时刻与学生在一起，做学生学习的伴随者、引导者。大单元教学需要教师站在课程视角，学生学习立场，对接学科素养，为单元重构、确立目标提供重要依据。

（三）单元大概念

以学科大概念为核心，使课程内容结构化。学科大概念是能将众多的学科知识联为一致整体的学科学习的核心，能反映学科的本质，居于学科的中心地位，具有较为广泛的适用性和解释力的原理、思想、方法等。例如，"留心观察可以帮助我们积累关于周围事物的丰富素材，助力写好我们眼中的世界""数是对世界的一种理解和表现形式"。从学科知识关系的角度，大概念位于学科知识金字塔的顶端，有着很强的抽象性、概括性、包容性；从课程知识的角度，通过大概念，能有效构建简洁、简约、精简的课程知识内容框架，实现少而精的课程目标；从学生学习的角度，大概念是一个纲领，纲举目张，能整合所学的知识，是一根主线，把离散的知识串起来。它是整个学习活动的主心骨，是赋予学习活动整体性的关键。单元大概念是整个单元的灵魂，统摄整个单元的知识线，上接素养目标，下连单元目标，是前经验和后经验的中介，实现单元与单元之间迁移、学科与学科之间迁移、学校教育与现实世界之间的迁移，这也是大概念最根本的特质与价值，最终解决现实生活中的挑战，达成素养目标。

1.如何提取大概念

（1）从课程标准中提取大概念。所有"大概念"的提取都要参照课程标准，课程标准中关于概念、观念的表述有时可以直接提炼出"大概念"。如根据《数学课程标准（2022年版）》指出"数的运算要在相同数位上进行"。提炼出数运算的大概念"相同计数单位个数的累加或递减"。

（2）从"单元起始处"提取大概念。单元起始处最为常见的就是"单元导读"。在单元导读里有大量线索，如统编版小学语文教材从三年级开始，每个单元设有单元导读，在单元导读页中给出了语文要素，语文要素基本相当于素养目标。例如，"三年级下册第八单元"根据单元导读，提取出单元大概念，"复述是一种展开想象再加工的过程，在忠实的基础上可以适当调整"。

（3）从教材的单元内容中提取大概念。很多教材在单元内容中会穿插各种形式的提示，比如交流平台，知识卡片等，对相关概念作出解释和阐述。例如，从五年级上册第五教材单元《太阳》《松鼠》《鲸》《风向带的制作》4篇例文，这几篇说明文的风格有很大的不同，从这些不同风格的说明文中，结合交流平台，可以提取到大概念"根据不同的目的和对象的说明文可以分为不同的类型，他们的语言风格和说明方法有差异"。

（4）从专家思维中提取大概念。教师需要通过阅读相关的著作、论文等文献或者通过听讲座，网络搜索等方法去找寻和提炼。例如，东北教育科学学院马云鹏教授在《聚焦核心概念 落实核心素养》报告中指出：图形的运动主要是图形的平移、旋转和轴对称。要认识到图形运动本质上是"图形上点的位置的变化"。

2.如何提取大任务

单元大任务是单元目标的实践化形态，是一件完整的事情，是过程和结果的综合体。任务包裹目标，目标又指引任务；单元大任务是真实性的事，

第四章　有效教学设计

真实性不完全等于"真实",它可以是生活中的真实,也可以是"拟真"的真实,更多指向思维方式的真实;例如,2023年9月23日至10月8日在杭州举行第19届亚运会,亚委会现面向全国征集"给杭州亚运会写宣传词",请你参与此项活动"。

分析:这一情景中,小学生写的宣传词很难得到这一情境的"真实对象"亚委会的反馈,但是可以放到朋友圈里由同学、家长和老师这些"模拟的对象"进行点赞和反馈。单元大任务又是复杂的事,通常会调动多种知识、技能,会需要多种方案,而不是一个简单线性的单一答案,应依托单元的若干课时,如"为了培养更好的理财习惯和饮食习惯,婷婷最近在坚持记录自己的收支情况。并附上她上周的收支情况记录,上周她分别在奶茶和水果上花了多少钱?"分析:尽管这个问题情境是真实的,但它却指向简单的计算能力,所以严格来说并不是真实性大任务。

大任务:清明节踏青是我们中华民族的习俗,请把你在踏青过程中看到的自然世界用诗歌的形式表达出来,4月10日×××小学四年级级部举行《我眼中的自然世界》诗集展示,并举办诗歌朗诵会。期待看到你编写的诗歌,听到你的朗诵。

大任务的设计:基于单元大概念、单元目标进行设计。大任务以"六要素"来建构。第一,要做什么——主体行为。第二,做成什么——行为结果,制作了什么作品,设计了什么方案等,而不仅仅是"记住了哪些知识""学会了哪些技能"或能默写哪些字词,掌握哪些句型。第三,用什么做——知识技能,让"双基"在单元大任务中得到落实与升级。所谓"落实",是单元大任务中必须有双基含量;所谓升级,是把这些知识与技能"用"起来,而不仅仅是识记。第四,怎么做——过程方法。第五,何时何地做——真实情境。第六,有什么用——育人导向。

大任务的叙写格式:何时何地(背景)+与谁一起做+做什么+做成什么。例如,疫情居家线上学习期间,我们班开展"班级视力调查分析"交流活动,请收集、整理数据,制作成条形统计图,通过对比、分析了解影响视力的主要因素,做成一份"班级视力调查分析报告"。

衡量大任务的指标:(1)是否符合目标;(2)是否符合学情:是否能引发学生的兴趣,是否联结了学生的既有经验,是否符合学生的水平;(3)是否可以实现，是否具有可行性。

3.如何分解出子任务

单元大任务统摄整个单元教学，这个任务不是简简单单一节课就能解决的，需要把大任务分解出子任务。子任务是完成大任务的关键点位，是完成大任务必须经历的过程，必须全程服从、服务于大任务，最后回归大任务。

分解出的每一个子任务都不能离开大任务这条主线。背景线：单元大任务是在特定情境下完成的，子任务的情境要与大任务的情境保持一致性；知识结构线：从知识技能的角度来看，单元大任务承载的是整个单元的知识技能，而子任务承载的是每个单元目标的知识和技能，是将知识技能的"总量"分解成若干"分量"，在子任务中体现；活动线：子任务是完成大任务的关键点位，是完成大任务必须经历的过程，只有完成所有子任务，才能完成大任务，即整体—部分—整体。

4.单元活动结构

单元结构图是整个单元的骨架，单元活动结构图是由单元大任务、子任务以及子任务相应对的学习活动组成的。从单元结构图中能明确学生做什么事、经历哪些学习活动可以达到预期的单元目标。单元目标告诉学生去哪里，单元大任务指引学生怎么去做。整个单元的学习活动以大任务统领，贯穿整个单元的学习过程，学生在完成任务的过程中，主动获得知识技能，并把知识转化为解决实际问题的能力，逐渐内化为素养。

（四）单元目标

每一个单元目标都要围绕大概念去设计。目标之间要体现进阶性。陈述方式：行为条件（过程与方法）+行为表现（行动动词+知识技能）+情感态度价值观。即通过什么路径（过程与方法）习得特定的知识技能，学到什么程度，对学生的发展有什么意义。例如，三年级上学期，单元主题：分数的初步设计；单元大概念：分数是将对象等分成若干份，取其几份分的结果。

（1）结合具体情境，通过分一分、折一折、涂一涂、观察、分析、交流等活动，直观描述分数的意义、分数单位，正确认读写简单的分数、说出分数各部分的名称，发展数感、符号意识。

（2）通过摆一摆、涂一涂、比一比等活动，直观解释分母分数大小和分子是1的分数的大小比较分数的方法并正确比较出大小，发展数感、推理意识。

（3）结合具体情境，通过画一画、涂一涂、观察、分析等活动，直观解释同分母分数加、减法的算理并正确熟练计算，提高运算能力、应用意识。

（五）评价设计

单元评价设计是学完一个单元之后设计的学后评价任务，是证明学生一个单元的学习目标是否达成的整体评价框架。评价方式分为纸笔测试和表现性评价，纸笔测试主要评价学生对基础知识的掌握程度，表现性评价主要体现学生的迁移新知能力。每个评价任务都有与之对应的评价标准。

（六）学与教的活动设计

从学习任务群、实践活动、课型、评价任务、学习支架、学习资源这几个维度将各个子任务如何实施进行具体设计与安排。通过目标引领、任务群驱动、结构化实施、教学评一致性，最终实现由知识本位向素养本位的转变，由"课程"向"学程"的转变，从而实现学生的核心素养。

三、样例展示

统编版五年级上册第五单元
"我说明白了"单元教学案例

单元名称	习作单元
学段学科类别	小学语文/实用性阅读与交流任务群（说明文）
年级/学期/单元	五年级上册第五单元
单元主题	说明文以"说明白了"为成功

续表

单元名称	习作单元
总课时	9
提交课例名称	任务1：认识说明文（第1~2课时） 任务2：发现说明文的不同（第3~4课时） 任务3：打开方法工具箱（第5~6课时） 任务4：秀出多彩说明文（第7~9课时）
执教人	×××
研发团队成员	靳会、×××、×××、×××
学校	×××小学

（一）单元整体规划

1.课程目标

（1）阅读说明性文章，能抓住要点，了解文章的基本说明方法。阅读简单的非连续性文本，能从图文等组合材料中找出有价值的信息。尝试使用多种媒介阅读。（阅读与鉴赏 第三学段）

（2）学写常见的应用文。（表达与交流 第三学段）

《义务教育语文课程标准（2022年版）》

2.单元核心知识结构（参见实践活动表）

说明文是实用文体的一种，同时也涉及选材和构思这些高位的语文大概念。说明文单元与已经学过的三年级上册第五单元、三下第三单元和第七单元、四下第二单元和第四单元相关联，也与之后要学习的五下的第七单元和六上的第三单元相关联。这些单元中有一些课文也是说明文，比如《花钟》等；而有一些则是和说明文非常接近的记叙文，比如《白鹅》等，这些课文都可以做说明文单元的教学资源。

在本单元中，需要学会阅读简单的说明性文章，了解基本的说明方法。用恰当的说明方法，把某一种事物介绍清楚。说明文的实践应用在生活中无处不在，例如在学校中，不仅语文上会应用说明文，其他学科教学也会用到，比如科学课上的小组展示就是一种说明文，又如在日常生活中，无论是百科全书、家电的说明书、博物馆的展陈介绍，还是电视上的生活常识辟谣、直播带货、自我介绍等，往往都是说明文。除了正式的说明文外，还有非正式的说明文，因为在日常谈话中我们常常也需要介绍（人）实物、程序和事理等。

3.大概念和驱动性问题

大概念：

（1）说明文是一种客观说明事物、阐明事理的文体。

（2）根据不同的目的和对象等，说明文可以分为不同的类别。

（3）不同说明方法的用途有所不同，如列数字是为了更精确地表达，而举例子、做比较和打比方则是通过将陌生的事物熟悉化，从而更具体生动地表达。

驱动性问题：

基本问题	子问题
什么是说明文	说明文有什么特点 与其他文体有何不同
说明文有哪些分类	什么是程序说明文和实物说明文 什么是平实性说明文 什么是文艺性说明文
说明方法有哪些	列数字、做比较、举例子和打比方等说明方法的作用是什么
怎样学写、学用说明文	能用恰当的说明方法，把你喜欢的事物介绍清楚吗

4.单元内容结构

这一单元共有四篇文章，从说明对象来看，《风向袋的制作》属于程序说明文，《太阳》《松鼠》《鲸》属于实物说明文；从语言风格来看，《松鼠》属于典型的文艺性说明文，而《风向袋的制作》则属于典型的平实性说明文。总体来说，这个单元属于并联结构，大概念1、大概念2和大概念3（见上文）均贯穿于单元的四篇课文中。为了更为紧密地围绕大概念来展开教学，本单元采用创新型设计，同时结合常规型设计。

具体来讲，可以根据说明文的学习逻辑将本单元分为四项学习任务，即什么是说明文（2课时）、说明文的不同类型（2课时）、说明方法有哪些（2

课时）和我来学用说明文（3课时）。前三个任务链以《太阳》和《松鼠》这两篇课文为重点案例来帮助学生理解大概念，前三个任务链各侧重于一个大概念，同时也有融合，最后充分融合为三个大概念。

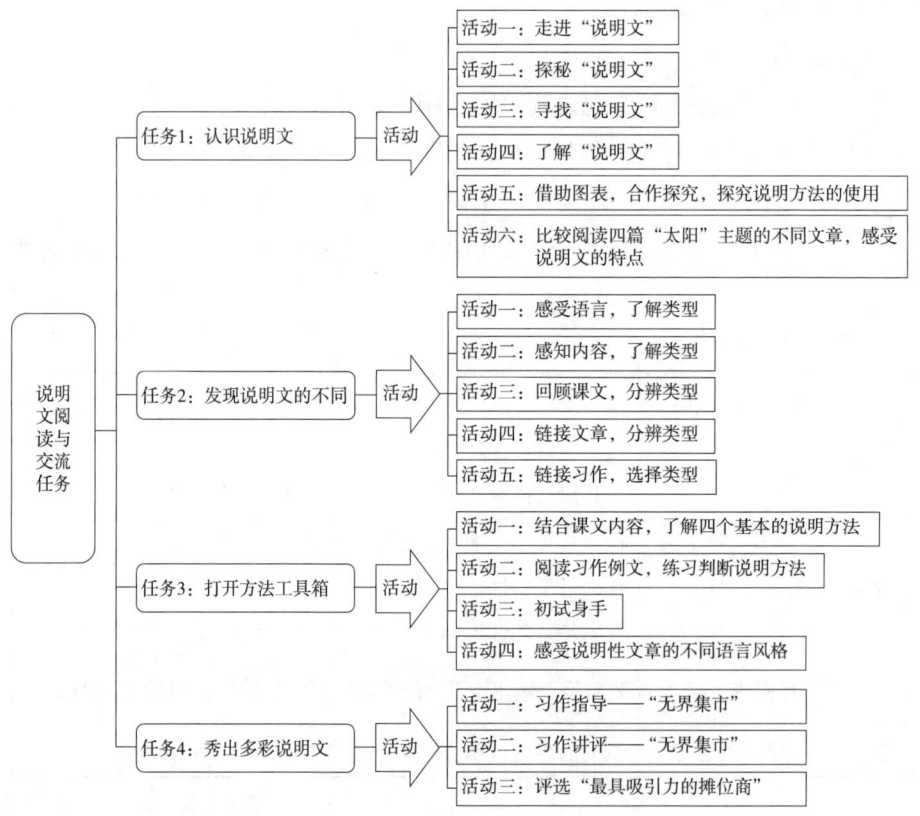

图4-2　说明文阅读与交流任务

5.教学资源开发

（1）统编版小学语文五年级上册第五单元教材。

（2）四篇"太阳"主题的不同文章。

（3）拓展作品：《"象"往的生活》《核舟记》《中国大百科全书》《花钟》《蝙蝠和雷达》《赵州桥》和《大自然的声音》等说明性文章。

（4）学习支架、评价量规等。

（二）单元目标设计

1.课标分析

（1）课标陈述

总目标：学会使用常用的语文工具书，运用多种媒介学习语文，初步掌握基本的语文学习方法，养成良好的学习习惯。积极观察、感知生活，发展联想和想象，激发创造潜能，丰富语言经验，培养语言直觉，提高语言表现力和创造力，提高形象思维能力。

学段目标：阅读说明性文章，能抓住要点，了解文章的基本说明方法。学写常用应用文。（阅读与鉴赏 第三学段）（表达与交流 第三学段）

学业质量：能概括说明性文字的主要内容或简单的非连续性文本的关键信息，初步判断内容或信息的合理性；能用准确的语言清楚地介绍、说明事物或程序，运用文本主要信息解决现实生活中的简单问题。养成留心观察周围事物的习惯，有意识地丰富自己的见闻，乐于表达自己的切身感受。

（2）课标分析

通过阅读简单的说明性文章，在教师的引导下，了解基本的说明方法；搜集资料，用恰当的说明方法，把某一种事物介绍清楚。

通过阅读分析文本，了解说明性文章的基本样式；通过"交流平台"梳理总结方法，"初试身手"通过看图和观察，引导学生尝试运用方法，学习运用举例子、做比较、列数字等方法说明事物。

（3）课标分析的结论

本单元语言要素：阅读简单的说明性文章，了解基本的说明方法，会用恰当的说明方法把某种事物介绍清楚。三个层面从学生本位出发，围绕"说明文以'说明白了'为成功"这一主题，本单元安排了导语、两篇精读课文《太阳》和《松鼠》、"交流平台""初试身手"、两篇习作例文《鲸》《风向袋的制作》和习作《介绍一种事物》。这些内容承载着特定的教学任务和侧重点，从而促进习作关键能力的形成。从方法习得，习作实践过程中，培养语言直觉，提高语言表现力和创造力，提高形象思维能力，遵循了学方法、用方法的学习规律。

2.单元教材分析

(1) 教材内容

	前内容	本单元	后内容
阅读要素	四下第四单元：体会作家是如何表达对动物的感情的	五上第五单元：阅读简单的说明性文章，了解基本的说明方法	五下七单元：体会静态描写和动态写的表达效果
习作要素	四下第四单元：我的动物朋友。写自己喜欢的动物，试着写出特点	五上第五单元：搜集资料，用恰当的说明方法，把某一种事物介绍清楚	五下五单元：初步运用描写人物的基本方法，具体地表现一个人的特点

五年级上册第五单元是习作单元，以"说明文以'说明白了'为成功"为主题。本单元的语文要素是"阅读简单的说明性文章，了解基本的说明方法，会用恰当的说明方法把某种事物介绍清楚"。三年级上册习作中的语文要素是学生通过观察，体会了作者是如何留心观察周围事物的；下册习作语文要素在此基础上进行想象，走进想象的世界，感受想象的神奇。四年级上册习作语文要素是学生在了解作者是怎样把事情写清楚的基础上，能够自己把一件事情写清楚；下册习作的语文要素则是通过学习课文描写景物的方法来按一定的顺序写景物。本学期的习作重点是阅读简单的说明性文章，了解基本的说明方法，会用恰当的说明方法把某一种事物介绍清楚。学生从三年级刚开始时进行观察、想象，到四年级时的能够把一件事写清楚，并按照一定的顺序写景物，然后到本学期的学习运用说明方法来把某种事物介绍清楚，由浅入深，层层递进，逐步提高了孩子的写作能力。

围绕"说明文以'说明白了'为成功"这一主题，本单元安排了导语、两篇精读课文《太阳》和《松鼠》、"交流平台""初试身手"、两篇习作例文《鲸》《风向袋的制作》和习作《介绍一种事物》。这些内容承载着特定的教学任务和侧重点，从而促进习作关键能力的形成。

本单元导语有两个方面：一是阅读简单的说明性文章，了解基本的说明方法；二是搜集资料，用恰当的说明方法，把某一种事物介绍清楚。这两方面对本单元的内容进行了概括，明确了单元学习目标，给下面的学习指明了方向。两篇精读文章都是说明文，在说明事物的时候都用了恰当的说明方

第四章　有效教学设计

法。如《太阳》这篇文章，运用了列数字、做比较等说明方法介绍太阳的特点，提供了说明性文章的基本样式；《松鼠》这篇文章，通过描述性的语言介绍松鼠的外形和生活习性，提供了说明性文章的另一种样式。"交流平台"梳理总结方法，"初试身手"通过看图和观察，引导学生尝试运用方法，习作例文《鲸》和《风向袋的制作》通过批注的形式再次认识方法，学习运用举例子、做比较、列数字等方法说明事物，学习通过分条的方式介绍制作事物的过程。习作再次实践方法，运用本单元学习的列数字、打比方、举例子、做比较等说明方法学写一篇简单的说明文，形成单元学习成果。学生在整个单元学习中经历了"认识—实践—再认识—再实践"的过程。

（2）教材内容与目标的关系

表4-3　教材内容与目标的关系

单元板块	单元内容	单元价值及教学重难点	课时
课文	《太阳》《松鼠》	侧重引导学生了解说明文特点，感受说明方法的好处。通过对比阅读了解说明文类型	4
习作例文	《鲸》《风向袋的制作》	感受说明文不同的语言风格，了解说明语言特点；比较说明文的内容的不同	1
群文阅读	《松鼠》和《中国大百科全书》《鲸》和《风向袋的制作》	比较异同，进行说明文分类学习	1
习作	我说明白了吗	引导学生评选"我说明白了"的最佳作品，掌握说明文类型及说明方法的运用	3
合计			9

通过分析可以看出，本单元的教材内容能达成本单元的课程目标。

（3）教材处理

本单元本着大单元教学的理念，把课堂向课前与课后延伸。课前，老师提供资料包和支架组织活动，学生要自己动手查找资料；课后，教学有评价检测，结果有可视性。将教材中的内容进行重新组合，从而形成"学习任务群",让教材的内容具有"弹性化"和"框架式"特征,某一篇选文不是只被使用一次,而是在大单元的统整下作为不同的选点多次出现。比如《太阳》一课,它是一篇非常典型的常识性说明文,介绍了太阳的特点,讲述了太阳和地球及人类的关系。在介绍太阳的特点时,作者运用了多种说明方法,使课文内容显得丰富多彩,通俗易懂。所以这篇文章在本单元的多个课时和课型中会被多次采用。

3.学情分析

生活经验及兴趣等分析:随着学生年龄的增长,五年级的孩子已经能够留心观察周围事物,进行想象,把自己看到、听到、想到的用一定的顺序完整地记录下来。通过阅读简单的说明性文章,在教师的引导下,了解基本的说明方法;搜集资料,用恰当的说明方法,把某一种事物介绍清楚。

已有基础分析:学生经过三、四年级学段的学习,能够留心观察周围事物,把自己看到、听到、想到的用一定的顺序完整地记录下来。学生可以简单地运用打比方、列数字的方法,但是对于运用说明方法来把某一种事物介绍清楚稍有难度。因此,教师要充分利用精读课文,让学生了解说明性文章两种不同的样式,学习作者在介绍太阳的特点时运用的列数字、做比较等说明方法;学习作者在描写松鼠时既能抓住特点,又言之有序的方法。再通过自主学习习作例文提升认识,最后通过习作实践,具有用恰当的说明方法把某种事物介绍清楚的能力,从而落实好语文要素,达成单元目标。

学生思维难点:五年级的学生大部分学生有较浓厚的阅读兴趣,能阅读简单的说明性文章,并能搜集资料,但是也有部分学生不能区分说明方法。本次的习作是使用简单的说明方法介绍一种事物,按顺序、写清楚、写完整。教学中应加强说明方法应用的指导。

4.单元核心目标

通过阅读简单的说明性文章,了解并运用恰当的说明方法,结合搜集的资料,把某一种事物介绍清楚。

5.单元具体目标

(1)通过收集不同文体的"太阳"主题的文章资料,课堂交流学习,理解说明文与其他文体的不同,了解说明文。

（2）通过阅读资料、课文有关内容（《太阳》《松鼠》《鲸》和《风向袋的制作》），小组合作学习，了解说明性文章的基本分类，如程序性说明文、事务性说明文、平实性说明文和文艺类说明文等。

（3）通过学习课文，《习作例文》和相关资料，学习举例子、做比较、列数字等常用的说明方法。

（4）通过《习作》一课，学习有序观察，在观察中抓住事物的特征，并运用本单元学到的说明方法介绍自己喜欢的一种事物。

（5）通过综合实践活动，提升语言表达能力，发现生活中的说明文并学以致用，陶冶生活情趣，激起学习探讨热情。

6.单元基础目标

（1）正确书写"殖""鼠"等字，认识"敏捷、触动、歇凉、追逐"等词语。

（2）阅读作品，了解主要内容及基本的说明方法。

（三）单元评价设计

1.单元过程性评价（参见《进阶任务和实践活动安排表》）

2.单元终结性评价（表现性任务）

情境任务	班级将于2周后组织"在'无界集市'上义卖"的活动，评选"最具吸引力的摊位商"，请你提前做好所展示物品如玩具、动植物、美食的视频、图片、实物等相关准备工作
评价目的	加深对说明文的理解，学习在生活中使用学到的恰当的说明方法清楚地介绍事物
角色与步骤	角色：各种类别的"摊位商""顾客" 步骤： （1）确定自己要介绍的一种事物，用恰当的说明方法写清楚 （2）根据评价标准，选出最佳文案 （3）小组角色分工，各自准备要介绍的"摊位"商品的相关资源 （4）创设"无界集市"的情境，各小组代表把"摊位"上的商品介绍清楚 （5）根据评价标准，顾客评选出"最具吸引力的摊位商"

续表

对象/观众	对象/观众：同学们
其他要求	布局和规则：教室、板书、道具等场景布置；各小组最佳文案分享，其他组内分享；个别"摊位商"展示，其他组内展示

3.评价量表

评价指标	优秀	达标	待改进
说明文的分类	列举的语句能区分说明文的类别，并且选择的事例具有典型性	列举的语句能区分说明文的类别	列举的语句不能区别说明文的类别
说明方法	列举的各种说明方法的语句要清楚、恰当并且生动具体表达出事物的特点	列举的各种说明方法的语句要清楚、恰当	列举的各种说明方法的语句不清楚、不恰当
说明文的习作运用	文章中使用的说明方法清楚、恰当并且生动具体表达出事物的特点	文章中使用的说明方法清楚、恰当	文章中使用的说明方法不清楚、不恰当

（四）教学过程和典型成果

进阶任务和实践活动安排表

学习任务群	实践活动	课型	评价任务	学习支架	学习资源
单元概述：说明文如何诞生	（1）单元概述、单元预习	整体感知课——初识说明文			纪录片《"象"往的生活》片段
	（2）《"象"往的生活》片段导读				

· 76 ·

第四章　有效教学设计

续表

学习任务群	实践活动	课型	评价任务	学习支架	学习资源
任务1：认识说明文	活动一：走进"说明文" 活动二：探秘"说明文" 活动三：寻找"说明文"	整体感知课——认识说明文	（1）了解说明文特点 （2）用什么方法把太阳的特点说明白的；感受说明方法的好处 （3）讨论不同的文体写作目的不同	搜集资料课堂交流借助《核舟记》了解说明文；	《核舟记》等有关说明文
	活动四：了解说明文活动五：借助图表，合作探究，探究说明方法的使用 活动六：比较阅读四篇"太阳"主题的不同文章，感受说明文的特点	精读引领课——感受说明文的特点		借助表格感受说明方法的作用，读四篇"太阳"主题的文章完成表格	四篇"太阳"主题的文章
任务2：发现说明文的不同	活动一：感受语言，了解类型 活动二：感知内容，了解类型	精读引领课——了解说明文类型	感受说明文不同的语言风格，认识平实说明文和文艺说明文；对比阅读，了解说明对象的不同，认识事物说明文和程序说明文	对比阅读《松鼠》和《中国大百科全书》；对比阅读：《鲸》和《风向袋的制作》和有关说明文	《松鼠》和《中国大百科全书》、《鲸》和《风向袋的制作》

77

续表

学习任务群	实践活动	课型	评价任务	学习支架	学习资源
任务2：发现说明文的不同	活动三：回顾课文，分辨类型 活动四：链接文章，分辨类型 活动五：链接习作，选择类型	群文阅读课——分辨说明文的类型	比较异同，进行说明文分类；选择有关事物，思考用哪种类型的说明文介绍给别人	搜集资料 课堂交流 链接习作 学以致用	《鲤鱼》《咱们的老家——地球》《海马》《辣子鸡的家常做法》"百科词条"（习作中的表格）
任务3：打开方法工具箱	活动一：结合课文内容，了解四个基本的说明方法	精读引领课——习得说明文方法	常用说明方法	讨论发言	教材《太阳》《松鼠》《鲸》
	活动二：阅读习作例文，练习判断说明方法		打比方的好处		
	活动三：初试身手		选择合适的说明方法	小练笔	习作例文《袋鼠》
	活动四：感受说明性文章的不同语言风格		用恰当的说明方法，把事物介绍清楚		
任务4：秀出多彩说明文	活动一：习作指导——"无界集市" 活动二：习作讲评——"无界集市"	习作指导课 习作讲评课	评选"我说明白了"的最佳作品	根据表格选题目 思维图 观察计划表 资料搜集卡 学生习作	其他优秀作品
	活动三：评选"最具吸引力的摊位商"	综合实践课	说明文类型及说明方法的运用	评价量规讨论评价	物品制作过程 多方面介绍玩具 多角度介绍明白动植物

（五）单元教学设计

单元导入：生活中说明文无处不在，说不明白的情形也时常会出现，比如下面我们来看两个情境："直播间的小白"（主播突然咳嗽不止，助手小琦临时顶班，拿着一款新型牙刷开始手忙脚乱地介绍）和"'看不见'的洗衣机"（小辰一个人在家，要使用洗衣机，但爸爸不在家，于是小辰打电话向爸爸说明他遇到的问题）。在看的过程中，大家可以想想"为什么他们没有说明白？"同时也想想"怎样才能说明白？"

说明文不仅有实际的用途，还可以增进人与大自然的关联，综艺节目《"象"往的生活》记录了西双版纳州的亚洲象向北迁徙的过程，开播后引起了极大的关注，这样的讲解让我们更了解大象。这里的讲解也是说明文，也叫科普文。不仅动物可以科普，美食也可以科普，比如《舌尖上的中国》中那些诱人的解说。这就需要我们想想，怎样才能说得既清楚又生动呢？

带着这些问题我们将进入说明文的世界，学习"什么是说明文""说明文的不同类型"，"说明方法有哪些？"，学习并运用列数字、打比方、做比较、举例子这些说明方法"我来写写说明文"。

班级将组织在"无界集市"上推销商品，如果想把你的商品成功推销出去，需要同学们把它介绍清楚，还会招募手工制作摊位商、招募玩具摊位商、招募动植物摊位商入驻的活动，请你提前做好"商家""书画作品、美食、手工工艺品的制作过程""玩具推销""动植物推介"等活动准备工作。非常期待大家的表现。下面我们就开始学习啦！

1.任务一：认识说明文

第1~2课时 整体感知课——感受说明文的特点

课程标准：

【识字与写字】

（1）有较强的独立识字能力。感受汉字的构字组词特点，体会汉字蕴含的智慧。

（2）姿势正确，有良好的书写习惯。硬笔书写楷书，行款整齐，力求美观，有一定的速度。在书写中体会汉字的优美。

【阅读与鉴赏】

（1）熟练地用普通话正确、流利、有感情地朗读课文。默读有一定的速度，默读一般读物每分钟不少于300字。学习浏览，扩大知识面，根据需要搜集信息。

（2）能联系上下文和自己的积累，推敲课文中有关词语的意思，辨别词语的感情色彩，体会其表达效果。

（3）在阅读中了解文章的表达顺序，体会作者的思想感情，初步领悟文章的基本表达方法。在交流和讨论中，敢于提出看法，做出自己的判断。

（4）阅读说明性文章，能抓住要点，了解文章的基本说明方法。阅读简单的非连续性文本，能从图文等组合材料中找出有价值的信息。尝试使用多种媒介阅读。

【梳理与探究】

（1）感受不同媒介的表达效果，学习跨媒介阅读与运用，初步运用多种方法整理和呈现信息。

（2）初步了解查找资料、运用资料的基本方法。利用图书馆、网络等渠道获取资料，解决与学习和生活相关的问题。

学习目标：

（1）通过课前预习，自主完成课前预习单，学会生字，理解词语，扫清阅读障碍，把握文章主要内容并概括。提高识字与写字能力。

（2）通过多种方式搜集资料，了解说明文的相关知识，初步认识生活中的说明文。习作提前放题，做好资料的积累。提高语言运用能力和思维能力。

（3）通过读《太阳》这篇课文的深入学习，认识说明方法；对比阅读四篇"太阳"主题的不同文章，比较"童话、记叙文、散文和说明文"的异同，体会说明方法的妙用。

评价任务：

（1）学习活动一、二，完成学习目标一。

（2）学习活动三、四，完成学习目标二。

（3）学习活动五、六，完成学习目标三。

第四章 有效教学设计

学习活动一："走进"说明文"

（1）出示单元导读页，引导学生聚焦单元导语和语文要素。

明确本单元的学习重点就是：阅读简单的说明性文章，了解基本的说明方法；搜集资料，用恰当的说明方法，把某一种事物介绍清楚。

（2）检查预习：认读重点及难读的词句。

【朗读关】

词语我会认：繁殖 杀菌 治疗 摄氏度 矫健 蛰伏 驯良 勉强

句子我能读：

①如果没有太阳，地球上将到处是黑暗，到处是寒冷，没有风、雪、雨、露，没有草、木、鸟、兽，自然也不会有人。

②他们搭窝的时候，先搬些小木片，错杂着放在一起，再用一些干苔藓编扎起来，然后把苔藓挤紧，踏平，使那建筑物足够宽敞，足够坚实。

【文意关】

学习任务：

《太阳》：课文从哪些方面介绍太阳的特点？太阳对人类有哪些作用？

_____

《松鼠》：你获得了关于松鼠的哪些信息？分条写下来。

_____

评价标准：

准确概括出《太阳》大意。+1

准确概括出《松鼠》大意。+1

（1）根据"学习单"进行汇报。

（2）评价交流、质疑补充。引导学生明确根据内容的不同可以选择不同的方式理清文章脉络，从而概括主要内容。

学习活动二：探秘"说明文"

（1）针对"说明文"进行质疑：最早说明文是什么？为什么有说明文？说明文有哪些特点？

（2）开展"说明文我知道"活动

学习任务：根据课前的资料搜集单，学生进行汇报展示

资料搜集单：

①最早说明文是什么？_____。

②为什么会有说明文？_____。

③说明文有哪些特点？_____。

④关于说明文我还知道_____。

评价标准：

搜集资料准确。+1

汇报清晰完整。+1

（1）指名汇报。

（2）其他同学补充、评价。

（3）教师总结，并出示相关资料。

中国最早写说明文的人是明朝魏学洢，及其作品《核舟记》……

为什么有说明文：所谓说明文，就是以说明为主要表达方式来解说事物……说明文越来越显示出它的重要作用和实用价值……说明文写作正在大量涌现。

说明文的特点：具有知识性、准确性、通俗性和条理性……

学习活动三：寻找"说明文"

（1）小组合作学习，分享收集到的说明文。

学习任务：展示收集到的生活中的"说明文"，并说说你都看明白了哪些信息。

评价标准：

找到生活中的"说明文"。+1

概括出主要信息。+1

（2）师生共同评价、补充、交流。

小结：生活中的说明文有哪些。例如：直播带货、物品说明书、《百科全书》、解说词、班级站台、景点简介等。

（3）习作开放题：如果要选择一种你了解并感兴趣的事物介绍给别人，你打算介绍什么？

（4）提出习作要求：①细致观察事物 ②收集相关资料 ③想清介绍

方面

（5）布置完成观察记录表和习作搜集单，为"秀出多彩说明文"做好准备。

学习活动四：了解说明文

学习任务：阅读《太阳》一课并思考：

你了解课文从哪些方面介绍了太阳？太阳对人类有哪些作用？

评价标准：

内容汇报准确。+1

语言流畅清晰。+1

（1）指名汇报。

（2）小结：说明文的特点。

学习活动五：借助图表，合作探究，深入探究说明方法的使用

（1）学习任务：圈画出描写太阳"远""大""热"的语句，完成表格，讨论是用什么方法把太阳的特点说明白的，这样写有什么好处。

序号	课文内容	事物特点	说明方法	好处
1	太阳离我们约有一亿五千万千米远	远	列数字	具体
2				

评价标准：

找出文中内容和太阳的特点。+1

能说出说明方法。+1

能说出使用说明方法的好处。+1

（2）小结：我们之所以读明白了太阳的远大热的特点，主要是作者用恰当的说明方法写明白了。

学习活动六：比较阅读四篇"太阳"主题的不同文章，感受说明文的特点

（1）学习任务：出示四篇"太阳"主题的不同文章，比较"童话、记叙文、散文和说明文"的异同。

文体	课文内容	表现手法	作用
童话《太阳》			
记叙文《太阳》			
散文《太阳》			
说明文《太阳》			

评价标准：

正确完成表格。+1

语言流畅清晰。+1

（2）小组交流讨论不同的文体写作目的的不同。

评价量表分析：

教师对照评价量表，收集学习信息，研判是否达到标准，并进行点对点的指导；学生也在互评互学中收集、反馈评价信息；根据反馈的评价信息，引导学生深入思考，教师调整教，学生调整学，并在此过程中再次收集学习信息，作为学习成果证据，评价目标达成度。

2.任务二：发现说明文的不同

第3～4课时 了解说明文类型

课程标准：

【阅读与鉴赏】

（1）熟练地用普通话正确、流利、有感情地朗读课文。默读有一定的速度。学习浏览，扩大知识面，根据需要搜集信息。

（2）在阅读中了解文章的表达顺序，体会作者的思想感情。在交流和讨论中，敢于提出看法，作出自己的判断。

第四章　有效教学设计

（3）阅读说明性文章，能抓住要点。阅读简单的非连续性文本，能从图文等组合材料中找出有价值的信息。尝试使用多种媒介阅读。

【表达与交流】

（1）听人说话认真、耐心，能抓住要点，并能简要转述。乐于表达，与人交流能尊重和理解对方。注意语言美，抵制不文明的语言。

（2）表达有条理，语气、语调适当。参与讨论，敢于发表自己的意见，说清自己的观点。能根据对象和场合，稍作准备，做简单的发言。

【梳理与探究】

（1）感受不同媒介的表达效果，学习跨媒介阅读与运用，初步运用多种方法整理和呈现信息。

（2）初步了解查找资料、运用资料的基本方法。利用图书馆、网络等渠道获取资料，解决与学习和生活相关的问题。

学习目标：

（1）通过对比阅读《松鼠》和《中国大百科全书》，说出说明文不同的语言风格，认识文艺说明文和平实说明文。

（2）通过对比阅读《鲸》和《风向袋的制作》，说出说明文不同的说明对象，认识事物说明文和程序说明文。

（3）通过回顾之前学过的课文、阅读《鲤鱼》《咱们的老家——地球》《海马》《辣子鸡的家常做法》、链接《习作5》等活动，正确说出说明文的类型。

评价任务：

（1）完成活动一（检测目标1）。

（2）完成活动二（检测目标2）。

（3）完成活动三四五（检测目标3）。

第一课时

学习活动一：感受语言，了解类型

谈话导入，激发兴趣：

通过上节课的学习，我们认识了什么是说明文，说明文有哪些特点。今天这节课，让我们再次走进说明文，了解它的类型。

对比外形，感受语言风格：

品读《松鼠》外貌特点，感受语言活泼。

（1）默读描写松鼠外貌的段落，思考：作者主要抓住了松鼠的哪些部位来进行描写的？是按照什么顺序来写的？圈画出关键词语，做批注。

①学生自主学习。

②合作交流汇报。

小结：作者介绍松鼠的外形就是按照从头到尾的顺序，我们要知道，任何一篇文章都要按照一定的顺序来写。

（2）这一段中写得最具体的就是写松鼠的什么？作者是如何写的？

预设：作者运用了比喻的手法，把尾巴比作帽缨，写出了尾巴的漂亮。

小结：作者在介绍松鼠的外形时，不光运用了打比方的说明方法，而且把松鼠当成人来写，用生动的语言表达出对松鼠的喜爱之情。

（3）有感情朗读。

阅读《中国大百科全书》，感受语言简洁。

（1）出示《中国大百科全书》第一句。同样是介绍松鼠的外形，老师找到了百科全书里对松鼠的描写，读一读，比较一下和课文中的写法有什么不同？

松鼠体型细长，体长17~26厘米，每长15~21厘米，体重300~400克。

（2）这段话主要运用了列数字的说明方法，把松鼠"体型细长"这个特点具体又准确地表达了出来。

合作学习，对比其他特性，感受语言风格。

学习任务：

默读课文4-5段，思考：作者是如何介绍松鼠的打窝过程以及其他习性的，对于阅读《中国大百科全书》，在语言上有什么不同？

评价标准：

正确说出《松鼠》和《中国大百科全书》的语言特点。+1

结合关键词句，正确说出《松鼠》和《中国大百科全书》的语言特点。+1

（1）自主学习。

（2）交流、汇报、评价。

（3）对比朗读，感受不同风格。

第四章 有效教学设计

想一想，议一议：

同样是描写松鼠，你更喜欢哪一种表达方式？为什么会有这样的不同？

（1）学生交流。

预设：喜欢上面那一种，因为上面那一种生动一些。

他用到了一些修辞手法。使松鼠的形象描写得更生动一些。

预设：喜欢下面一种，因为很具体。

（2）创设情境，选择类型。如果我们要写一篇科学论文或者研究报告，你觉得应该用哪一种写法？简洁准确的语言更具有科学性。可是如果我们要给低年级的同学是要写一篇科普小读物呢？活泼生动的语言一定更能吸引他们。

小结：因为阅读对象不同，所以说明的风格也是不同的。

认识说明文的类型：

语言特点		
平实说明文	直截了当地说明，不描写，不夸张	《中国大百科全书》
文艺说明文	使用生动的语言、修辞手法，容易吸引读者的兴趣	《松鼠》

学习活动二：感知内容，了解类型

学习任务：默读《鲸》和《风向袋的制作》，两篇文章思考：文章介绍了哪些内容？作者是怎样介绍鲸和风向袋的制作的？

评价标准：

正确说出两篇文章的内容。+1

正确说出怎样介绍鲸和风向袋的制作的。+1

（1）学生自主学习。

（2）合作交流汇报。

为了让人们对鲸有很好的认识，作者从以下几个方面对鲸进行了介绍：形体特点、种类、生活习性。

为了让读者更好地了解风向袋的制作过程，作者采用分条的方法进行介绍。这样条理更加分明，能让读者很清楚地了解风向袋的制作过程。

我们读了这两篇文章，请同学们思考下列问题：

（1）两篇文章的侧重点有什么不同？

（2）从这两篇说明文中，你发现了什么？

认识说明文的类别。

说明对象		
事物说明文	以为说明对象，使读者了解和认识事物的特征为说明的目的	《鲸》《太阳》
程序说明文	说明这些进程次序的文章	《风向袋的制作》

《鲸》是以事物鲸为具体的说明对象，让读者了解鲸的特点为说明目的。像这样的文章，我们叫它事物说明文。《风向袋的制作》侧重于介绍事物的制作过程。想要知道风向袋是怎么制作的，按照进程、次序去做就能达到目的。像这样说明进程和次序的文章，我们叫程序性说明文。生活中我们经常会看到一些说明性文章。比如：药物说明书。广告宣传语等等。

通过学习这两篇说明文，我们要明白，不同的说明对象要选择不同的方式进行说明。

作业布置：搜集说明文，辨别类型。

板书设计：

说明文的类型

平实说明文：语言平实

文艺说明文：语言活泼

事物说明文：具体事物、了解特征

程序说明文：进程次序

第二课时

学习活动三：回顾课文，分辨类型

谈话导入，激发兴趣。学习了本组《太阳》《松鼠》两篇说明文，我们了解了没有太阳就没有我们这个美丽可爱的地球和小松鼠的漂亮、乖巧、驯良、讨人喜欢；学习了如何把事物说明白。让我们继续一起探寻大自然的奥秘，体会说明文的魅力吧！

回顾课文，分辨类型。

学习任务：

出示《花钟》《蝙蝠和雷达》《赵州桥》和《大自然的声音》课文片段，

默读思考：它们属于哪一种类型的说明文？你是如何判断的？

评价标准：

正确说出说明文的类型及理由。+1

从语言特点、课文内容等方面正确说出说明文的类型及理由。+1

学生自主默读、思考。

小组交流、汇报、评价。

学习活动四：链接文章，分辨类型

学习任务：

出示《鲤鱼》《咱们的老家——地球》《海马》《辣子鸡的家常做法》，安静快速阅读四篇课文，完成表格。

评价标准：

正确说出说明文的主要内容。+1

正确说出说明文的类型和理由。+1

课题	主要内容	语言特点	说明文类型
《鲤鱼》			
《咱们的老家——地球》			
《海马》			
《辣子鸡的家常做法》			

（1）学生自主默读、思考。

（2）交流汇报、点拨提升。

①四篇课文的主要内容分别是什么？

《咱们的老家—地球》从"大"，内部结构，表面结构，自传和公转四方面介绍地球。

《鲤鱼》从身体构成和作用，繁殖方式，寿命三个方面来介绍了鲤鱼。

《海马》从名字来历、外形特点、游泳方式、繁殖方式、药用价值五方面介绍了海马。

《辣子鸡的家常做法》——介绍了辣子鸡的烹饪步骤。

②语言特点。《咱们的老家——地球》和《海马》两篇文章语言特点是

平实、准确。

《鲤鱼》一文的语言特点：生动活泼。

（3）交流这四篇文章的类型及理由。

小结：每篇文章的在说明文中，恰当地运用各种说明方法，会使文章表达的意思更清晰明确，更生动形象，更有说服力。

学习活动五：链接习作，选择类型

学习任务：

出示《习作5》中的表格，如果要选择一种你了解并感兴趣的事物介绍给别人，你打算介绍什么？想一想，你打算选择哪种类型的说明文来介绍呢？说说你的理由。

评价标准：

说清介绍内容。+1

语言清晰流畅。+1

与动物有关	恐龙	袋鼠的自述	动物的尾巴
与植物有关	菊花	热带植物大观园	
与物品有关	灯	扫地机器人	悠悠球的玩法
与美食有关		涮羊肉	怎样泡酸菜
其他感兴趣的内容	火星的秘密	草原旅游指南	中国传统吉祥物

小结：阅读对象不同，说明的风格也是不同的。说明性文章的语言风格是多样的，但是无论哪种风格，都要准确、清楚、有条理地展现事物特点。

推荐阅读：布封《自然史》

板书设计：

　　　　　　　　群文阅读——我会辨
　　　　　　　　　语言特点
　　　　　　　　　说明对象

附拓展文章：《我们的老家——地球》《鲤鱼》《海马》《辣子鸡的家常做法》

第四章 有效教学设计

评价量表分析：

教师对照评价量表，收集学习信息，研判是否达到标准，并进行点对点的指导；学生也在互评互学中收集、反馈评价信息；根据反馈的评价信息，引导学生深入思考，教师调整教，学生调整学，并在此过程中再次收集学习信息，作为学习成果证据，评价目标达成度。

3.任务三：打开方法工具箱

第5~6课时 打开说明方法工具箱

课程标准：

【阅读与鉴赏】

（1）在阅读中了解文章的表达顺序，体会作者的思想感情，初步领悟文章的基本表达方法。在交流和讨论中，敢于提出看法，做出自己的判断。

（2）阅读说明性文章，能抓住要点，了解文章的基本说明方法。阅读简单的非连续性文本，能从图文等组合材料中找出有价值的信息。尝试使用多种媒介阅读。

【表达与交流】

（1）听人说话认真、耐心，能抓住要点，并能简要转述。乐于表达，与人交流能尊重和理解对方。注意语言美，抵制不文明的语言。

（2）表达有条理，语气、语调适当。参与讨论，敢于发表自己的意见，说清自己的观点。能根据对象和场合，稍作准备，作简单的发言。

（3）懂得写作是为了自我表达和与人交流。养成留心观察周围事物的习惯，有意识地丰富自己的见闻，珍视个人的独特感受，积累习作素材。

（4）能写简单的纪实作文和想象作文，内容具体，感情真实。能根据内容表达的需要，分段表述。学写读书笔记，学写常见应用文。

（5）修改自己的习作，并主动与他人交换修改，做到语句通顺，行款正确，书写规范、整洁。根据表达需要，正确使用常用标点符号。习作有一定速度。课内习作每学年16次左右。

【梳理与探究】

（1）感受不同媒介的表达效果，学习跨媒介阅读与运用，初步运用多种方法整理和呈现信息。

（2）初步了解查找资料、运用资料的基本方法。利用图书馆、网络等渠道获取资料，解决与学习和生活相关的问题。尝试写简单的研究报告。

学习目标：

（1）通过小组合作学习以及对比阅读等方式，品读《太阳》《松鼠》两篇课文中的重点句子，了解什么是列数字、做比较、打比方、举例子的说明方法以及这些说明方法的作用是什么，提高语言运用能力及阅读与鉴赏能力。

（2）通过自主阅读习作例文，准确找到例文中使用的说明方法，并能说出运用此说明方法的好处。借助"初试身手"环节，练习运用多种说明方法，写清楚一个事物的特点。达到学以致用的目的，提高语言运用能力和思维能力。

（3）通过研习《松鼠》课后练习题，改写《白鹭》2至5自然段两个活动，了解说明文的语言风格，学会围绕事物特征选择正确的说明方法，增加学习趣味性，加深对说明方法的感情。

评价任务：

（1）学习活动一，完成学习目标一。

（2）学习活动二，完成学习目标二。

（3）第二课时学习活动，完成学习目标三。

学习过程：

第一课时

学习活动一：结合课文内容，了解四个基本的说明方法

回忆导入。之前我们已经了解了什么是说明文，分辨了说明文的不同类型和语言特点。这节课，我们就借助本单元的几篇文章，打开说明方法工具箱，探究几种最基本的说明方法的妙用。

学习列数字的说明方法。

学习任务：

本单元编排了《太阳》和《松鼠》两篇说明文，请认真阅读文中的四个句子，说说作者分别运用了哪些说明方法？这样写的好处是什么？

评价标准：

说对所用的说明方法。+1

合理说出好处。+1

（1）课件出示课文中的句子。

"太阳离我们约有一亿五千万千米远。

到太阳上去，如果步行，日夜不停地走，差不多要走三千五百年；就是坐飞机，也要飞二十几年。

约一百三十万个地球的体积才能抵得上一个太阳。

太阳的表面温度有五千多摄氏度，就是钢铁碰到它，也会变成气体。"

（2）先自读、思考，再小组分享自己的发现。

（3）小组汇报，指导学生评价，教师相对引导。

预设：

①找到"一亿五千万千米""三千五百年""二十几年""一百三十万个"几组数字，说说读到这些数字的感受是什么？

②把句子改成这样"太阳离我们很远很远。太阳很大很大。太阳温度极高。"是不是更好呢？为什么？

③总结：列数字的定义及好处。

列数字是说明文常见的一种说明方法，从数量上说明了事物特征或事理的方法，使语句更准确、更科学、更具体、更具说服力。

列数字说明方法的好处是"准确具体地说明了太阳_____的特点，更有说服力"。

细心的同学发现，有时所列数字的前后用上了表达很模糊的词语，说明文的数字不是越准确越好吗？是否可以把模糊词去掉？

（1）小组探究。

（2）小组汇报研究结果。

（3）教师总结：特别大的数据，无法精确测量时，人们只能估算或大体测算，这时候实事求是地用上"大约、可能、上下、左右、多"等模糊词，反而更能体现说明文语言严谨、准确、具体的特点。如果去掉，约数就变成确数，就不符合实际，不准确具体了。

考验大家，下面哪一句没有用到"列数字"的说明方法？

A.这座塔占地300平方米，高100米。

B.光的速度是惊人的，大约是30万千米每秒，比流星体的速度要快几千倍。

C.鳕鱼一次产卵达千万粒，真正变成幼鱼的卵可能还不到1%。

D.中国共产党第二十次全国代表大会于2022年10月16日上午10时在北京人民大会堂开幕，会期10月16日至10月22日。

答案是D，解析：所列数字的形式是多样的，可以是确数，是约数，是倍数，也可以是百分比……但这些数字必须从数量上说明事物特征或事理，起到加强和支持论点的作用。而时间、年代不属于列数字。

学习做比较的说明方法：

（1）再读这几句话，思考：为了把太阳的特点介绍清楚，这里不仅用了列数字，还用了什么说明方法？

"约一百三十万个地球的体积才能抵得上一个太阳。

太阳的表面温度有五千多摄氏度，就是钢铁碰到它，也会变成气体。"

（2）学生畅谈自己的发现。然后探究：从哪个词判断出本句运用了做比较的说明方法？

（3）结合之前学过句子，复习比较关系词。

"人的奔跑速度跟鸵鸟比起来差远了。

流星体运动的最大速度是火箭运动最大速度的6倍多。

光速比流星体运动速度快得多。

如果把直径为1纳米的小球放到乒乓球上，相当于把乒乓球放在地球上，可见纳米多么小。"

（4）做比较的对象是随便选择的吗？把太阳的体积和火星做比较好吗？

（5）小结：做比较的好处就是：把抽象的或者人们比较陌生的事物与人们熟悉的事物相比较，突出强调所要说明事物的特点。

学习举例子的说明方法：

出示：它们十分警觉，只要有人稍微在树根上触动一下，它们就从窝里跑出来……

（1）这句主要想说明松鼠的什么特点？"警觉"。

（2）为说明松鼠警觉，作者举了一个具体的例子来论证。稍微在树根上触动一下，树上的松鼠们就从窝里跑出来，果然警觉。这个例子举得怎么样？真实、具体、有代表性、通俗易懂，很有说服力。

（3）总结：像这种举一个真实具体、通俗易懂的例子来说明事物的特点，使抽象复杂的事物具体化的说明方法就叫举例子。

（4）结合以下课内外的句子，探究举例子说明方法的好处。

太阳离我们约有一亿五千万千米远。到太阳上去，如果步行，日夜不停地走，差不多要走三千五百年；就是坐飞机，也要飞二十几年。

高科技带来的气态污染直接对人类的生存构成巨大的威胁。如制冷行业、塑料工业的重要原料——氟氯，对臭氧层已造成严重破坏。

（1）自由分享自己的想法。

（2）总结：用举例子的说明方法，真实具体、通俗易懂地说明了太阳距离地球很远的特点，很有说服力。

学习打比方的说明方法：

出示句子：

"它们常常直竖着身子坐着，像人们用手一样，用前爪往嘴里送东西吃。

松鼠不躲藏在地底下，经常在高处活动，像飞鸟一样住在树顶上，满树林里跑。"

（1）两句话里都出现了"……像……"，在说明文中叫"打比方"。

定义：打比方指的是通过比喻的修辞方法来说明事物特征的一种方法。

（2）打比方说明方法的好处是"把_____比作_____，生动形象地写出了事物的某个特点。"

总结：说明性文章使用打比方、列数字、举例子、做比较等说明方法把抽象复杂的事物说得清楚、明白。使用说明方法时要注意：列数字要保证数据的准确性；做比较，要拿大家比较熟悉的事物来对比，打比方让人更加清晰明了，举例子要通俗易懂……

学习活动二：阅读习作例文，练习判断说明方法

（1）学习了以上几种说明方法，现在能凭借自己的力量，快速找到习作例文中运用了哪些说明方法？

学习任务：

阅读习作例文《鲸》，对照批注和课文内容，找到文中运用了哪些说明方法，分别说明了鲸的什么特点。

参考汇报语言："____这一句，运用了____的说明方法，____地介绍了鲸_____特点。"

评价标准：

每正确找到一处。+1

说出使用这一说明方法的好处。+1

①先自主阅读，再小组合作学习。

②小组汇报。

预设：

【列数字】"最大的鲸有十六万公斤重，最小的也有两千公斤。我国捕获过一头四万公斤重的鲸，有十七米长，一条舌头就有十几头大肥猪那么重。""长须鲸刚生下来就有十多米长，七千公斤重，一天能长三十公斤到五十公斤，两三年就可以长成大鲸。鲸的寿命很长，一般可以活几十年到一百年。"

【做比较】"不少人看过大象，都说大象是很大的动物，其实还有比大象大得多的动物，那就是鲸。""一条舌头就有十几头大肥猪那么重。"对人来说，象真是太大的动物了，用人们认为极大的象和鲸相比，再用具体数字"一条舌头""十几头大肥猪"做比较，突出鲸的形体之大。

【举例子】"人站在它嘴里，举起手来还摸不到它的上颚；四个人围着桌子坐在它的嘴里看书，还显得很宽敞。"这里以"人站在它嘴里""四个人围着桌子坐在它的嘴里看书"为例，直观、形象地说明鲸整个形体之大。

除此之外，课文还以虎鲸为例，说明鲸的食量之大、捕食凶猛的特点；以须鲸为例，说明鲸的生长之快。

【打比方】"鲸的鼻孔长在脑袋顶上，呼气的时候浮上海面，从鼻孔喷出来的气形成一股水柱，就像花园里的喷泉一样。"鲸呼气的时候我们很难亲眼见到，但是花园里的喷泉却是常见的景观。把鲸喷出来的水柱比作花园里的喷泉，就明白鲸喷出来的水柱到底是什么模样了。

【分类别】课文在介绍鲸的生活习性时，从四个方面，分类别加以说明：第4自然段讲鲸怎样进食；第5自然段讲鲸用肺呼吸；第6自然段讲鲸如何睡觉；第7自然段讲鲸的生长特点。说明的条理要清楚，层次要分明。

（2）总结：鲸的特点，如此清晰地展现在我们面前，这就是说明文的妙处呀！

学习活动三：初试身手

（1）探究了作者写作的奥秘，我们也来试一试，今天我们要介绍的是袋鼠。

学习任务：

默读两个资料包，建议通过比较阅读，思考如何借助以上资料，运用说明方法，把袋鼠跳得非常远这个特征介绍清楚。

评价标准：

每正确使用一处说明方法。+1

介绍清楚袋鼠的特征。+1

语言流畅。+1

（2）小练笔展评。

总结：如果我们想说明白、介绍清楚一种事物，首先要明确事物的特征，然后再根据自己的需要选择说明方法和语言风格。

板书设计：

列数字　准确具体
举例子　真实具体、通俗易懂
做比较　突出强调 ｝ 说明白事物的特征
打比方　生动形象
分类别　有条理的

第二课时

学习活动四：感受说明性文章的不同语言风格

上节课，我们认识了多彩的说明方法。其实说明性文章的语言风格也是多样的。

研习《松鼠》课后习题。在《中国大百科全书》中，对松鼠的介绍如下；请找出《松鼠》一文中与下列信息相对应的内容，体会表达上的不同。

松鼠体形细长，体长17~26厘米，尾长15~21厘米，体重300~400克。

松鼠在树上筑巢或利用树洞栖居，巢以树的干枝条及杂物构成，直径约50厘米。

松鼠每年春、秋季换毛。年产仔2~3次，一般在4至6月产仔较多。

（1）找出对应的原文段落。（一、四、五自然段）

（2）说说两种表达风格上的不同。

《中国大百科全书》语言准确具体、简洁明确。

《松鼠》语言活泼、生动形象。布封用生动的语言为他们画像，字里行间透露着对松鼠深刻的喜爱。

（3）让你选择介绍一种事物，你会用上哪种表达，为什么？

自由谈自己的想法。

创设情景：挂树牌选简洁明确的，写家里的小狗，采用生动形象的。根据需要灵活运用。

同学们，描写对象不同，情感不同，语言风格也不一样。说明性文章的语言风格多样，有的平实，如《太阳》；有的活泼，如《松鼠》；还有的简洁明了，如《中国百科全书》。无论哪种风格，描述都要准确、清楚、有条理。

过渡：如果让你用多种说明方法帮郭沫若改写《白鹭》，你准备采用哪种语言风格呢？

初试身手，改写《白鹭》：

（1）学习任务。结合课前搜集的资料，运用所学说明方法，将《白鹭》第2~5自然段改写成一段说明性文字，思考改写后的说明文和原文表达上的不同。

评价标准：

写出与白鹭相关的具体信息。+1

把含蓄抒情的语言变成准确清晰的语言。+1

运用恰当的说明方法把白鹭的外形特点说清楚。+1

小组讨论指导：

①原文白鹭的特点是什么？（外形美）

从哪几个方面描写的？（身段大小适宜、色素配合适宜）

②可以使用哪些说明方法说明其外形特点？

③选择哪些资料改？

汇报讨论结果。

（2）先写作，再借助标准展评。

第四章　有效教学设计

（3）交流《白鹭》改写前后的不同。

检测与作业：

运用多种说明方法，抓住主要特征，写一个自然段介绍你最喜爱的小动物。

学后反思：

不同语言风格的说明文，使用的说明方法也不同，科普性说明文中出现频率比较高的说明方法有哪些？科学小品文中使用率较高的说明方法有哪些？

4.任务四：秀出多彩说明文

第7～9课时　习作指导课、习作讲评课、综合实践课

课程标准：

【阅读与鉴赏】

阅读说明性文章，能抓住要点，了解文章的基本说明方法。阅读简单的非连续性文本，能从图文等组合材料中找出有价值的信息。尝试使用多种媒介阅读。

【表达与交流】

（1）表达有条理，语气、语调适当。参与讨论，敢于发表自己的意见，说清自己的观点。能根据对象和场合，稍作准备，做简单的发言。

（2）懂得写作是为了自我表达和与人交流。养成留心观察周围事物的习惯，有意识地丰富自己的见闻，珍视个人的独特感受，积累习作素材。

（3）能根据内容表达的需要，分段表述。

（4）修改自己的习作，并主动与他人交换修改，做到语句通顺，行款正确，书写规范、整洁。根据表达需要，正确使用常用的标点符号。习作要有一定速度。

【梳理与探究】

（1）感受不同媒介的表达效果，学习跨媒介阅读与运用，初步运用多种方法整理和呈现信息。

（2）初步了解查找资料、运用资料的基本方法。利用图书馆、网络等渠道获取资料，解决与学习和生活相关的问题。

学习目标：

（1）通过小组合作，回顾本单元说明文的写作特点，使用的说明方法及

作用，提高语言运用能力及阅读与鉴赏能力。

（2）通过完成思维导图、阅读习作例文、习作展评，能用恰当的说明方法，分段介绍事物的不同方面，写清事物的主要特点，提高语言运用能力和思维能力。

（3）通过"无界集市"实践活动，运用说明方法将事物介绍清楚，进一步体会说明性文章在生活中的作用和价值。

评价任务：

（1）学习活动一完成学习目标一。

（2）学习活动一、二完成学习目标二。

（3）学习活动三、四、五完成学习目标三。

学习过程：

第一课时

学习活动一：习作指导——"无界集市"

创设情境。同学们，我们班要在"无界集市"开展义卖活动，如果想把你的商品成功推销出去，需要同学们把它介绍清楚。

创编百科全书。

选择介绍一种事物。引导学生确定自己选择介绍的一种事物。（可以参考表格中的题目，也可以另选要写的内容。）

与动物有关	恐龙	袋鼠的自述	动物的尾巴
与植物有关	菊花	热带植物大观园	种子的旅行
与物品有关	灯	扫地机器人	悠悠球的玩法
与美食有关	涮羊肉	怎样泡酸菜	我的美食地图
其他感兴趣的内容	火星的秘密	草原旅游指南	中国传统吉祥物

如果选择一种你了解并感兴趣的事物介绍给别人，你打算介绍什么？表格中的提示和题目对你是否有启发？

发散思维完成导图：

（1）引导学生回顾《太阳》《松鼠》《鲸》三篇说明文的写作特点。

（2）有几位同学分别要介绍下列事物，你推测他们会从哪些方面介绍？使用什么说明方法？

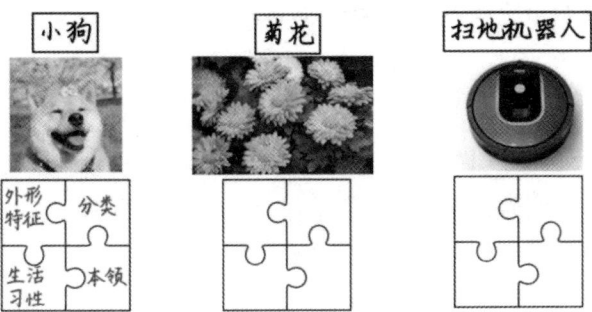

学习任务:

小组合作,交流想法和理由,完成思维导图。

评价标准:

能说清楚想法和理由。+1

完成思维导图。+1

恰当使用说明方法。+1

预设:如果要介绍菊花,可以从哪几个方面介绍?使用什么说明方法?

生:可以介绍菊花的叶子、花朵、形状、生长周期、作用。

生:使用列数字、举例子、打比方的说明方法。

小结:事物性质——分方面;形成制作——分步骤。

展示资料丰富素材:

(1)小帆同学想推销小狗,这是她写的文案,我们来看片段,说说不足之处。

《小狗》一文片段:一身雪白的皮毛,一对可爱的耳朵,一条灵活有力的尾巴,凑成了这样可爱的活泼的小狗。

(2)点拨:说明文以"说明白了"为成功。想要把事物介绍清楚,就需要了解它。有什么方法吗?(观察、搜集资料卡)

(3)交流汇报已经搜集好的观察计划表和资料搜集卡。

介绍清楚事物小妙招:

(1)教师进行说明文写作方法指导:

①写清楚事物的主要特点。

②试着用上恰当的说明方法。

③分段介绍事物的不同方面。

（2）明确学习目标，明确写作内容。

关键一：介绍哪些方面。

关键二：如何介绍清楚。

关键三：学会整体介绍事物。

（3）对于这次习作，你还有什么要说的吗？

生：我会选择我最熟悉的事物来写，这样写得才能更丰富，更真实。

生：为了让更多人感兴趣，我想写一个最前沿的事物，引起他们的阅读兴趣。

生：写说明文一定要查资料，从图书或网络上查找，但是资料不能全信，要辨别一下。

（4）根据习作要求列出写作提纲。要想把一种事物说明白，不要急于下笔，先好好构思，编写好写作提纲。

预设：如果我们要介绍家乡的美食——菜煎饼，可以这样编写提纲。

开头：引出美食——菜煎饼。

主体：①介绍其独特的味道。②介绍制作的步骤。③介绍美食相关的习俗。

结尾：扩展知识，写出美食中的文化，表达喜爱与赞美之情。

拓展运用：

用学到的说明方法写一写你要在"无界集市"上推销的事物。

第二课时

学习活动二：习作讲评——"无界集市"

文章不厌百回改：

（1）按照评价量表，自我修改（时间5分钟左右）。想要在"无界集市"上推销成功，就要有一份好的文案。俗话说，"文章不厌百回改"好文章不是一次写成功的，而是用心修改出来的。引导学生先把自己的文章大声地读一读，看看有哪些地方值得肯定，还有哪些地方需要动笔修改。

对照评价量表进行第一次自我修改。

第四章 有效教学设计

评价指标	具体指标	等级
说明文的习作运用	文章中使用的说明方法清楚、恰当并且生动具体表达出事物的特点，能分段介绍事物的不同方面。	优秀
	文章中使用的说明方法清楚、恰当，能介绍事物的不同方面。	达标
	文章中使用的说明方法不清楚、不恰当。	待改进

边读边修改自己的习作，力争改掉错字病句等基本毛病。画出自己习作中精彩的句子或段落，并注明出彩之处。

（2）小组互读、互评、互改（时间10分钟左右）。第一遍读，找错字病句，写出眉批。第二遍读，找妙词佳句，写出眉批。第三遍读，写出等级、总评、署名、日期。

作文展示交流：

（1）作文展示交流，评选"无界集市推销文案"最佳作品。（时间为15分钟左右）。师生交流小组推荐的作品，全班同学参与评改。教师推选一篇好的下水文，师生共同赏评。教师对照评价量表，收集学习信息，研判是否达到标准，并进行点对点的指导；学生也在互评互学中收集、反馈评价信息；根据反馈的评价信息，引导学生深入思考，教师调整教，学生调整学，并在此过程中再次收集学习信息，作为学习成果证据，评价目标达成度。

（2）二次修改（时间为5分钟左右）。根据"作文展示交流"这一环节得到的收获和启示以及同学的评改意见，针对自己的习作进行再次修改。

（3）布置作业：回家将自己的习作分享给爸爸妈妈赏评。

学习活动三：评选"最具吸引力的摊位商"

情境导入：

（1）城市烟火气，最抚凡人心。属于枣庄特有的味道和浪漫——无界集市，在我们这个小城举办了多场活动，人们聚在一起，摆起了热热闹闹的摊位长龙。现在呀，我们已经来到了无界集市的现场，让我们一起来感受一下吧！

（2）观看视频，指导学生说出感受。

（3）在之前的单元感知课上，我们已经知道了我们最终的任务是在无界集市上摆摊义卖，评选出一个"最具吸引力的摊位商"，但是，要想让我们的摊位有吸引力，我们在摆摊时应该如何介绍我们的商品呢？（预设：运用多种说明方法，介绍出商品的各个方面）

回顾旧知：

要想把我们的商品说明白，就要运用到我们之前所学习的各种说明方法，把商品的特点介绍清楚。你还记得有哪些吗？（预设：打比方、举例子、列数字、做比较等）

教师示范指导：

（1）引导学生观察拼插模型飞机，思考可以从哪几个方面进行介绍。

（2）指导学生运用恰当的说明方法，把拼插模型飞机的各个方面介绍清楚。

（3）教师总结，出示例文。

拼插模型飞机

今天我要售卖的商品是一架拼插模型飞机，它是由大约200个零件组成的。它的外形长约30厘米，宽约30厘米，高约20厘米，机身有黑、白、黄三种颜色，看起来像一只在天空中翱翔的雄鹰！

它的材质是塑料的，与其他材料相比，塑料有着不易碎、轻便等优势。

在拼装这架飞机时，我们可以借助说明书，根据上面提供的拼装步骤，分别把机头、机身、机尾、机翼等组装好，再拼装到一起。这样，我们酷炫的模型飞机就拼装好啦！

最后我要提醒一下各位，飞机拼装好后，一定要把它放在不易掉落的地方，否则一旦摔落下来，部件就会摔散；还要注意，五岁以下的孩子一定要在大人的陪同下拼装，以防止误食！它的售价是30元，大家赶快抢购吧！

学习任务：

（1）公布比赛规则：本次比赛将把摊主分为三个类别进行比拼，分别是美食类、玩具类和动植物类，运用恰当的说明方法把事物介绍清楚。

第四章　有效教学设计

评价标准：

①运用两种以上说明方法进行介绍。　　　　　　　　+1分
②语言流畅，介绍时有激情，内容较全面。　　　　+1分
③介绍清楚事物的主要特点。　　　　　+1分 美食类：把食材、制作过程、食物口感等介绍清楚 玩具类：把外形、材质、玩法、注意事项等介绍清楚 动植物类：把品种、外形、喜好、注意事项等介绍清楚

（2）学生分组展示，学生互评。

学生评选：

（1）公布评选规则：

请大家根据各位摊位商的介绍，依照是否运用恰当的说明方法把商品介绍清楚这一标准，小组讨论后仅能投出一票且不能投给本组，由组长代表组员把鲜花交给所选的摊位上。

（2）学生投票。

（3）教师公布结果，颁发荣誉证书。

小结：本节课，我们通过运用恰当的说明方法，把我们手中的商品介绍清楚了，希望大家课下精心修改好自己的文案，利用课余时间到无界集市上进行摆摊义卖，把筹得的善款捐给山区儿童，帮助更多需要帮助的人。同时，老师也期望大家可以把自己的课上所学融入生活实践当中，开心、快乐地学语文、用语文！

板书设计：

秀出多彩说明文

打比方 作比较 列数字 举例子	介绍清楚	①运用两种以上说明方法进行介绍。 ②语言流畅，介绍时有激情，内容较全面。 ③介绍清楚事物的主要特点。 美食类：把食材、制作过程、食物口感等介绍清楚。 玩具类：把外形、材质、玩法、注意事项等介绍清楚。 动植物类：把品种、外形、喜好、注意事项等介绍清楚。

（六）单元教学反思

统编版五年级上册第五单元
"我说明白了"单元教学反思

本单元围绕"说明文以'说明白了'为成功"这一主题，安排了导语、两篇精读课文《太阳》和《松鼠》、"交流平台""初试身手"、两篇习作例文《鲸》《风向袋的制作》和习作《介绍一种事物》。这些内容承载着特定的教学任务和侧重点，从而促进习作关键能力的形成。

本单元的教学设计，我们制定出了四个任务群及子任务，在每一个课时的细化与落实中，我们遇到了一些困惑，在不断地讨论、调整、完善方案后，我们也有了以下收获。

1.关注大单元教学

语文大单元教学设计改变了知识中心、选文中心、教师的教为中心的教学设计，坚持以学生的学习为中心，以发展学生的语文素养为本。

对现行教材进行大单元教学设计，需要在分析单元教学内容的基础上，聚焦学生的语文素养，合理设置单元教学目标；围绕教学目标，以大任务统领的学生语文实践活动为主线，重组教学内容，实现多种教育元素的融合；这种任务学习是学生在真实的语言运用情境中的主动建构，需要多种连贯的学习活动的支持。

既然我们这一单元是说明文习作单元，所以我们所设计的教学目标都应该围绕着"说明白了"这一点出发。在大单元背景下，每一个子任务又分为不同的课时，每一个课时如何去设计课时目标才能让学生在循序渐进中形成能力呢？那就一定要体现目标的梯度性。比如，在第二个任务中，我们设计的整体目标是：发现说明文的不同。而在具体的两个课时中，则将这一目标细化，通过不同的语言风格，认识文艺说明文和平实说明文；通过不同的说明对象，认识事物说明文和程序说明文。

2.明确语文要素

本单元的阅读训练要素是"阅读简单的说明性文章，了解基本的说明方法。"对于"基本说明方法"的"了解"要达到什么程度呢？第一，要能从

第四章 有效教学设计

课文中找出相关句子,并知道使用了什么说明方法;第二,要能体会到使用这种说明方法的好处。最后,在本单元的阅读训练要素中还有一个词"简单"。说明性文章较叙事性文章枯燥,学生在生活中接触得相对较少,所以他们阅读的说明性文章需要简单些。具体来说就是说明语言严谨但不枯燥,说明内容易于理解,以此来维护学生的阅读兴趣,促进学生阅读。

"用恰当的说明方法"是本单元新出现的表达训练要素,是本单元习作训练的重点。"基本的说明方法"学生在精读文章中已经掌握,在习作部分进行运用。但是,对于小学生而言,运用"恰当"的说明方法来说明事物具有难度,《义务教育语文课程标准》在第四学段才提出了"写简单的说明性文章,做到明白清楚"的要求。因此,学生只是"尝试"运用恰当的说明方法,教师对此不应提过高要求。另外,说明性文章未必一定使用说明方法,例如《松鼠》一文,就几乎没有运用"基本的说明方法",同样将松鼠的外形特点和生活习性"说明白了"。在习作练习中,"说明白了"是重点,运用"说明方法"也是为了把事物说明白。

3.习作例文与习作"通力配合"

本单元是习作单元,那么,完成说明文的写作这项练习就显得尤为重要了。《鲸》条理清楚,从鲸的形体特点、进化过程、种类和生活习性等方面进行介绍。教材中的四处批注分别从用词准确、运用多种说明方法的好处、分类介绍、形象描写等角度,指导学生进一步体会如何写说明性文章,并尝试借鉴运用。课后题引导学生对照批注和课文内容,了解课文运用了哪些说明方法来介绍鲸的特点。《风向袋的制作》介绍了风向袋的作用、制作步骤、辨别方向的方法,重点介绍了制作步骤。文中三处批注指向各不同,第一处提示学生介绍流程时先介绍准备工作,流程说明要完整,不要有缺漏。第二处提示学生运用序数词能更有条理地写好步骤、流程。第三处提示学生使用恰当的说明方法。课后题引导学生关注作者是怎样把制作过程介绍清楚的。了解了习作例文中潜藏着的写作方法,我们就可以有的放矢地使用习作例文来完成本单元的习作练习了。我们设计这样的练习来按部就班、水到渠成地完成本次习作练习。

4.体现教学评一致性

学习任务完成前、任务完成中、任务完成后，我们都会出示评价标准，来指导、激励学生用心完成任务，以此提升学生的写作能力和兴趣。教师对照评价量表，收集学习信息，研判是否达到标准，并进行点对点的指导；学生也在互评互学中收集、反馈评价信息；根据反馈的评价信息，引导学生深入思考，教师调整教，学生调整学，并在此过程中再次收集学习信息，作为学习成果证据，评价目标达成度。相关的练习、评价设计，立足于本单元的教学内容，直击目标达成度，在具体教学中可操作性强，是完成本单元教学任务的有效补充，也是对学生进行学习效果检测的有力抓手，起到了事半功倍的作用，体现了教学评一致性。

第五章　有效教学研究

如果你想让教师的劳动能给教师带来乐趣，使天天上课不至于变成一种单调乏味的义务，那你就应当引导每一位教师走上从事研究这条幸福的道路上来。

——（苏联教育家）苏霍姆林斯基

第一节　专业教研形式

为提升每位教师的专业素养助力，针对不同群体、不同问题的实际需要，我带领老师们总结出"三教研"相结合的形式，即"学科集中教研""教研组分散教研""办公室即时教研"，有效提升了老师们的教学教研水平。

一、学科集中教研

更多的是引领，由学科主任分学科组织，可以就师生习惯常规养成、学历案编写、单元检测分析、教学经验分享等，跨年级无缝隙地交流与探讨，互相指引帮助，共同助力提升。

教学常规是提高教学质量的基本保证，"抓牢习惯、常规做实"是夯实基础的关键要素。学校要规范和优化学习习惯和教学常规的过程管理，特别要用"钉钉子"的精神，严抓常规监控，认真落实备、教、批、辅、考、评等各环节；通过培训先行、周周践行、课课关注、期期表彰的形式，让各个习惯不打折扣，有计划地在师生成长中留下难以磨灭的印记。有了良好的学习习惯和规范的常规教学，质量提升就有了坚实的根基。

抓师生的习惯常规，是夯实质量提升根基的关键。学校围绕教学主线，突出教学中心，以强化学校教学管理和教师教学常规为重点，打造高效课堂。借助"润泽大讲堂"，开展不同主题的培训活动：学期初培训"教师教学常规"，要让每一位教师明确日常教学工作要求，务必做到"五认真"，即认真备课、认真上课、认真批改作业、认真进行单元测试及分析、认真教研；通过对常规的每月检查、反馈、整改、回头看，研讨把常规做实、做好的办法，促进教师之间相互学习，共同提高；通过推门听课制度、不定期巡课制度，集中研讨如何做好课前三分钟的预备课程，如何落实每课的学习目标，如何做到堂堂清、课课清、科科清，以此促进教师的专业成长，保障学业成绩的有效提升。

二、教研组分散教研

主要由教研组长组织，围绕单元教学而展开，研有目标、研有方向、研有提升，为确保教研取得实效，每个学科每次的分散教研活动都有至少一名干部进行跟踪指导。首先是单元课研讨、打磨，然后观摩单元把关课，再进行课例点评（评价单元课、评价评课），最后研讨本单元每一课、信息窗的知识点如何让学生更快更好地学会（重点工作之一：把关人会解读单元方案、学历案）。骨干是学校的财富，学校要充分调动和激发骨干教师工作积极性、创造性，充分发挥骨干教师的作用，让这些教师挑大梁、担重任、带徒弟、做榜样，并根据实施方案履行相应职责，享受相应待遇。通过"结对子、搭台子、压担子"，提高骨干教师的教学水平，使他们尽快脱颖而出，成为提高教学质量的生力军，成为特别能吃苦、特别能奉献、特别能帮带的优质教学资源。通过多彩活动让他们立标树先，让他们帮扶明责，让他们抱团成长，从而推动学校整体教学水平的提高。

三、办公室即时教研

问题即课题，教学即研究，发挥组内老师可以及时交流的优势，以教研组为单位经常组织一些日常出现的教学问题的"办公室教研"活动。通过不定期、零散式的交流，解决日常教学中的真实问题，集思广益，互帮互扶，共同进步，为真正实现"教—学—评一致性"做足准备。

不论哪种形式的教研，都要避免走过场的形式，杜绝出现领导来了就像模像样地"研"，领导一走海阔天空地"聊"的现象，为此就需要打造优秀的教研团队，及时解决疑难困惑。首先，学校要选配业务精湛、工作负责、有威信的教师担任教研组长；其次，要求教研组长要端正教育思想，改变教育观念，加快课堂改革，增强研究意识，树立新的质量观、学生观、教学观，达成"因为差，更要抓，不讲差，只有抓"的共识；另外，教研教改要发扬"工匠"精神，以"构建有效课堂"为切入点和突破口，扎实开展具有针对性和实效性的教学研究活动，每次教研活动都要有要求、有目的、有收获；将"办公室教研"形成常规，解决当日的困惑，研究第二天的重难点，真正收到集思广益、共同进步的成效；最后，教研组内要形成互帮互助的良好氛围，互相取长补短，共同提高学科组的教学效果。

比如，前一天课堂教学中存在的问题，学习目标、评价、学习活动的设计出现得不易落地的地方，单元检测中的失分点及原因分析，试题特点分析等，老师们及时进行共同研讨、交流，寻找解决问题的方法，制定整改措施，然后再次落实到课堂教学中，真正实现"教学评一致性"，达到以研促教的效果。

同时，为了提高学业成绩，老师们还要学会钻研教材，学会梳理知识点，大胆进行命题大赛，以便形成本学科本年级的资源库，为单元过关也做足准备。另外，为了促进教研组的共同进步，可以开展"向身边的榜样学习"的活动，将每个级部各学科成绩优异的老师树为典型，全组老师进行

"影子"跟岗学习，研究、学习、复制他们的做法，然后实践、汇报展示自我的学习成果，慢慢地从学其形到学其神，最终实现级部的共同成长。

第二节 专业教研内容

一、教研话题1：讲什么，怎么讲

信息化时代，学生获取知识的途径已不仅仅局限于课堂，学生课外获取的知识量是随时代发展不断扩大的。教师要明白"教是为了不教"的教学原则，不必凡事都越俎代庖，明白知识的传授永远不如技能的传授的道理，真正做到"授之以渔"。

注重学生学习方法的指导，让学生通过自主努力"跳跳"就能"摘到桃子"的就"少讲"或"不讲"。教师不是传授"固有知识"的机器，而应该由"以教定学"向"以学定教"转变，克服教材本身的束缚，根据学生学习的需要大胆取舍。不能只做一个割草人，因为你很可能满足不了现代的学生；力争做一个"牧羊人"，把学生引向知识的原野。

遵循课堂教学"三讲三不讲"原则，"三讲"即：讲重点，讲难点，讲易错易混易漏点。"三不讲"指：学生已经会的不讲，学生能自学会的不讲，老师讲了学生也不会的不讲。

二、教研话题2：讲清了，学会了吗

十多年课改取得了丰硕的成果，但仍有许多不尽如人意之处。特别是教学关系上教师立场、内容立场依然占据主导，学生中心地位没有从根本上得到确立，未能以"人本"为基石建构全新的"课堂规则"和"课堂形态"，未能实现从教学思维向课程思维的转变，导致学生学习依然停留在低层次上，深度学习没有真正发生，学生核心素养没有得到高质量发展。

常态情景：考试之后，面对试卷的教师会说，这是我刚刚讲过的内容啊？我讲得清清楚楚啊？我真的是苦口婆心啊！我真是操尽了心啊！这些问题真是太简单了！这种问题课堂上都练了好多遍了……西尼加（古罗马政治哲学家）曾说过：如果一个船长不知道他要去的港口，风就不会眷顾他。

三、教研话题3：如何进行二次备课

为了让学生的学习更有成效，需要老师们有针对性地研究教学中遇到的困难、问题，寻求更加有效的方法、策略，促进学习效果，提升综合素养。比如根据"如何进行二次备课"进行相关的研究和教研，让老师们知道如何在教研组骨干教师精心设计的一次备课的基础上，结合班级和学生的特点、自己的教学风格，有针对性地进行二次备课，形成行之有效的适用于本班学生的最佳方案。备出有效性，上出有效性，学生学习的有效性就水到渠成了。

（一）备前务必做到"六件事"

（1）研读（分解）课标对本单元、本课的要求。

（2）读懂、读透教材，了解相关知识点及方法策略，本课所承载的核心素养和学科文化。

（3）了解学情，熟悉学生的研究起点、目标点、差距和学生间的差异，便于想困难、给方法、搭梯子。

（4）拟定备课提纲，怎么教要先有自己的想法。

（5）阅读教参，看教参书怎么说的。

（6）看网络、杂志，看名家名师对这课怎么教的。

只有你研究好了为什么教、教什么、如何教、教会了吗，才能更加明确学生为什么学（学习目标）、学什么（学习内容）、如何学（学习过程）、学会了吗（评价任务、作业检测、学后反思）。

（二）二次备课务必"八步走"

1.看编写要素

要探究备好课的教理与学理；查看课题与课时、课标要求、学习目标、评价任务、学习过程、检测与作业、学后反思等要素是否符合学历案编写的要求和标准。

2.对评估要点

评估要点是备课的参照标尺，是评课的观察量表；对照学历案的评估要点逐项进行核对，从整体印象的结构维度及各项的内容维度进行细致比对修改。

3.验目标精准

设计合理、明确和可行的学习目标，是写好"学历案"的关键；核验每一条目标，是不是一个"微型教案"，是否按照"通过什么学习方式，做什么事，做到什么程度"的方式来表述的，如"通过朗读课文、对比文本等方式，准确说出文言文与现代文的区别。"这一目标中，"朗读课文、对比文本"是学习条件，"说出文言文与现代文的区别"是学什么，"准确"是学到什么程度。还要核验叙写目标是否规范、精准，是否体现了行为主体学生化、行为表现可测化、行为条件具体化、行为程度明确化。

4.鉴资源建议

确保清晰、易懂、建构知识体系，如五年级上册第七单元《四季之美》的达成目标的资源、路径、前备知识提示分别设计为以下内容。

（1）本课出自部编版小学语文五年级上册（2021年版）第七单元"自然之趣"，P94-95。（这里指出了所学内容处于什么样的知识体系之中，它的地位、作用是什么。）

（2）本课的语文要素，在学习过程中你可以借助四年级下学期"了解课文按一定顺序写景物的方法"，把握文章主要内容的写作顺序。（这里提供了学习资源，与本内容有关的之前已有的知识技能。）

（3）在学习过程中，首先边读边画，标明作者分别写了四季哪些最美的景致，初步体会作者感受的细腻。老师会根据你的阅读兴趣，选择一个季节指导你学习，感受景致的独特韵味；然后你可以自主学习其他段落，进行交流汇报。（这里指明学习路径，学习的大致流程，需经历几个环节。）

（4）能抓住关键的语句，体会景物的动态变化，是本课的重点和难点。要掌握好这个重难点，需要充分地预习、发挥想象力感受景物的变化，并通过充分的朗读来加深这种体会。（这里则点明重难点及其突破策略。）

总之，老师要先明确"资源与建议"，让95%的学生看懂看明白，让50%左右的学生能根据资源与建议提供的路径进行自主学习，主攻本主题的难点，使学习更有针对性。

5.析目标达成

确保学习过程中学习目标、评价任务、评价标准的一致性（结合班情、学情）；一是剖析三者是否体现了一致性；二是结合班情、学情设计成符合本班学生基础及适应本班学生学习兴趣、能力的方式方法，才能取得本班的学习成效。

6.品书写规范

确保格式规范，纲目清楚，如《长方体正方体特征》备课中"汇报交流，总结提升"的环节是这样设计的。

（1）顺序：先面—再棱—再顶点。

（2）方法：自我介绍—大家质疑—达成共识。

（3）对话：你怎么知道6个面的，6个面可以分成几组？为什么？哪个面和哪个面相对，比画一下，哪个棱和哪个棱相对……

（4）小结：教师结合课件介绍长方体的特征。这样的设计纲目清楚，重点突出，层次清晰，简洁明了，操作性强，是非常规范的备课设计。

7.览作业设计

精心设计、精准训练（结合班情、学情）；认真学习"双减"政策中对作业设计的要求，"五项管理"中对作业设计的要求。以前对于作业布置存在误区。应该意识到：作业不只是书面作业；不能等同于做教辅；不是全班学生都布置一样的，要分层布置；批改处理不能粗简，不能弱化反馈的指导性；高质量的作业，就是教后的评价任务。"弱水三千取一瓢饮"，这"一瓢"就很关键了，要求就高了。老师要研究如何利用资料又超越资料，如何博观而约取，以求炼出好作业的"金丹"；要遍览一下是否整体设计课前、课中、课后作业了；作业与学习目标是否匹配，是否依课标设计作业；是否尊重学生差异、依学情，设计分层作业；是否注重作业形式多样化，关注检测性、巩固性、拓展性、探究性。

8.辨学后反思

课后要辨别是否有以下层面的反思，可借助提供的学习支架：指导语。例如，通过本课的学习，你学会了哪些核心知识？你能用知识图谱或思维导图呈现单元知识框架或知识联系吗？你通过怎样的策略、方法学会本课知识的？你对本课的知识还存在什么疑问和困惑？你需要老师提供怎样的帮助？你有什么好的经验、观点和成果可以和大家分享？

四、教研话题4：如何开启深度学习

从教学活动的特征分析、思考：有学无教是教学活动吗？有教无学是教学活动吗？学是可以独立存在的，教是无法独立存在的。教学活动中的教与学永远是统一、不可分割的。判断教学活动的主要依据是教师主导，有特定的内容符合学生的认知规律。如果学没有真实发生，那么教师的教就没有意义。好的教学就是能够引发学生深度学习的教学，其宗旨在于为学而教。

从课堂信息传递来看，从教到学是第一次信息转换，从学到学会是第二次信息转换。第一次转换是信息的人际转换，即从教师到学生；第二次转换是信息的自我转换，即学生对信息的精加工，第二次转换的实现才是深度学习真正发生。只有深度学习的真正发生才能促进学生核心素养的全面发展。为此，需要积极探索基于情境、问题导向的互动式、启发式、探究式、体验式等课堂教学，注重加强课题研究项目设计、研究性学习等跨学科综合性教学，认真开展验证性实验和探究性实验教学。

五、教研话题5：如何让课堂更有效、更高效

（1）课改不是改掉教师的"讲授"，新课程不排斥讲授，问题是哪些知识应该讲，怎样讲。叶圣陶指出："讲当然是必要的，问题可能在如何看待讲和怎么讲。要从教育规律和学生身心发展规律出发，好好研究教育教学的各种方法，博采众长，因材施法、因教施法。"

（2）课改不是一律"自主、合作和探究"。教学通常有问答模式、授课模式、自学模式、合作模式、研究模式等五种递进式模式。学生主动性愈来愈强，教师主导性愈来愈深化。学生采用"自主、合作、探究"的方式学习，需要一个漫长的"由浅入深、逐渐渗透"的过程。为此需要准确掌握合作学习的规则、精心选择合作学习的内容、不断加强合作学习的指导。

（3）课改不是课课都要实现三维目标。三维目标不是均等存在，需要整体落实，实施的过程要由浅入深、环环相扣、长远设计。

（4）课改不是满堂的"动"而没有"静"。"知止而后有定，定而后能静，静而后能安，安而后能虑，虑而后能得"(选自《大学》)。课堂需要动，但更需要静。静是动的基础和保证，动是静的引发和表达，没有静的动是盲目玩耍、虚假美丽。真正有效的课堂应该是冷热相生、动静结合、兼顾知识传授、情感交流、智慧培养和个性塑造。

（5）改不是改掉"考试"。如果改掉应试教育，素质的高低将会失去最公平、公正的衡量标准。应试是一种能力，考试是一种手段，考什么、怎样考、怎么看待考试结果才是新课程改革探索的问题和突破点。

六、教研话题6：聚焦学科特点，展开课型有效性研究

语文学科可进行经典诵读、单元整合、特殊单元的研究；数学可根据数与代数、图形与几何、统计与概率、综合与实践这几个领域分别进行研究；英语则可以从语音教学、口语交际、阅读教学等角度进行教研。

第六章　有效课堂教学

李希贵校长认为：课堂改变，学校才会改变；课堂高效，教育才会高效；课堂优质，学生才会卓越；课堂创新，学生才会创新；课堂进步，教师才会成长。上海教科院顾泠沅教授也曾说：我有两句话——第一句：教师事关重大；第二句：改革最终发生在课堂上。他们都一语道破了有效课堂的重要性。我们都知道物理学的"根子"在实验室，医生的"真功夫"在病床上，教师的"真功夫"就在课堂上。所以，我们务必要研究课堂、实践课堂、把握课堂，让课堂在理论与实践中走向未来。

实际上我们的课堂是什么样的呢？每学期100多节的听课中笔者观察到一些现象，于是提出一些话题，抛给老师们讨论，先看看他们的心声：学生被动接受，难以引发兴趣，甚至有的觉得枯燥无味而产生厌烦情绪；有时设计好了，忘了对学生的表现及时评价；当学生的回答和我的预设不一致时，不知如何调整教、调整学，如何引领学生学会；想打造以生为中心的课堂，但是对于抛出的问题理解得深度不够，积极举手发言的总是那十几个孩子；学困生学习的积极性偏低，一节课下来课堂中讲过的内容记不住，当天做完题第二天就忘……老师们的心声和笔者看到的不谋而合。看得出来，老师们呼唤有效课堂，期盼着有效课堂。

那怎样才能实现有效课堂呢？首先，学校要把"构建有效课堂"当作抓教学质量提高的重要手段,并通过教研活动、检查考评、总结汇报等一系列措施,切实把有效课堂抓出成效;其次,通过培训、课堂教学大赛,不断锤炼教师课堂教学水平;通过推门听课准确掌握一线教学真实情况,促进高效课堂建设;特别是运用"板块式、结构化、小循环"的教学模式,去实现基于课程标准的教学的"四有"课堂,即心中有目标,过程有方法,评价有标准,课堂有效果,去实现"教—学—评一致性"。另外,要做到课内优质高效,需要遵守以下三个原则。一是必须明确本课学习目标、评价任务标准与活动板块。二是必须让学生积极参与教学活动。教学实践证明"满堂灌"的教法只能导致学生死记硬背法则、生搬硬套公式。只有让学生自己动脑思考、动手操作、动口表达去获取知识,才能达到发展智力、培养能力的目的。"纸上得来终觉浅,缘知此事要躬行",不管是哪个学科都能找到实践操作的机会。让他们在玩中学、在活动中学,真正让孩子体验学习的喜悦、学习的信心、学习的激情,这样就会产生事半功倍的教育效果。三是必须当堂检测、反馈和巩固。围绕每一节课学习目标的落地来评价学生当堂课的学习效果,努力做到"堂堂清"。

总之,只要学习目标明确精准、任务标准清晰、评价反馈及时、指导点拨到位、当堂检测完成,让学生处于在学习、真学习、深度学习、学会了的状态,实现"教学评的一致性"了,那就实现了有效课堂。

第一节 有效课堂是目标明确精准的课堂

一、故事分享

一位闻名遐迩的心算家,能力极强,几乎没被人考倒过。一次来了一位青年,要心算家回答他的提问。心算专家说:"你有什么题目就说吧。"青年以较快的语调说:"一列火车发车时车上共928人,到站后下来74位旅客,上去68位旅客。过了30分钟到了下一站,下来94位旅客,上去76位旅客。过了20分钟又到了一个站,下来……"青年一连串说了许多上下旅客的数字,最后停下来，心算专家胸有成竹，不以为意地说："你的问题说完了吗？""完了。""那你要问什么？""我问，火车一共经过多少车站？"霎时心算家被问得张口结舌，无言以答。心算专家原以为青年要问火车上共有多少旅客，没想到青年问火车一共经过多少站，因此被青年给考倒了。导致心算家失利的并不是他的能力，而是他缺乏正确的目标，可见目标的重要性。

美国学者马杰（R. Mager）指出：教学设计一般由三个基本问题组成：目标——我要到哪里去？方法/途径——我怎样到那里去？结果认可——我是否真的到了那里？教学目标发挥着明确的导向功能，目标不明就会导致教学因此迷失方向而无效。

学习目标是预期的学习结果或是预期的学习活动要达到的标准。它是课程设计的灵魂，引领着教学与评价的规划，也决定着课堂教学的效度。无论在教学设计还是在学习过程、学习评价中，学习目标始终作为"核心"而存在。

二、问题现状

（一）目标定位不准确

有位老师将《小动物过冬》一课的学习目标设计为：学生通过朗读学习，知道小动物不同的过冬方式及其原因。他预期的学习结果是：知道小动物不同的过冬方式及其原因。很显然语文老师做了科学老师的事儿了。我们要明白一节语文课的目标，要让人看得出"长得像语文课程"，不能违背课程性质。

（二）目标模糊不清晰

笔者曾经听过一节四年级老师执教的《乡下人家》，她的教学流程是这样的：第一步，整体感知，了解空间顺序、时间顺序的写法，用一句话说说乡下人家给你留下了怎样的印象；第二步，给课文配画，为每一幅画取个名字，也就是课后第一题，引导学生说说每幅图有哪些内容，再完成填空；第三步，说说你最喜欢哪一处景致，同桌学习；第四步，引导学生一幅图一幅图的学习，每一幅图都说说这是什么图，写了哪些景物，这些景物各有什么特点，写这些景物用了什么方法，这样写又有什么好处……遇到对比讲对比，遇到比喻讲比喻，遇到色彩讲色彩。一段段地读，一段段地问，问完第五幅图下课铃就响了，还有一幅没来得及问。

这样一节课，我们就要思考：问题出在哪儿了？那就是：目标模糊不清晰。课堂变成了"脚踩西瓜皮"，跟着感觉走。空间顺序、时间顺序、拟人手法、对比写法、这个词什么意思，那个词怎么造句……究竟这一课要让学生学到什么呢？老师没有取舍，结果呢，想面面俱到，却面面不到。老师的心里没有一个明确的"目的地"，以其昏昏，如何使人昭昭呢？

（三）目标表述不规范

1.行为主体混淆

下面以五年级下册《威尼斯的小艇》其中一个学习目标来做具体说明。目标表述是"熟读课文，让学生了解小艇的特点和它与当地人们生活的密切关系。"我们都知道学习目标是学生的，这个目标中"让学生"无形当中把教师作为了行为主体，而学生成了被动接受目标的客体。所以"提高学生……""培养学生……""使学生……""让学生……"都是不符合要求的。应描述成学生行为的，比如"能认出、能说出、能写出……"等。

2.行为动词太笼统

上面《威尼斯的小艇》目标中的"了解"，在小学语文学科还可以具体细化为说出、辨认、列举、复述、描述等。因为行为动词应是描述学生在学习后所应表现出来的预期行为，是衡量、评价目标的关键。笼统的行为动词是无法精准地预测学习结果，课堂上就更加难以观察和测评了。所以，尽量不要使用"知道、认识"这些词，应该是：具体的、可观察、可测量、能够达成的、外显的、学生能明白的行为动词。总之，目标表述应该是主体学生化，表现多样化。

3.行为条件、表现程度缺少限定

有的老师设计三年级下册3《荷花》的目标之一是：有感情地朗读课文。这个目标中，怎么读？读到什么程度才算是有感情地朗读呢？很明显不清晰，那是因为缺少了对达成目标的行为条件的一个具体描述，缺少对表现程度的具体限定。

如果这么改：抓住文中"花瓣儿、花骨朵儿"和优美生动的句子，试着一边读一边想象画面，读出这一池荷花是"一大幅活的画"，读出对荷花的喜爱之情。这样，是不是就表述具体清楚，并且很容易操作了。所以，目标表述要条件具体化、程度明确化。

4."三维"表述不正确

老师初备《威尼斯的小艇》时设计的学习目标是：

（1）知识与技能：掌握生字新词，朗读课文；通过原句课文内容了解威尼斯独特的地理风貌，小艇的特点及它同威尼斯城的关系。

（2）过程与方法：通过抓中心问题"你喜欢小艇吗？为什么？"来了解小艇的特点、作用，体会船夫高超的驾驶技术。

（3）情感态度与价值观：感受威尼斯的风土人情，激发学生了解世界的兴趣。

这样的描述是不正确的。因为三维目标"知识与技能、过程与方法、情感态度价值观"是一个目标的三个维度，并不是分解成三个目标，在每一个目标里都要体现"三维合一"。

三、科学设计

（一）把握三个依据：课标、教材和学情

1.课程标准

课程标准是指导我们教学的行动纲领，它体现的是国家的意志。我们要研读课标，把课程标准的目标和内容进行具体化、逐层分解、细化到每个学

段，每个学年，每个学期，每个单元以至于每一课时，使学习目标和内容不越位，不缺位。同时老师们备课时，要看看这一组教材是培养哪一种能力的，有利于哪个学科核心素养形成的，要从课程标准中找到相关依据。基于我们目前的专业素养，很难做到直接将学段中的内容标准进行细化。可以采用逆推的方法，即先研读教材、教师用书，看单元要素、课文、课后题、泡泡语等所涉及的语言训练点；再分解课标，根据教材内容、语文要素，从课程标准中找到相关依据，最后对相应的学段内容标准逐层分解细化。

2.教材

教材体现了编者的意志，要实现和教材、编者、学生对话，就务必要研读教材，从文中寻找可教学的语文要素。怎么研读？可以采用以下四条途径：从导语中寻找"语用点"，从课后题中寻找"语用点"，从文中泡泡语中寻找"语用点"，从语文园地中寻找"语用点"。找出属于这一课的，而不是面面俱到，这样才能准确定位目标。

3.学情

作为老师，不要想当然，一定要分析好学情。首先，要研究学生的学习起点，也就是学生的"已知""已会"；其次，要研究学生的学习目标点，也就是学生的"应知""应会"；最后，还要研究起点到目标点的差距，研究学生的差异性，分析出可能遇到的困难，给出方法，给出策略，搭建梯子，帮助学生一步一步地达成目标。学生自己会的，学生自己能学会的，你教了也学不会的，都不要设计。目标的设计一定要在学生的最近发展区内，这样才适合学生。

（二）关注两个落地：语文要素和课程标准

1.目标要精准，要素得落地

设计合理、明确和可行的学习目标，是写好"学历案"的关键，是实现有效课堂的前提。看下面这个样例是不是落实了语文要素呢？

样例：四年级下册第2课《乡下人家》的核心目标：认识本课生字，感受乡下人家独特、迷人的风景。通过多种形式的朗读，体会作者对乡村生活由衷的热爱之情。

本单元的语文要素是：一要抓住关键语句，初步体会课文表达的思想感情；二要写自己喜爱的某个地方，表达出自己的感受。再看上面的核心目标定位精准吗？追根求源，那就是和语文要素落地点不一致。

设计本课目标完全可以从以下两方面入手：

一是弄清什么是关键句，文中有哪些能体会出作者思想感情的关键句，比如就可以抓结尾处关键句（最后一句也是中心句），还可以借助教参、课文的泡泡语的提示找准关键句，朗读、品悟，学习通过关键语句初步体会课文表达的思想感情的方法。

二是研究课后题，借助2.3题带来的启示，关注有新鲜感的词句、生动形象的语句，学习通过关键语句初步体会课文表达的思想感情的方法。如此研究，抓住语文要素的落地来设计学习目标，才会使本课的学习高质、高效。

2.目标要精准，课标是依据

看下面这个样例目标的设计又出现了什么问题呢？

样例：四年级下册第3课《天窗》的【学习目标】之一：通过朗读课文，理清课文脉络，概括出每一部分的主要内容。

《语文课程标准（2022年版）》中第二学段在"阅读与鉴赏"领域的第4条明确指出：能初步把握文章的主要内容，体会文章表达的思想感情。第三学段在"阅读与鉴赏"领域的第4条也明确指出：在阅读中了解文章的表达顺序，体会作者的思想感情。而目标中"理清课文脉络，概括出每一部分的主要内容"，显然超出课程标准的学段要求了。另外，五上第八单元的语文要素中提出：根据要求梳理信息，把握内容要点。这也充分说明本样例中的目标制定是超纲的。看来只有研读课标、读通教材，才能一步步定准目标。

（三）样例展示

下面就以五年级下册第七单元《威尼斯的小艇》为例，说说如何设计学习目标。

第六章　有效课堂教学

1.研究教材：看单元导语，明确语文要素

单元导语：足下万里，移步换景，寰宇纷呈万花筒。说明这组教材的人文要素是：世界各地，异域风情。语文要素的阅读层面是：体会静态描写和动态描写的表达效果；习作的要求是：搜集资料，介绍一个地方。明确了语文要素，就找到了方向。

2.寻找课标信息

第三学段（5~6年级）阅读领域对表达能力的要求是：在阅读中了解文章的表达顺序，体会作者的思想感情，初步领悟文章的基本表达方法。结合这组教材就是要体会静态描写和动态描写对表达作者思想感情的表达效果。找到这样的依据，在设计目标时就有了方向。

3.研究学生：分析学生的学习起点和学习目标点

（1）分析学习起点。通过假期里"空中课堂"的学习，对于课文围绕小艇写了哪几方面的内容，学生都清楚了，所以课上就以复习形式略处理，不是这课的主要目标。

（2）思考：体会静态描写和动态描写的表达效果，这个语文要素对学生来说是不是零起点呢？要看教材中关于这个语文要素的编排体系，五年级上册第七单元的"四时之美"，这组教材语文要素是：初步体会课文中的静态描写和动态描写。其中有篇文章《鸟的天堂》，文中描写了傍晚和早晨两次看到"鸟的天堂"的情景，第一次主要是静态描写，而第二次走进"鸟的天堂"，"把手一拍，树上就变得热闹了，到处都是鸟声，到处都是鸟影"，这个片段是动态描写。

在五上学生初步感受到了什么是静态描写，什么是动态描写。在五下又出现，这两次有什么不同？通过比较发现：原来要求是初步体会，而现在的要求是体会，没有初步二字，并且后面还加了表达效果。那学习时就心中有数了，要重点看一看，这种表达方法有什么样的表达效果。把握了这个学生已有的学习起点和学习目标点，学生的学习才是有效的。

4.研究教材：分析交流平台对语文要素的梳理

交流平台里指出："本单元的课文运用静态描写和动态描写，展示了世界各地丰富多彩的美丽画卷。""恰当地运用静态描写和动态描写，能够呈现景物独特的魅力。"

什么是"独特的"？也就是人无我有，人有我优。所以学习这篇文章时，就要考虑：威尼斯的小艇与众不同之处是什么？动态、静态描写又是如何表达出这种独特魅力的？这样去思考，目标定位就精准多了。

5.研究教材：参照课后习题

课后习题既是确定目标很重要的一个依据和抓手，又是老师教学这一课非常好的流程的设计。本课课后习题有四个：

（1）先把课文内容主题理清，说说课文围绕小艇写了哪几方面的内容。

（2）体会作家笔下威尼斯的动、静之美。

（3）结合句子，说说小艇有哪些特点，再体会加点部分的表达效果。

（4）读"阅读链接"，想想在描写威尼斯时，三位作家的表达方法有什么相似之处。综合这四题不难看出基本上都是围绕表达方法、表达效果进行设计的，更加坚定了所定的目标方向。

6.确定目标：基于以上对课标、教材、学情的分析，确定了本课的学习目标如下

（1）默读课文，回忆"空中课堂"，准确地说出课文围绕小艇写了哪几方面的内容。

（2）通过圈画批注、想象画面、比较句子、感情朗读等方式，正确画出动态和静态描写的句子，有条理地说出动静描写在突出小艇对威尼斯的独特魅力所起的作用，读出对威尼斯的动、静之美的喜爱之情。

（3）通过阅读链接、观看视频，运用动静描写能表达独特魅力的方法，对比阅读《与象共舞》、说说运河古城，学习、感受泰国和古城的独特魅力。

7.规范表述

这个目标长得像不像语文课程？每一条目标都是按照"通过什么学习方式，做什么事，做到什么程度"来表述的。目标中前面是行为条件，中间是行为动词，后面是行为程度和情感态度价值观。每个目标都像是一份微型教案，既体现了主体学生化，表现多样化，条件具体化，程度明确化，又真正

实现了"三维"合一,实现了一课一得。

方向对了,就不怕路远。目标永远是教学的指明灯和航向。目标明晰了,教学内容、教学过程、教学评价就有章可循,有的放矢,就可以实现简简单单教语文,轻轻松松学语文。

第二节 有效课堂是任务标准清晰的课堂

评价是一种基于证据的推理,是实现目标的手段,也是促成目标达成的动力。没有评价的教学是一种无目标的教学,也就是没有理想的教学。教师理应"先学会评价,再学上课",就好比旅游"先定景点,再定怎么去"。教师课堂上采用的形成性评价,相当于开车时的GPS(全球定位系统),没有评价的课堂犹如没有导航的驾驶。如果你不是"老司机",你的课堂教学就会像通常所说的"开无轨电车""脚踏西瓜皮"那样无效或低效。

教学评价是教学活动不可缺少的一个基本环节,它在教学过程中发挥着多方面作用,能够诊断、激励、调控教学活动的进行,保证教学目标的最终达成。在基于"教学评一致性"的逆向设计中,评价设计"上"可以保证与学习目标的一致性,"下"可以与学习活动相整合,保证与学习活动的一致性。所以学习目标出示之后,学生是否能够达到,达到的程度如何,这就要设计出与其相对应的评价任务和评价标准。用评价任务和评价标准引领学生经历"学"的过程,学生在学习的过程中,教师随时关注学生在课堂上的表现与反映,持续地收集信息,不断地把学生的学习现状与学习目标相对照,以了解学生是否学会,然后进行教学决策,及时给予必要的、适当的鼓励性的、指导性的评价,实时监测目标的达成状况,及时调整教学状态,用评价来促进学习的深入,以保证学生学会。而传统的评价只是对于学生外显的行为进行简单的评价,如"你真棒!你很好!"而没有评价出学生到底哪里棒,哪里好!缺少证据的把握。

评价如此重要,所以在设计具体的学习过程时,要提前考虑评价任务,能够通过评价任务检测学习目标达成效果的学习过程设计才是科学的、专业的、有效的。学习目标是预设学生做得怎么样，描述的是预期的学习结果，从目标中能看出通过什么样的活动，做什么（学习什么、理解什么……），达到什么程度；评价任务是要求学生做什么，怎样做，以确保做到怎样，描述的是过程，从评价任务中能看出学生究竟要做什么，怎么做，是一项非常清晰的学习（操作）过程；评价标准是对预期学习效果的具体化，描述的是更加具体化的学习结果，从标准中能看出学生要做到什么程度（如：读得怎么样？写得怎么样？）是任务达成的表现程度。

一、评价任务

（一）围绕学习目标设计评价任务

评价任务是为检测学生的学习目标达成情况而设计的检测项目，是实施评价时安排的任务驱动。所以，要从学习目标中来，必须引出学习目标所需要的学习信息，通过搜集学习信息判断出学生是否达成目标。评价任务的设计必须与学习目标相匹配。

例如，五年级下册第七单元《威尼斯的小艇》中学习目标之一是：通过圈画批注、想象画面、比较句子、感情朗读等方式，正确画出动态和静态描写的句子，有条理地说出动静描写的表达效果，读出对威尼斯的动、静之美的喜爱之情。相应的评价任务应是：小组合作学习第3至第6自然段，选择最喜欢的段落，画出动、静描写的相关语句，抓住关键词句，说说动静结合的表达效果，读出威尼斯的动静之美。这是为目标达成而实施的任务。如果设计成下面这样的："你喜欢小艇吗？为什么？"说一说小艇的特点、作用，体会船夫高超的驾驶技术。很显然，这样的评价任务因为与目标不一致，就是一个失败的任务设计，是无效的任务。

（二）评价任务指向要明晰，可执行

评价任务要清晰、具体、可操作。一个明晰的评价任务要让学生清楚：

我要做些什么、我怎么去做、读什么、写什么等等学生应该明确的任务。"学会""理解""感悟"之类的词汇不能用于评价任务,究竟让学生做些什么、怎样做,要采用学生能懂的语言,确保学生明白。例如,小学语文六年级下册第四单元《十六年前的回忆》,老师设计的评价任务是:抓住人物的外貌、神态、言行等细节描写,感悟人物形象。学生看到评价任务只知道自己抓住细节,但怎么去感悟?怎样才算感悟了?没有具体操作,学生就"摸不着头脑"。经过反复地思考和修改,最后可以把评价任务改为:快速浏览8～18段,画出文中细节,思考:李大钊是一个怎样的人?圈画关键词句并在旁边做出批注。

(三)评价任务要有"灵动感"

所谓灵动感,即评价任务的设计要具备多样性、开放性,要简约、有层次性,教师在设计评价任务时要留有余地,要重在借助关键语句读懂文本,而不是回答碎片化的知识点,也不是用碎片化的小问题充塞课堂求出标准答案。教师让学生有充足的时间处理任务,才能催生丰富的学习经验。例如,三年级下册语文《慢性子裁缝和急性子顾客》的评价任务:默读课文,先用横线画出急性子顾客的要求,用波浪线画出慢性子裁缝的表现,再填写下面的表格,复述故事。

时间	急性子顾客的要求	慢性子裁缝的表现
第一天		
第二天		
第三天		
又过了一天		

借助表格的填写复述故事内容,学生提取关键信息达成复述课文的目标。在学生充分地阅读和完成任务中,催生丰富的学习经验。

二、评价标准

评价标准顾名思义就是"评价的标准",评学生在完成学习任务过程中的表现及结果。

评价标准是判断学生是否完成任务的依据,完成任务即达成目标(学会),若没有学会,利用这个依据可以分析出问题出在哪儿?向哪个方向努力?这个依据就是评价标准。

第一,利用评价标准优化学生学习,促进师生获得真实的反馈信息。呈现学习任务的同时,呈现评价标准,促进学生在互学交流时,评有方向,直指目标,有意识地向最高标准靠拢,引发更深入的思考。

听课过程中发现有的老师对评价标准的重视程度不够,没有设计或晚出示评价标准都是不可取的,其实它是实现有效性的非常重要的一个部分。举个例子来说。【四年级数学《乘法分配律》】学习任务一:看看你列的综合算式,说一说每个算式表示的意义。

评价标准(最高):

(1)列式正确,计算结果正确。

(2)条理清晰地说出每一步求的是什么?

如果不出示评价标准,学生可能直接说出算式的结果就结束了讨论,思路比较灵活的可能会想到算式的意义,讲解出为什么这样列式,但是很难达到条理清晰地说出每一步求的是什么。这样就会出现回答问题不精准、思考问题不全面和讨论不深入的情况。当后来看到评价标准才"恍然大悟",那么教师就会在互动的过程中引导过多或浪费很多时间,评价标准没有起到"评价引领学习"的作用。如果和任务一同呈现,学生在独立思考和小组初评的环节就会按照评价标准去对照,无疑提升了学生思考的深度。学生不仅能够有针对性地思考,并且能不时地优化自己的回答与思路,有遗憾及时弥补,有错误赶紧改正,这一个个评价标准如同盏盏灯塔于前方,让他们不会迷失方向,即使偶尔走岔了,也能及时回来。

另外,根据评价标准在课堂教学中的互动互补,可以有效促使学生在原有基础上都得到良好发展。如今的学生出生就生活在多媒体世界中,他们不仅需要听，而且需要参与；不仅只是静坐，而是要动起来。可以弥补教师在面对全班40多个学生时，不能及时有效地关注到每一位学生学习情况的不足。可以让学生们感觉到每一个板块的学习过程中，都有老师或同伴借助"评价标准"关注"学得怎么样"，从而及时调整自己的学习状况。给汇报者、倾听者、点评者都提出明确要求，在生生互评中互学，在其他学生的反馈中，主动调整自己的思路，也起到以评促学的成效，也为大面积提高课堂教学质量创造了积极条件。

再如，听过的一节五年级体育课《侧向投掷轻物》，在准备部分老师让学生一做四面转法，二做原地踏步。说完名称，就喊口令，学生跟做，做完就结束了准备部分。试问这样的准备目标达成了吗？需不需要强调每个任务的关键评价标准。比如，四面转法要做到一快二齐；原地踏步要做到高抬腿、大摆臂、挺胸收腹目前视。简洁、可操作的评价标准再次强调既是巩固要点，又能很好地评价学生是否真正达标，是否起到准备活动的目的。如果这么强调了，这个环节的价值和意义不就实现了吗？

总之，及时有效的评价标准如同盏盏灯塔，为师生的学习与评价提供了"导航"。对于教师来说，可以及时了解学生的学习情况，有的放矢地改进教学工作，提高教学水平；对学生来说，可以将学生引入规范的思考，可以及时得到学习效果的反馈，努力按最高评价标准要求自己，并努力达到评价标准，在有限的时间里达到最好的学习效果，提高了学习效率。

第二，根据目标，结合评价任务设计评价标准，简练概括到最高要求即可，在实际的学习过程中，可以分为不同等级按不同程度进行评价。例如，五年级下册第七单元《威尼斯的小艇》中目标一的评价任务是：小组合作学习第3~6自然段，选择最喜欢的段落，画出动、静描写的相关语句，抓住关键词句，说说动静结合的表达效果，读出威尼斯的动静之美。可以根据评价任务中的行为动词画出、说出、读出设计如下的评价标准：

正确画出动静描写的相关语句。★

准确说出动静结合的表达效果。★

读出动静之美和喜爱之情 ★

评价标准是为学生制定的。学生如果看不懂评价标准，或者评价标准不符合学生的认知特点，这样的评价标准即使再精彩，也是毫无意义；评价标准更是为目标服务的，制定评价标准是为了在有限的课堂时间里，高效达到学习目标。若没有评价标准，学生学会了吗？学到什么程度？就缺少证据的把握。

在实际教学中评价设计的嵌入为学生学的程度提供了指标，使其学得真实；为教师的教学指明了方向，使其教得真切。评价设计引领着教与学，促进教与学都能按照有效的目标前行。

第三节 有效课堂是"教—学—评"一致性的课堂

"教—学—评一致性"是"基于标准的教学"的一种行动策略。"教—学—评一致性"的教学不是"学了吗"的教学，也不是"教了吗"的教学，而是关于"学会了吗"的教学，是掌握一定的知识技能、学会学习的方法、形成内化的学科素养的教学，是"评价"镶嵌在教学活动中以评促学、以评促教、以评达效的教学，是围绕学习目标实现教师的教、学生的学、对学习的评的"教—学—评一致性"的教学。教师组织学生在完成评价任务的过程中，催生学习信息、以学习信息研判学情，以"学"施教，用证据证明学生学会。只有这样，教师在教学实施过程中才能做到"心中有目标、评价有标准、指导有方向、教学有效果"。

把每堂课的目标设计成2~3个，按目标将40分钟划分成2~3段，每个时间段聚焦一个目标，体现教、学、评一致。其课堂结构是板块化、小结构、循环式。以目标为始，以目标为终，让每一个教学活动都有明晰的指向、评价的标准，让教学行为与策略的改进有明确的依据。即围绕目标1，进行教学1和评价1，获取学情，推断是否至少三分之二的学生已经达成目标，如是，接下来围绕目标2，进行教学2和评价2……依此类推，教学、学习、评价共享着目标，分小步走，步步为营抓落实，这是有效教学的核心技术。

"教—学—评一致性"的有效实施的"小结构"循环是这样的：课堂教学流程就是对应每个学习目标设计的学习活动，基本围绕"一做二收三反馈四调整"的结构实施教学。一做即教师呈现评价任务，学生围绕任务开展自主学习或小组学习；二收，即在学生学习过程中，教师收集学生学到怎样的评价信息；三反馈，是指在组织学生交流分享的过程中，既让教师反馈了收集的评价信息并进行相应的重难点的指导，同时也让学生在互相听评的过程中进行了再学习；四调整，即根据反馈的信息，进行相应的教与学的再调整，教师调整教，学生调整学，其间，教师再次收集学生是否学会的证据。如此设计，让教学到点、到位，就能实现课堂的有效性。

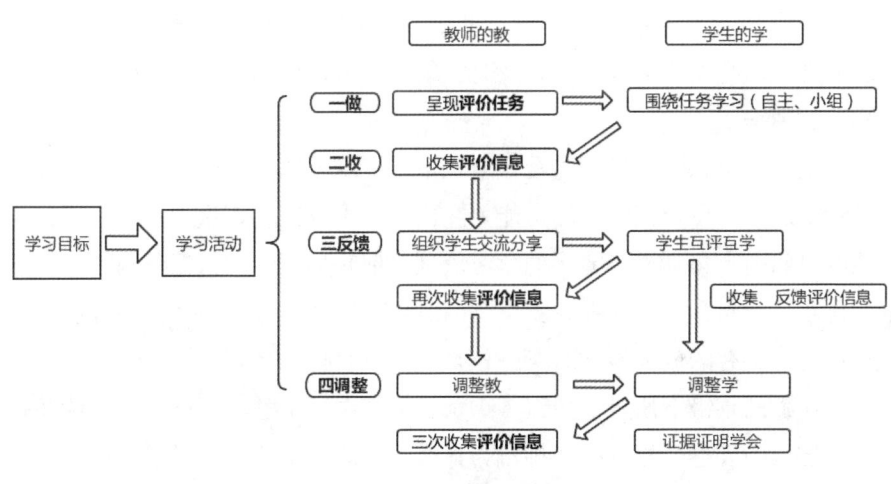

图6-1　课堂教学流程

一、任务布置清晰明确

任务既可以帮助、促进学生达成目标，在达成目标的过程中使学生学得更有趣、更有深度；又是检测目标是否达成，是否可以结束本目标的教学活动，还有哪些地方做得不够，作为下一步教学决策的依据。

每个板块"学习任务"的呈现，可以口头描述也可用PPT、任务单等形式，呈现后，需要请学生解读或教师解读清楚"做什么、怎么做、做到什么程度"，从而避免学生对"学习任务"本身的不理解，在完成任务的过程中

"跑偏",降低学习效率。

呈现学习任务的同时,呈现评价标准,促进学生在互学交流时,评有方向,直指目标,有意识地向最高标准靠拢,引发更深入的思考。

二、信息收集及时精准

学习信息的收集,一是指教师收集学习信息,二是指学生之间互相收集学习信息。学生围绕"学习任务"学习的过程中,教师要做积极的观测者,采取巡视、倾听、交流等方式,及时收集与学习目标相关的,学生"学得怎么样"的证据。

收集学习信息时应尽可能覆盖全班学生,既关注到全体,随时加入各小组倾听、观察、参与交流;尽可能关注到每个小组,又要重点观察个体,在有限的时间内收集到尽可能多的学习信息。把收集到的"证据"与"评价标准"比对,判断学生"现在在哪里",和目标相距有多远,及时针对困惑处、疑难处进行"有的放矢地教",促进学生"达成目标的学"。

例如,三年级下册第七单元《火烧云》其中一个学习任务是:读读两种关于火烧云的表述,喜欢哪一种?为什么?圈画出具体字词,说一说你的理由。通过交流,发现学生都重点关注"红彤彤、着了火",不仅有色彩感、画面感,而且运用了比喻的修辞手法把红霞比作熊熊燃烧的烈火,非常生动。但是对于"烧"的认识、感受和表达都还不到位。根据收集到的信息分析诊断"学生现在在哪里",确定下一步如何使学生学会。于是通过对"烧"的认识的评价、指导、补充、再完善,学生进一步认识到了"烧"字既突出了火烧云上来时天空的颜色,像火一样红;又体会到如同熊熊燃烧的烈火一样有气势,给人一种动态变化的感受。最后再把自己的感受读出来。所以敏锐捕捉到学习信息,及时反馈、精准评价可以帮助学生明确自己的学习状况及需要努力的方向,这是以评促学的前提。

课堂上不仅教师要善于捕捉、收集学生的学习信息;也要发挥学生之间收集学习信息的作用,可以弥补一位教师在面对全班40多个学生时,不能及时有效地关注到每一位学生学习情况的不足。可以让学生们感觉到每一个板块的学习过程中，都有老师或同伴关注"学得怎么样"，从而及时调整自己的学习状况。

三、信息反馈促进达标

课堂上学生产生的学习信息很多，教师要筛选与学习目标息息相关的信息，及时向学生反馈；同时以"评价标准"引领学生间生生互动。学习信息的反馈，是教师主动调整"教"的过程，更能帮助学生"明确目标""知己知彼"，这是"以评促教"的过程；另外，在学生之间反馈学习信息的过程中教师仍然要持续收集学习信息，及时向学生反馈："学得怎么样""需要向哪方面努力"。不能以个别学生汇报得精彩，就认为所有的学生都达到目标，要关注到全体，在个体汇报、生生质疑、补充、辨析的基础上，达成最高评价标准。例如，四年级下学期《平行四边形的认识》一课中，通过对比学生间反馈后，老师反馈：同学们能从边和角的角度研究平行四边形的特征，并能用合理的方法验证。但是概括的语言不够简洁、准确。简洁准确的描述应是："平行四边形有4条边，对边平行且相等；4个角对角相等"。根据评价标准和同桌说说哪些地方需要修改完善，同时指着平行四边形再说一说平行四边形的特征。教师再次巡视、收集学习信息，根据前两轮对学习信息的分析，教师对于哪些学生需要点对点指导已了然于心，及时进行个别关注，促成尽可能多的学生达成目标。

四、研判信息调整"教"与"学"

此处的调整，一是指教师调整教，二是指学生调整学。

（一）教师调整教

教师调整教，指当学生在围绕"学习任务"学习的过程中，教师通过收集信息，发现学生遇到的困惑、难理解之处，以自己的学科专业素养分析出是学生思考的角度不对，还是研究的方法策略不对，或其他的什么原因，快速调整教，进而帮助学生学习。

课堂上根据评价信息，调整教的方式主要有：

（1）质疑、追问。学生在汇报时没有讲解出本质的内涵，教师抓住这一点并生成及时质疑，以引发学生深入思考。

（2）讲解、示范。通过独立思考，班内交流互动、评价后，对有些知识的来龙去脉，学生依然不能清晰表达出自己的想法，或不能用学科语言概括，此时教师要讲解示范。

（3）补充、完善。有的问题学生仅能从一种角度思考，老师提示后，学生依然不知从何处思考，教师可以对其解决问题的方法策略进行补充、完善，以拓展学生的认知范畴。

（4）梳理、总结。如果发现学生对问题的回答、理解处于散点状态，可以提供一些"脚手架"式的提问，启迪学生对散乱的认识进行梳理，帮其形成知识体系或思想方法体系。

（5）拓展生成资源。学生在讲解的过程中会生成一些新的与目标相关的教学资源，教师可以随机抓住这些资源，并适当补充，使其学习更有广度，但要适可而止。

（6）组织讨论、明理。根据学生汇报讲解的内容，引导学生根据评价标准进行评价，以引发学生之间相互辨析、讨论，在辨中明理。

（7）个别指导、纠偏。学生个体根据评价任务独立思考或做作业时，教师巡视，对于学生遇到的一些个别问题，教师可以采取个别辅导的方法。

（二）学生调整学

学生调整学指当学生接收到同伴或老师反馈给他们学得怎么样，哪个方面需要改进，学生会有意识地根据自己的学习状况，向最高标准靠拢，缩小自我与最高标准的差距，以促进自己在原有的基础上进步。

学生调整学的方式主要有：

（1）把思考过程给同桌或小组长讲一讲。

（2）把自己错误的原因说给同桌或小组长听。

（3）及时按要求订正，订正后需给同桌或老师看。

（4）如果是操作性的内容，可在操作的过程中请同桌或小组长观察。

例：四年级下学期《平行四边形的认识》。

学习目标二：利用直角三角板，规范正确作出平行四边形不同底上的高。

评价任务：画出平行四边形指定底上的高。

评价标准：作图正确规范。

学生根据评价任务，独立完成。教师巡视收集评价信息，及时点对点指导。同桌互相观察作图过程，有的学生接到同伴或老师的反馈：作高不规范，因为直角三角板摆放的角度不对，或画图时三角板没有按住，画高时三角板动了。当学生收到这样的反馈，明晰自己的问题出在哪儿，及时修正、练习。学生在调整学时，教师要再次收集信息，也可找"小教师"收集学习信息，来证明学生"学会了"。

总之，教师如果对丰富的学习信息视而不见，就会变成一个"蒙着眼睛上课的人"，就会自顾自地推进教学预案，完成"教程"，完全不关注"学程"。于是，表面上看教师"都教了"，但教师却没有关注到学生究竟有没有学、有没有学会。课堂是属于全体学生的，更多的是常态课，期望在每一节课上所有的学生都能得到老师的"关注"与"诊断"，让学生的"学"发生变化，让更多的学生"学会"，这就需要专业技术与专业自觉。"教—学—评一致性"的专业原理是其路径，专业的课程方案设计转变教师育人理念，提高学科专业素养，在提高技术自信的过程中，形成专业自觉。

第四节 有效课堂是"在学习、真学习、学会了"的课堂

学生经历的是一个学习的过程。传统的"我讲你听""一问一答"的教学方式，剥夺了很多学生的学习经历。在学历案的课堂里，老师的"教"是

一种介入，是阶段性的、非连续的行为。只有当学生学习有困难时，老师才需要介入教，比对要求、标准，及时评价，再引导学生学习，通过任务、支架、合作等方式，经历学习过程，让学生真正学会。

实践证明，学生只要处于在学习、真学习，达到学会了的状态，就能实现课堂的有效性。下面以三年级下册第七单元《火烧云》一课为例，具体阐述。

一、任务驱动，使学生在学习

传统的教学课堂大多是你说我听，学生被动地接受，课程大多比较呆板、单调，难以激发学生兴趣，甚至有些学生因觉得枯燥无味而产生厌烦情绪。关于大脑的研究告诉我们，大多数人并非以听的方式来学习，只有20%的学生通过听来学习，其余80%或通过视觉或通过触觉来学习。华盛顿儿童博物馆的馆训给我们以启示："我听过了，我就忘了；我看见了，我就记得了；我做过了，我就理解了。"荀子《儒效篇》也指出："不闻不若闻之，闻之不若见之，见之不若知之，知之不若行之。学至于行之而止矣。"美国的一项研究也表明，不同形式的学习内容平均留存率是不同的，听讲只有5%，阅读只有10%，视听才有20%，而讨论、实践、教授给他人却高达50%、75%和90%。所以，遵循"学"的逻辑，让学生的学习确保学生"三动"：动脑、动口、动笔；不能仅限于"说一说"，必须写一写、做一做、练一练、改一改。也就是说，读一遍不如写一遍，写一遍不如想一遍，想一遍不如做一遍，做一遍不如讲一遍。

例如，《火烧云》的学习任务是：读读第3自然段，说说火烧云颜色的变化特点是什么？圈画相关的词句，并说说这样写有什么好处。通过这个明确清晰的任务驱动，引导学生运用多种感官，参与多种活动，真正处于学习的状态，学习目标才会有望达成。纵观整节课的任务设计，都是如此，读读、查查、圈圈、说说、议议、写写、评评，都是学生亲身的经历和体验，让学生在说中学、做中学、教中学、悟中学、评中学，让学习方式多样化，引导学生主动参与、乐于探究、勤于动手，逐步培养学生收集和处理信息的能力、获取新知识的能力、分析和解决问题的能力以及交流与合作的能力等，这才是真正意义上的学习。

二、搭建支架，助学生真学习

学习支架好比建筑行业使用的脚手架，是学生在学习过程中遭遇困难、障碍时可以借助的技术支撑，它是教师"在场"的体现，也是完成学习任务的重要保障。想从"满堂灌"向"少而精"转变，就要搭建"脚手架"，让学生自主攀登，而不是背着学生攀爬。

例如，《火烧云》一课中的学习任务："查找资料是一个不错的学习习惯。《现代汉语词典》中火烧云的解释是什么？本篇课文中也有一段文字，形象地告诉了我们为什么叫火烧云。边读边画来。请读读这两种关于火烧云的表述，你喜欢哪一种？为什么？结合具体词句和同位说一说。"借助图片支架、表格支架、材料支架等多种方式观察图片，发挥想象，仿照"出现时的样子—变化—消失"的顺序写一段话，从颜色和形状两个方面表现出火烧云变化多且快的特点。这种基于学生立场的体验学习过程，在学困处给学生以帮扶，通过对比阅读、看图想象、仿照写话等多种支架，更能激发出学生的创新动机和能力，同时关注差异，取长补短，从而使学习变得更真实、更有效。

三、小组合作，促学生会学习

给不同层次的学生制定不同的学习任务，给予不同层次的评价。如果每名学生都有任务，都能在接受任务时有感到成功的机会，就会更投入学习，尝试挑战，如上例中的任务：读读第3自然段，说说火烧云颜色的变化特点是什么？圈画相关的词句，并说说这样写有什么好处。

出示之后，再给出小组汇报分享的交流支架。1号：请大家看第（　　）自然段，我们分享的词语是（　　）；2号：从这些词语中我们感受到火烧云颜色变化的（　　）特点；3号：这样写的好处是（　　）；4号：下面我通过朗读表达出我们的感受。

　　生生、师生在宽松的氛围中自由地表述各自的见解，相互倾听，尽情讨论，依赖于小组协同学习的成果达成学习目标。学习任务分层设置及学习过程的互动状态，不仅表现在课堂教学中还延伸到课后的学习过程中，如在作业的分层布置、课后反思及互动的评价中也有体现。心理学家罗杰斯曾指出，一个人的创造力只有在其感觉到"心理安全"和"心理自由"的条件下才能获得最大限度地表现和发展。教育学研究也表明，人在轻松、自由的心理状态下才可能有丰富的想象，才会迸发出创造性思维的火花。所以，教师用赏识和发现的眼光去看待学生，改变以往用一把尺子衡量学生的标准，尊重每一位学生做人的尊严和价值，提高学生对学习的兴趣与信心，体会学习的意义，激发内在的学习动机，让人人敢说、想说、会说、乐说，才能促进学生学习有效性的发生。

　　如今的学生生活在多媒体世界中，他们不仅需要听，而且需要参与；不仅只是静坐，而是要动起来。在互评互学环节就要认真倾听，学会精准收集同伴的学习信息，学会取长补短，特别关注自己有困惑的地方其他同学是如何思考的，从其他同学的汇报中寻找答案，帮助自己真正学会；还要学会质疑、补充、完善，对于相同的观点给予肯定，对于不同的观点提出质疑或补充，帮助同伴自我完善的同时也实现了深度学习。在每名学生的参与下，在小组成员的共同努力下，完成学习任务，不使一人掉队，促进人人会学、学会。

第五节　有效课堂是深度学习的课堂

　　听课的过程中，又发现一些课甚至一些公开课热闹非凡，看似学生学到了一些东西，可总感觉又少了些什么？细细反思，原来是学科的味道没有了，学科的本质没体现，学生的素养没形成。其实这就是课堂的深度还不够，深度学习也越来越引起人们的高度关注。

第六章 有效课堂教学

一、何为深度学习

我国传统的学习智慧中充满着深度学习的思想。譬如孔子的"知之者不如好之者，好之者不如乐之者"，强调学习要有高动机、高投入；"学而不思则罔，思而不学则殆"，强调学习要有高认知、高参与；《中庸》把学习的过程具体化为五个步骤，即"博学之，审问之，慎思之，明辨之，笃行之"，强调从学到习的深化与学习方式的多样。这些论述充分体现了我国古代深度学习思想的高度与深度。

布鲁姆的掌握学习理论把教育目标分为认知、情感、动作技能三大领域，在认知领域中，学习目标有知识、领会、运用、分析、综合与评价六个学习水平。其中，知识也就是识记，是浅层次的；领会、运用、分析、综合与评价属于学习中的深层水平。浅层学习普遍存在现实教学中，一类教师比较倾向于关注自己"怎么教"，在信息传递或呈现方式上，想方设法，绞尽脑汁，费尽心力，丰富了"教"的内涵，教师占据主导；另一类教师倾向于关注"教或学什么"，即内容，竭尽自己之能事，只关注了学习信息轰炸式的输入，至于学生学习真正发生的状况，几乎无法顾及，内容占据主导。前者体现了教师立场，后者体现了内容立场，二者均忽视了学生立场的主体地位，以自我固有经验的认识一成不变地来实施教学，以自己的兴趣代替学生的兴趣，不充分尊重学生实际的学习需求。教师立场的实质就是太把"我们以为"的强加给"学生以为"的，导致学生立场得不到尊重，学生的创新思维和独到见解缺失和枯竭。

深度学习是指以学生学习为中心，在教师的指导下，学生自主基于理解进行知识建构，基于真实情境主动学习和解决问题；深度学习要求从教师立场、内容立场向学生立场转变，教师要从满堂灌向少而精转变，更多地为学生搭建脚手架，让学生自主攀登，而不是背着学生攀爬。

二、深度学习的课堂

深度学习的课堂是什么样的？一是先学后教的课堂；二是"四会""三说"的课堂，即会倾听、会思考、会质疑、会合作，敢说、会说、大声说；三是开放的课堂，即大问题、大空间，一切问题交由学生，开放的课堂才会有生成，才会多彩；四是思考的课堂：动脑筋想办法、自主探索、合作交流、思维碰撞，思考的课堂才会有经历、体验和感悟，才能真学会；五是厚重的课堂：知识、方法、策略、思想、经验、情感、学科文化、核心素养……全面收获，厚重的课堂才有学科的味道。请看案例《不是汽车，是水果》的片段：

屏幕显示：停车场有5辆汽车，开走2辆，问停车场还有几辆汽车？

学生据此列出算式算出结果，并将算式5-2=3板书在黑板上。

师：利用手中的学具，动手创作一个用"减法"解决的问题，并用算式表示。

女生：我有5个水果，送给同学2个，我还剩几个水果？算式是5-2=3。

男生：怎么还是5-2=3啊？重复了！不能写到黑板上。

女生：我没重复，这不是汽车，是水果。

师：还能想一个事情，也用5-2=3表示吗？

生：有5个小朋友，走了2个，还剩下3个。

生：花园里有5朵花，摘走2朵，还剩3朵。

生：有5块糖，吃了2块，还剩3块。……

师：为什么这些完全不一样的事，却能用同一个算式表示呢？

生：虽然事情不一样，但它们所表示的意思都是一样的，都是从5里面去掉2剩下3，所以都用5-2=3表示。

师：3+6=9可以表示的事情多不多？

生：那太多了，算式太神奇了。

本案例教师很好地利用了生成的资源，抓住本质，不断引申，深度剖析。学生在质疑、争论中，由困惑、恍然到惊奇、认同，对于算式5-2=3的高度概括性（数学模型），对于加与减的意义感受深刻，认识到位。学生知识、能力、情感、素养得到全方位的发展，是交流环节的经典对白。

深度学习务必要用好生成的资源（教师要有慧眼，放大本质）；做好质疑、评价（对话引领，深度交流，有碰撞才是真正的交流）；交流后务必使后进生基本学会。深度学习的课堂不再是少数优生展示的舞台，而是所有孩子共同学习的地方；不再是小手直举，小口常开，而是同伴间互动，轻声讨论，安静地思考；不再追求形式的热闹，而是追求内在的质量和效果；老师不再提那些表面花哨、实则细碎、缺乏思维含量的问题，学生也不再是老师频繁提问的应声虫。学习的过程就是一个面对挑战的过程，向富有"挑战性的问题"发起冲击是课堂的价值追求。听课、评课不再把目光集中在讲课老师身上，而是贴近学生，倾听他们对关键问题的讨论交流，观察他们学习领悟的过程。学生学习的时间是否得到保障，学生是否在真正思考、交流，每名学生是否都在参与学习。

三、如何实现深度学习

教学改革的最终目的是"让学生学习增值"，即让学生更想学习、更会学习，学到更多知识技能，对学生的个人发展更有意义。叶圣陶先生说：真正的教育是唤醒激活，"教"是为了"不教"。深度的学习就能实现这一目的，深度学习并非让学习越来越复杂、越来越难，学的内容越来越多。需要沉浸在深处的，是思维，是探索的欲望，是获得的喜悦。深度学习，需要去除形式上的花样繁多，在思维层面上不断地产生关联、拓展、变式；在学习经验上，更多参与、获得、历练；在学习方法上，主动总结、提炼、迁移。最终，深度带来的学习高度体现在不断实践、检验上，形成个性化的学习结果。

（一）只有真正有价值的问题才能产生深度学习

老师给学生上一堂地球与宇宙的科学课，教完了，老师问学生：我们现在是白天，那地球另一边是不是黑夜？学生回答：是。上一节交通工具的课，老师问：你去过黄河吗？乘坐什么交通工具去的？学生回答：去过，坐火车去的。然后学生之间就开始讨论大家都去过什么地方，怎么去的。这些提出的问题毫无意义，就是假问题，根本达不到深度学习。

我曾听过魏星老师执教的《三黑和土地》的录像课，课中他只安排了三个活动：（1）默读课文，看看大致是哪年写的。（学生静心读书后汇报交流，本单元主要训练的是？什么是关键句？像这样能打开作品密码的名字就是关键句）（2）诗中哪些句子看似是矛盾不合情理的，表达了什么感情？（3）这个故事是不是过时了？为什么？（学生理解自由板书）

就这看似简单的三个问题，却让学生不仅读懂了课文内容，学会了读长文的方法，更重要的是打破传统的读书顺序和方法，以大任务为驱动，引领学生阅读、思维、辨析、推理，获得了对文本、对作者、对时代、对文化的深度认知。这样的真正有研究价值的问题才会促进学生深度学习的发生。

又如，我听过一位老师执教二年级《八角楼上》，整节课满堂问，诸如"夜幕降临是什么意思？八角楼上的灯是谁点亮的？寒冬腊月是什么意思？毛主席穿着什么？披着什么？当时生活条件怎么样？"这些问题都是读一遍课文、看一遍插图就能回答的问题，能触发学生什么思维？低段的课程标准明确指出：结合上下文和生活实际了解课文中词句的意思。对于词语的理解可以这么设计：（1）自主学习：说说"夜幕降临、寒冬腊月"是什么意思？你是怎么知道的？你仿佛看到了什么画面？（2）汇报交流（捕捉信息、反馈指导）;（3）学法小结（联系上下文、联系生活实际、想象画面再现情境等）。如此设计，可以调动学生的已有认知，结合多种方法学会理解词语的意思，培养了观察、理解、想象、表达、总结等能力，提升了语文素养，实现了自我增值。正如南京市第十三中学屠桂芳曾说过：问在何处？你是怎样思考的？向前一步，就呈现了课堂的高度。

（二）领会、运用、分析等综合运用的学习是深度学习

在教学中，浅层的学习是学生在课堂上只有识记发生的学习，而付诸学生的领会、运用、分析、综合与评价的课堂才是深度学习的课堂。例如，《太阳》一课"三读"教学设计就充分体现了深度学习的发生。《太阳》是科

普短文，教学时设计成"层层深入，有梯度地读"。一读，学生朗读课文，读准字音，读通句子，这属于扫清障碍的阅读；二读，学生带着任务默读：把1~3自然段分别读成一个字（大、热、远），把4~8自然段读成一句话（和人类关系密切），在这次阅读中，学生需要运用搜集信息、分析归纳的能力才能完成任务；三读，学生要边读、边画、边思考、边表现作者的写作方法，学生算一算、画一画、演一演，这更是领会、分析等能力的综合运用的过程。随着三次读的完成，学生的自主学习走向了深入，读准了课文、概括了内容、感悟了写法，不知不觉中已完成了学习目标。

（三）开展真学习、落实真经历才能产生深度学习

学习情境的真实展现和学习过程的真实展开，是学生自我建构知识结构的必备条件，只有真正经历用已有活动经验不断解决新问题的过程，学生的深度学习才有可能发生。例如，学习《认识圆柱》时，如果请学生用带来的圆柱体物体观察交流、总结特征的办法，课上会有部分学生没参与到研究中来；如果让每名学生都动起来，在动手做的过程中引发思考、启迪思维，真正感受圆柱的特征，课堂交流讨论就会更有质量，学生对圆柱的认识就会更深刻。

再如，三年级语文《总也倒不了的老屋》一课怎么上？一般有三种上法。

上法（1）：我们这节课来学习预测，故事的结局怎么样的呢？指名说。言语互动，高频对话，声音课堂为主。

上法（2）：我们要学习预测，你觉得结尾是什么样的？你的理由是什么？联系上下文、插图等总结出具体方法，节奏是慢的。

上法（3）：我们要学习预测，你觉得结尾是什么样的？先不要说，把你的预测结果写在最上面长方形中。你的理由是什么？找到几个写几个。

不要小看写一写学习单，表格好处：一是声音是不值得信任的，说过的可能会忘掉的；二是写的整理更容易把孩子带到深度学习中；三是让老师看到每个孩子的思维过程。说的话，只是说的那几名学生的思维。写的话，想一对一，想表扬都可以。让所有人忙起来，让所有人进入深度学习，怎么能

不有效呢？

只有师生的观念发生转变，才能实现以学生学习为中心的课堂变革，才能为每名学生提供挑战高水准学习的机会，保证每名学生的学习权利得到落实。它的意义就在于：我们的课堂不是为了培养只会拿高分的学生，而是为了培养具有独立思考能力和合作精神的人才。

第六节　有效课堂是有学科味的课堂

有些课一定程度上丧失了学科性，特别是一些语文老师种了别人的田，荒了自己的园，把课上成了思想品德课或是其他类型的课。王崧舟老师在《好课三味》中指出：语文课的最大问题，不是怎么教的问题，而是教什么的问题。语文课的最大悲哀是语文本体的淡化和失落。一堂好的语文课，首先得有"语文味"，也就是"动情诵读、静心默读"的"读味"，"圈点批注、摘抄书作"的"写味"，"品词品句、咬文嚼字"的"品味"。

著名特级教师于永正老师的经典课例《小稻秧脱险记》中有一个片段，能让我们看到好课的标准，看到什么是"味道很浓"的语文课。

师："读到这里，我想，'气势汹汹''蛮不讲理''一拥而上'肯定懂了。谁知道'气势汹汹'是什么意思？"（老师叫了几位举手的同学到前面来）

师："这几位同学都懂了，没有懂的同学请看我们表演。我当水稻秧，你们几个当杂草。杂草把水稻秧团团围住，你们应该怎么站？"（学生从四面把老师围住。笑声。）

师："你们要干什么？"

生："快把营养交出来。"（声音低）

师：你们没有读懂。要凶，声音要大，把腰叉起来。

生：（叉腰，大声，凶恶的）"快把营养交出来！"

师："我们刚搬到大田不久，正需要营养，怎么能交给你们呢？"（学生不知所措）

师：（问全体同学）他们应干什么？

第六章 有效课堂教学

生：他们应上前抢营养。

师：对，要抢。营养在地里，快！（"杂草们"一拥而上，抢走了营养。"稻秧"没精打采地垂下了头。下面的学生哈哈大笑。）

师：杂草厉害不厉害？凶不凶？（生：厉害！凶！）这就是"气势汹汹"。杂草野蛮不野蛮？（生：野蛮。）讲理不讲理？（生：不讲理。）这就叫"蛮不讲理"。杂草让小稻秧发言吗？（生：不让。）这就叫"不由分说"。各位"杂草"请回去。（笑声）（老师拿下小黑板，学生读上面的词语：气势汹汹、蛮不讲理、不由分说）

上述教例中，通过师生表演创设情境，借助情境启发学生去感悟词义，语文味十足。

同样一篇文章，同一维度确定的学习目标是不一样的。例如，《四季之美》表达这个维度，有的水平低的老师教得生硬，水平高的老师会认为这课很独特。从"春天最美是黎明。东方一点儿一点儿泛着鱼肚色的天空，染上微微的红晕，飘着红紫红紫的彩云。"这里的描写中，有的老师看到的是颜色的词，形式主义手段读读，不加分析、不加理解。有的老师水平高的，教学方法也随之改变：先出示两段话，一段是原文，另一段是"春天最美是黎明。东方有鱼肚色的天空，有微微的红晕，有红紫红紫的彩云。"然后问学生喜欢哪段？为什么？颜色依然存在呀？暗示之下，学生会关注那些动词"泛、染、飘"。这些动态是不易觉察的动态。然后追问喜欢泛字吗、染字吗？为什么？动词好在哪里？你的追问说明你解读水平高，在追问及学生的思考、感悟中体会到动词的巧妙、春之美的韵味，感受到祖国语言文字的无穷魅力，感受到语文学习的魅力。

再如，《海的女儿》三个比喻暗示她是向往光明的……有一位老师教这课时设计的问题讨论竟然是：要不要救王子？救王子要不要喝下巫婆的毒药？喝下巫婆的毒药，要不要把刀刺进王子心脏？这样的学习有什么意义吗？这是语文课要体现的价值吗？显然，只有体现学科味的课堂，把握学科学习的本质，形成学科学习的素养，才是有效学习的根本所在。

第七节　有效课堂是当堂检测的课堂

一、缘起

听课时一看到老师们又满满地讲了一节课，什么都不管不顾地"给"了学生，还心满意足地表示"我可什么都教给你们了""你们看老师多辛苦，这一课所有的内容都给你们讲完了"……我最想问这位老师的就是：学生们学到什么了？学会了吗？您知道有多少学生能会多少吗？这课的学习目标是什么？达成了吗？每当这时，我总会想起上初三时的化学老师，30多年来，听过无数老师的课，唯有他的课让我永远难忘。他的课，几乎每次前3~5分钟提问复习上节课学过的内容，每次临下课前的5~10分钟会进行一次当堂小测试，正儿八经地考，正儿八经地改，改后反馈或集体讲评或个别指正。为了能取得好成绩，为了能不在同学面前出丑，哪个同学不下功夫，哪个还敢不认真，哪个还能不听课，每节课的学习效果远远超过其他学科。所以，我也就思考，我们的课堂不也可以这样吗？尤其是数学课，结合当堂所学的内容，准备相关的几题限时检测一下，学生学没学会不就一测便知、一目了然了吗？其他学科当然也可以根据不同的内容采取不同的形式，目的就是一个：让老师真正明白到底有多少学生学会了，还有多少没有学会，没有学会的点在哪里，应该采取哪种方式进行调整、补救，直到最终达成学习目标。令我欣喜的是去年枣庄市在学历案的编写要求中，明确列出了"检测与作业"是其中"七要素"中必备的一个内容，我们的想法不谋而合。

二、当堂检测的内容和要求

为了实现"堂堂清""人人清"，在课堂上实施目标教学后，利用一节课最后5~10分钟的时间，让学生进行目标检测练习。以测促练、以测促会，可以有效地了解学生对课堂知识的掌握情况，有效地提高课堂教学效率，以及提升课堂教学质量。

（一）测试内容

精心设计测试内容要做到以下三点：一是可借助教辅资料、课后题等材料，选择和本节课目标相匹配的题目直接进行检测；二是可组内教研、自主设计，不过要目的明确，有针对性，一定紧扣当堂内容、紧扣学习目标，并且要有坡度、有层次，难易适度，适应儿童的特点；三是练习题的数量要适当，能适应不同程度的学生需要，既要有一定的基本题和稍有变化的题，也要有一些综合题和富有思考性的题。

（二）测试形式：灵活多样

1. 各科检测，形式多样

根据各学科当堂课所讲授的内容，可以采取不同的测评方式，如语文、数学、英语、道法、科学学科：可以背诵、默写、习题等；音乐学科：可以测评知识点背诵、表演唱、背歌词、背唱等（组内互查、大组展示集体评价）；美术学科：可以测评知识点背诵、基本技法测试等；体育学科：可以测评技能展示等。具体地说，如既可以是记住几个公式，也可以是做几道计算题或者是应用题；可以在书上填几个空；可以是口答，也可以是笔试。

2. 惜时如金，提高效率

背诵的内容可以请小组长帮忙检查，互相背诵并且签名；笔试，要有效利用好时间。人人有事做，分分不浪费。用好面批面改的机会，老师可以先批做得好的、快的同学的，然后请他们帮忙去检查中等的同学，提高他们的效率，也增强他们的自信心和自豪感；同时，老师可以有更多的时间去关注一下学困生，帮他们找出错误所在，解决那些不能理解的难点。

3. 借助资源，关注状态

确保测试的仪式感，用好优化大师的倒计时设计，让学生在限定的时间内完成相应的检测任务，使学生们真真切切体会到在检测、真检测的真实状态。

4.及时评改，反馈提升

完成检测后，充分发挥四人小组的作用，以自批自改、互批互改、讨论批改的形式进行。在批改的过程中知道自己结果的对错，并通过讨论找出致错的原因，在小组中改正。这样一方面有利于学生对自己的知识结构进行查缺补漏，把所欠的知识自己补上，另一方面让学生讲清错在哪里，为什么这样错，既有利于培养学生的判断能力，形成良好的学习习惯和学习方法，也能激起学生的学习兴趣。

当堂检测的意义在于对学习经历的评价，检测学习目标是否达成，是学习评价的重要环节，要做到评价与目标的一致性。检测后要做好及时的结果整理，对于出错率较高的、没有达标的共性内容要进行相应的归因分析，再找到相应的策略，及时反馈，从而有效地调整教与学，以促进学习目标的最终达成。

第七章　有效辅导监测

为有效地促进提质增效,要进行专业性的辅导监测。可从以下三个方面入手。

一是加强作业建设,专业地进行作业设计:根据"五项管理"的作业的要求,加强教研、科学设计、有效批改,确保有利于学生学习水平的提升。

二是有效反思补困,尤其是利用好知识巩固课程:由本班教师有针对性地对有需要的学生进行因材施教、个别辅导、早作规划、有序实施、培优补差、全面提质;特别是发挥老师"全员导师"作用,帮助不同层次的学生学足、学好,让每一名学生都能实现每天进步一点点的目标。俗话说,教好每一个孩子、幸福每一个家庭。

三是有效地利用好学业监测,及时地形成辅导成果:建立校本化的辅助系统(这也是名校的"密码"),如《备课组教学研成果:易错易混专项精练》《晨曦——经典诵读汇编》《复习小窍门》等,我们也要打造这样的密码,既锻炼了我们的专业能力,又丰富了教学资源,还提高了再次研究的效率。

第一节　加强作业建设

"弱水三千取一瓢饮",这"一瓢"就很关键,要求就高了。对于作业,我们要思考如何设计高质量的作业,如何占有并超越资料,如何博观而约取、炼出好作业的"金丹"。

作业与备课、上课、辅导、评价构成教学的五个基本环节，是课堂教学的重要组成部分。加强作业建设，要从作业设计、作业布置、作业批改、作业指导等方面着手，以精选、先做、全批、精析为基本原则，系统思考、整合优化。

一、作业设计

（一）优化作业设计

保持作业与教学、评价的一致性，结合学历案编制，整体思考课程标准、学习目标、评价任务、学习过程、作业检测的关联性。设计既要体现课程目标的计划性，又要体现课时目标的针对性，还要体现认知水平的层次性。要关注学生的个体差异、发展需求和学情，体现学习进阶；充分考虑学生心理特点、生理特点、认知特点和承受能力，精心筛选、难易适度、总量控制，减轻学生心理负担。

1.设计原则

（1）坚持育人导向。以学生为本，全面落实立德树人根本任务和国家关于减轻学生过重学业负担的有关规定，遵循教育规律，着眼学生身心健康成长，加强源头治理，切实发挥好作业育人功能。

（2）坚持课标导向。紧扣课程标准与核心素养，以课堂教学目标为基础，精准设计课时作业目标，精心选择作业内容，确保作业内容、类型、难度及要求不超过国家课程标准要求。

（3）坚持目标导向。基于"教—学—评"一致性思想，立足学历案编写，依据课时目标达标情况进行作业设计，保持"课时目标—课堂教学—作业目标"的一致。

2.设计要求

（1）作业设计的目标以达成课程目标为主，并结合学生实际的学习情况

第七章　有效辅导监测

来调整和设计,同时目标设计的维度不仅包括巩固知识和技能,而且指向学生创新实践等关键能力的培养。

（2）作业设计的内容不仅包括学科识记性和理解性的知识以及技能的训练,还包括以能力发展为主的实践类、项目式的活动,与教学内容具有互补性。

（3）作业设计的形式不仅包括计算、阅读分析、写作等书面作业,还包括科学探究、体育锻炼、艺术欣赏、社会与劳动实践等非书面作业。

（4）作业设计的完成过程不必要求学生独立完成,而是关注合作以及教师的过程性指导,并鼓励学生完成具有较长周期的项目或任务。

（5）作业设计的结果运用更强调对课程目标是否达成的诊断作用,并由此来调整和改进教学内容。

3.设计框架

作业设计要从课时目标、作业目标、维度分析、作业类型、作业内容、作业评价等方面考虑。

项目	设计要求
课时目标	课时目标为学历案中的目标设计
作业目标	（1）通过对课时目标过滤、筛选与细化,确定需要强化、巩固和拓展的内容 （2）依据课时目标、学情以及课堂达标情况,确定具体的、针对性的作业目标
维度分析	（1）区分目标属于何种知识维度（事实性知识、概念性知识、程序性知识、元认知知识）,确定应巩固和掌握的知识与技能 （2）分析目标属于何种认知过程维度（记忆、理解、应用、分析、评价、创造）,分清作业训练的思维层次（低阶思维、高阶思维）,确定设计策略,评估设计质量
作业类型	（1）基础性作业为必做作业。立足基础,突出重点和难点,以巩固课堂学习的基本知识、基本技能为主 （2）拓展性作业为选做作业,体现弹性、分层和个性化。由学生根据自己的学习情况自主选择,突出实践性与过程性,创新设计综合性、探究性、跨学科类作业

续表

项目	设计要求
作业内容	（1）从三个层次考虑作业设计内容：一是对所学知识和学科关键能力（核心素养）进行巩固、强化训练或知识点的串联，进而形成知识储备或知识体系；二是对所学知识和学科关键能力（核心素养）进行深化和提高，注重过程与方法的体验和形成，提升学生的思维能力，为后续学习内容做铺垫；三是注重与学生生活、社会实际的联系，发展学生在真实情境中综合运用所学知识发现和提出问题、分析和解决问题的能力 （2）依据课程标准中学业质量标准确定作业难度 （3）根据学生个体差异，突出作业设计的层次性、适应性和可选择性
作业评价	（1）作业内容、形式与作业目标的一致性程度高 （2）使用时间、题型、难度、预设时长等题目属性符合有关规定要求 （3）根据作业内容实际，能够开发评价标准、评分规则或者评语，明确作业实施效果反馈标准 （4）具有较高的信度和效度，设计质量高

（二）丰富作业形式

作业是课后检测的一种方式，其意义在于学习经历的评价与拓展。作业按功能来划分，可分为三类，即检测性作业、巩固性作业和提高性作业。其中检测性作业用来检测学习目标是否达成，是学习评价的重要环节，要做到评价与目标的一致性，检测性作业的每一项任务分别指向学习目标的某部分或某一条；巩固性作业的意义在于形成某学科的概念或形成某学科的技能，需要学生运用所学成果进行知识的精加工，不是简单机械地重复或重现。要注意引导学生不仅学会，而且要反思如何学会，即提高学生的元认知过程；提高性作业往往还需要创设一定的问题情境，有可操作性且数量适度，不一定局限于是学生独立完成的书面作业，也可以是讨论、演讲、展示、答辩等多种形式。这些都是证明学了、教了之后是否学会了、是否会学了的依据。

系统设计符合学生年龄特点和学习规律，体现素质教育导向的基础性作业，探索分层、弹性和个性化作业。结合学科特点，倡导推广适合学生年龄特点的实践性作业和过程性作业。语文、英语等学科布置以提升学习兴趣和阅读能力为主的作业，数学学科布置综合性、探究性为主的作业，体育、音乐、美术等学科布置学生参与体育锻炼、艺术作品欣赏和创作等为主的提升作业，丰富作业类型，压缩作业时间，逐步实现作业形式的多样化和个性化。

二、作业布置

第一，全面建立"基础作业+弹性作业"模式。分层布置作业，关注学生个体差异，增强作业的层次性、适应性和可选择性，满足学生不同需求。实施作业日志、作业单等规范化作业布置形式，探索建立"作业超市"供学生自主选择，鼓励学生自主设计作业。

第二，科学合理布置作业。坚决克服机械、无效作业，杜绝重复性、惩罚性作业。凡是需要学生完成的作业，教师必须先做，以把握作业的难度与完成时间。不得布置机械重复性作业，更不得布置超量作业。切实杜绝以套题代替作业的现象，严禁给家长布置或变相布置作业，严禁用增加作业量的方式惩罚学生。

三、作业批改

第一，完善批改方式。根据不同的作业内容和不同学生的需求采用多样化的批改方式，增强作业批改的针对性和实效性，原则上要求全批全改，及时批改，适当增加面批讲解。不得要求学生自批自改作业，坚决杜绝家长或学生代批作业现象。

第二，规范作业批改。要根据学科作业特点，做到总批与眉批相结合。要深入分析学生作业的过程表现，注意捕捉学生作业中的思维痕迹，了解学生解答作业中思维的水平与质量，研究、归纳学生共性的作业错误，分析致错原因，为作业讲评和学习改进搜集依据。

四、作业指导

第一，加强作业完成指导。学生作业情况，教师要及时反馈、及时讲评。对学生作业中的共性问题要集中讲评，个性问题要面批纠正或予以个别辅导。对作业中存在的错误应要求学生订正，并做好复批工作。

第二，做好答疑辅导。把作业讲评作为促进学生思维发展的一个重要环节。要根据作业错误找到学生思维上的障碍，认真分析学情，然后通过讲评理清思路，克服障碍，让学生经历"感知—体验—经验"的学习历程，从而促进学生思维的发展。

五、假期作业

广义的作业设计不仅包括课堂作业的设计，还应包含寒暑假特色作业的设计。在假期里，为了巩固在校习得的学科素养和能力，需要将各学科的学习习惯、学习内容、学习方法继续坚持下去，自我学习、自我巩固、自我实践，再次实现自我拓展与提升。在《东湖小学学生寒（暑）假生活指南》里，各学科的目标、任务、要求和标准都一览无余，学生们在丰富多彩又趣味盎然的学习活动中感受课余外的学习精彩，享受成长的无限快乐。

（一）语文学科

语文学科主要从以下四方面展开活动：用阅读丰盈心灵、用创意点燃思维、用书写润泽童年、用古诗传承文化。

莎士比亚说过："书籍是全世界最好的营养品，生活里没有书籍就像大地没有阳光；智慧里没有书籍，就像鸟儿没有翅膀。"假期是一个劳逸结合、培养个人兴趣的时间段，是一个放松心情、拓宽视野的时间段。对于孩子来说，一个充实而有意义的假期，阅读必然是其中重要的一部分。每个假期，孩子们都会每天坚持读书，沉浸在书的海洋中。

"纸上得来终觉浅，绝知此事要躬行。"孩子们在诵读之余，有的把自己的假期收获图文并茂地绘制在了拼音小报和识字小报中，展示了缤纷多彩的假期生活；有的用巧手和妙思，以书签、手抄报、思维导图的形式梳理呈现了出来，展现了阅读的无穷魅力。

"字如其人显修为"，字是人的另一张名片，是一个人语文素养、文化素养的一部分。方方正正的汉字凝聚着中华民族的聪明才智，承载着中华民族的文化和文明史，蕴含着中华民族的美好追求和气节。练字不仅仅是把字写对或者把字写好，而是培养学生专心致志和集中注意力的好习惯，并且能陶冶学生们的情操、塑造他们的性格，在一撇一捺中感受祖国的传统文化。老师们用心指导孩子们书写后的每一个字、每一个词、每一首诗。经过指导，一张张纸上呈现出一个个字迹工整、优美流畅的字，犹如串串美好的音符跳跃纸上，和着淡淡的墨香，令人陶醉其中。

"腹有诗书气自华"，古诗文是艺术精品、民族瑰宝，也是中国文化的精髓。诵读古诗文对于提升人的境界、丰富人的内涵、开阔人的胸襟、净化人的灵魂，启迪人的智慧有着极其重要的作用。我们一直以来都十分注重经典诵读方面的培养，假期里，孩子们也是一如既往地坚持背诵经典、古诗文。

一项项充满童趣、精彩纷呈的语文特色活动，减去的是学生课业的负担，拾起的是学生对语文的探索和热爱，也让我们看到了孩子们的无限潜能。

（二）数学学科

结合年级特点设计了各具特色的数学作业：钟表滴滴答、奇妙的动物世界、2023年手工年历、年货小管家、我能长多高、立体的截面等。实践性、探究性、开放性和生活化的有创意的作业设计形式，展开了孩子们创新的翅膀。每一份精美的数学小报，都是孩子们对所学数学知识的理解和运用，更凝结了孩子们无限的想象力和创造力，让孩子们切身体会到了数学好玩，数学有趣。

"讲题小专家"，角色扮演，我是老师。学生当老师，家人是学生。每日讲解，让学生收获多多。学生讲解时，把审题、分析、解答和回顾一一讲述，条理清晰地把自己的思维过程说出来，即"说数学思维"。"每日讲解"，让学生不仅对题目理解得更深入、更透彻，教师还能清楚地了解到学生的学情，随时鼓励学生，发展学生的思维能力。

其他学科的具体内容，请看《作业设计样例展示》。

作业设计样例展示
×××小学学生寒假生活指南（一年级）

亲爱的同学们，快乐的寒假即将开始，"生活指南"会帮我们假期过得更有收获，让我们一起来看看吧！

语文	（1）用阅读丰盈心灵 每天坚持阅读30分钟。（寒假至少读两本，多多益善哦！） 必读：《读读童谣和儿歌》（共四册） 选读：《没头脑和不高兴》《亲爱的笨笨猪》《我们是属鼠班》
	（2）用创意点燃思维 寒假里你一定看了很多新鲜的事物，报纸、广告页、宣传单、包装袋……在这上面你都学会了哪些汉字？快快认一认、剪一剪、贴一贴，制作属于自己的识字剪贴报吧！也可以把优美名言、格言警句等设计成漂亮的书签，让独一无二的个性书签陪伴自己的阅读生活 开学后每位同学上交识字剪贴报和书签各1份
	（3）用书写润泽童年 书写是每个人的名片。练字能够陶冶情操，提高你的鉴赏能力，请你根据老师的要求，寒假期间每天坚持练字，做一名小小书法家吧！开学时上交一份自己最满意的作品参加评选
	（4）用古诗传承文化 同学们，利用寒假的时间，背会《村居（草长莺飞二月天）》《鸟鸣涧》《江上渔者》《七步诗》《鹿柴》《山居秋暝》《杂诗三首（君自故乡来）》《渡汉江（岭外音书断）》《五岁咏花（花开满树红）》《江畔独步寻花（黄四娘家花满蹊）》《论语三则（三人行；子在川上曰；三军可夺帅也）》《悯农（春种一粒粟）》《舟夜书所见（月黑见渔灯）》《咏萤火（雨打灯难灭）》《宿新市徐公店》《喜晴（窗间梅熟落蒂）》吧 根据老师发布的诵读任务，可以在班级群积极上传诵读视频哦，比一比，谁最棒

续表

数学	（1）钟表滴滴答（开学上交绘制的一份钟面图，统一使用A4大小卡纸） ①看一看，画一画。仔细观察你家的钟表，他们长什么样子？请你把它画下来吧 ②想一想，拨一拨。动手拨一拨，看一看钟面发生了什么变化？注意安全哦 ③数一数，读一读。你认识钟表吗？快跟家长说一说，现在几点了	
	（2）讲题小专家（每日大声讲题，训练数学思维） 标准：思路清晰、讲解流畅、仪态大方、列式正确、声音洪亮、书写工整。 要求：利用寒假，将一年级上册课本中的以下题目按标准大声讲出来吧！（达标请打钩。） 题目：①第55页第4题　②第59页第2题　③第60页第7题　④第67页第13题 ⑤第67页第14题　⑥第82页第7题　⑦第86页第2题　⑧第97页第11题 ⑨第99页第2题　⑩第100页第9题　⑪第102页第3题　⑫第104页第8题 （你可以讲给爸爸妈妈听，也可以发给数学老师！如果遇到困难，你可以求助老师哦！）	
体育	亲子健身天天练（每天锻炼40分钟）	
	坐位体前屈	动作要领：双腿伸直，脚跟并拢，脚尖自然分开，然后掌心向下，双臂并拢平伸，上体前屈，两手指匀速前移，直至不能移动为止，复原姿势后连续再做 作业要求：10个人一组，每天至少两组。每组最后一个动作坚持住10秒以上
	跳绳	动作要领：两手握绳，屈肘靠近腰际，前脚掌落地，手腕发力摇动绳。 作业要求：1.可双脚并跳或单脚交替跳。一分钟跳绳，一分钟为一组，每天跳5组。2.建议把每次的结果记录下来
	温馨提示：请家长陪同孩子锻炼，提倡晨练，确保安全。建议家长上传体育作业，督促孩子坚持锻炼，可参照运动项目的健康标准。	

（参考）一年级体育项目评分标准

等级	坐位体前屈（单位：厘米）		1分钟跳绳（单位：次）	
	男	女	男	女
优秀	13.2	16.3	107	113
良好	10.6	13.3	95	97
及格	-0.4	2.3	25	27

续表

音乐	寒假期间学唱学校推荐歌曲，内容详见班级群下发的相关音乐假期美篇。同学们可以为歌曲编创律动或者小舞蹈，并用视频的方式记录下来
美术	（1）以"我又长大一岁了"为主题，画一幅自画像，画出自己和幼儿园的变化之美 （2）利用多种绘画材质，为全家画一幅全家福画册，表现出热爱生活的情感。 （二选一即可）
综合实践	（1）开展"学习党的二十大，奋进新征程"教育活动，争得"向阳章" 要求：一年级小朋友开展队前教育，知道"六知""六会"和"一做"，为入队做好准备。上传学习照片到班级群 （2）开展"我们的节日"主题活动，争得"传承章" 要求：以除夕、春节、元宵为契机，引导青少年细心探寻民族文化，留心感受民族文化，用心传承民族文化，亲身感受春节魅力，过健康浓郁的传统佳节。上传活动照片到班级群 （3）开展"劳动教育促成长"实践活动，争得"劳动章" 要求：一年级小同学们为爸爸妈妈做做家务，打扫卫生，可以洗洗小袜子，做一些力所能及的家务劳动，体会父母的辛劳，感恩父母。上传劳动照片到班级群。 （4）开展"传承红色基因"研学活动，争得"传承章" 要求：枣庄是一座充满红色气息的城市，有着很多红色足迹等着我们去追寻。开启一次红色之旅，聆听一个红色故事，揭开一段红色记忆，用实际行动传承红色基因。上传活动照片到班级群

×××小学学生寒假生活指南（五年级）

亲爱的同学们，快乐的寒假即将开始，"生活指南"会帮我们假期过得更有收获，让我们一起来看看吧！

语文	（1）课外阅读闻书香 假期里让我们徜徉在书的世界里吧！认真阅读中外名著（至少三本，多多益善），每天坚持阅读1小时 推荐书目必读：《西游记》《三国演义》，选读有《装进书包的秘密》《俗世奇人》《假如给我三天光明》 （2）自编图书我最棒 阅读好书，每周做阅读摘抄两篇，摘抄好词佳句，写出感受；自编一本有特色的书（至少10页），图文并茂，可以记录寒假里给你留下深刻印象的人、事、景、物，可以摘抄，还可以创编故事……感兴趣的同学还可以做1~2张思维导图（A4纸）

第七章　有效辅导监测

续表

语文	\(3\)写好汉字展风采 假期练字有计划，书写认真要工整，持之以恒保质量。建议选择新学期教材相对应的字帖，并标注练字日期，也可练习毛笔字；开学时上交一份最满意的作品参加班级评选和学校展评；具体要求听从老师安排 \(4\)温故知新强素养 寒假里背会：《六月二十七日望湖楼醉书》《宿建德江》《饮湖上初晴后雨》《酬乐天扬州初逢席上见赠》《春江花月夜》《登高》《观沧海》（东临碣石）《江城子（十年生死两茫茫）》《念奴娇·赤壁怀古》《沁园春·雪》《鹊桥仙（纤云弄巧）》《虞美人（春花秋月何时了）》《鹧鸪天·桂花》《饮酒二十首（结庐在人境）》《沁园春·长沙》《商山早行》 根据老师发布的诵读任务，可以在班级群积极上传诵读视频哦，比比，谁最棒	
数学	\(1\)我能长多高（开学时上交一份数学手抄报，统一使用A4纸） 同学们，大家在一天天长大，你们知道自己能长多高吗？设计一张手抄调查一下吧！可以从以下几个方面思考： ①影响身高的因素有哪些 ②你的身高与父母的身高有什么关系 ③儿童各年龄段的身高与成年后的身高有什么关系 ④根据影响身高的因素，预测自己将来的身高 \(2\)讲题小专家（每日大声讲题，训练数学思维） 标准：思路清晰、讲解流畅、仪态大方、列式正确、声音洪亮、书写工整。 要求：将五年级上册课本中的以下题目按标准大声讲出来吧！（达标打对钩） 题目：①第11页第9题　②第41页第13题　③第44页第12题　④第62页第4题 ⑤第63页第12题　⑥第72页第9题　⑦第74页第2题　⑧第75页第6题 ⑨第78页第7题　⑩第82页第5题　⑪第96页第11题　⑫第117页第12题 （你可以讲给爸爸妈妈听，也可以发给数学老师！如果遇到困难，你可以求助老师哦！加油！）	
英语	1～4周	\(1\)复习五年级上册课本内容，每天保证15分钟的朗读和背诵 \(2\)学唱两首英文歌曲，可以以视频的形式发给老师或发到班级群里
	5～8周	\(1\)每天保证15分钟的听力预习时间，预习五年级下册的单词和重点对话 \(2\)用英语和画笔，将寒假去过的地方或读过的书展示出来，完成一张手抄报

161

续表

科学	在家长的引导下，设计、制作一件科技作品。作品结构简单、材料好找、加工容易，能够独立完成，突出科学性，以实物的形式呈现，并附操作说明，每人1件。还需要拍摄1张与家长同框的在家里制作作品的图片或1个制作过程的小视频 假期结束后，同学们可以先在班级内介绍分享你研究的课题或者小发明、小制作。每个班级还要推选出3件作品参与学校的评选
道法	从生活与身边的周围寻找一些有价值有意义的小问题进行实地研究。自主选题，以研究报告（A4纸大小）的形式呈现（含图片）。可以1个人在家长的指导下进行研究1个课题，也可以几位同学在老师的指导下一起研究1个课题
体育	亲子健身天天练（每天锻炼1小时）

立定跳远	动作要领：1.预摆：两脚左右开立，与肩同宽，两臂前后摆动，前摆时，两腿伸直，后摆时，屈膝下蹲降重心 2.起跳腾空：两脚快速用力蹬地，两臂由后向前上方摆动，同时向前上方跳起腾空，充分展体 3.落地缓冲：收腹抬腿，小腿往前伸，并屈膝落地缓冲 作业要求：3个为一组，每天做五组
跳绳	动作要领：两手握绳，屈肘靠近腰际，前脚掌落地，手腕发力摇动绳 作业要求：1.可双脚并跳或单脚交替跳。一分钟跳绳，一分钟为一组，每天跳五组；2.建议把每次的结果记录下来

温馨提示：请家长陪同孩子锻炼，提倡晨练，确保安全。建议家长上传以上体育作业，并适当进行400米跑步训练，再督促孩子坚持锻炼，可参照运动项目的健康标准

（参考）五年级体育项目评分标准

等级	立定跳远（单位：厘米）		1分钟跳绳（单位：次）	
	男	女	男	女
优秀	1.89	1.77	138	144
良好	1.70	1.57	126	128
及格	1.46	1.34	56	58

第七章 有效辅导监测

续表

音乐	寒假期间学唱学校推荐歌曲，内容详见班级群下发的相关音乐假期美篇。同学们可以为歌曲编创律动或者小舞蹈，并用视频的方式记录下来
美术	（1）通过上图书馆、网上查询等方法收集自己喜欢的美术作品或画家的生平。制作一张手抄报 作品要求：题目自拟，内容丰富，画面构图饱满 （2）用卡纸或废旧材料制作一张新年贺卡，赠送给亲朋好友，并送上诚挚的祝愿！ （作业二选一即可）
综合实践	（1）开展"学习党的二十大，奋进新征程"教育活动，争得"向阳章" 要求：少先队员关注"全国少工委"微信公众号，坚持做好"红领巾爱学习"和"网上队课"学习任务。开展"红领巾阅读行动"，学习红色精神，传承红色基因。上传学习照片到班级群 （2）开展"我们的节日"主题活动，争得"传承章" 要求：以除夕、春节、元宵节为契机，组织引导广大青少年细心探寻民族文化，留心感受民族文化，用心传承民族文化，亲身感受春节魅力，过健康浓郁的传统佳节。上传活动照片到班级群 （3）开展"我是社区小主人"志愿服务活动，争得"奉献章" 要求：队员们在老师或家长的组织下走进社区，积极参与社区的清洁卫生、绿化美化和文明宣传，开展社区体验活动，用实际行动为枣庄创建全国文明城市做出贡献。上传活动照片到班级群 （4）开展"劳动教育促成长"实践活动，争得"劳动章" 要求：五、六年级队员体验家长的日常生活，打扫家里卫生，清洗家人衣物，负责一日三餐，在家长监护下买菜，独立清洗、制作，让家长品尝幸福的滋味。上传劳动照片到班级群 （5）开展"传承红色基因"研学活动，争得"传承章" 要求：枣庄是一座充满红色气息的城市，有着很多红色足迹等着我们去追寻。开启一次红色之旅，聆听一个红色故事，揭开一段红色记忆，用实际行动传承红色基因。上传活动照片到班级群

第二节　有效反思补困

一、课后反思

（一）学生的反思

学生的学习反思作为课堂教学在课后的延续，是学生学习的重要体现形式，是一种有益的思维活动和再学习的过程，是课堂教学中更重要、更高级的思维，也是用得最多的思维。运用反思过程中形成的知识组块，可以提高学生思维的敏捷性，可以提高学生思维自我评价水平。学生进行学习反思时，可以进一步激发学生进行自主学习，不断地反思，会使学生发现更多的问题，会出现更多的困惑，从而促使学生采用各种方式投入学习。可以说，反思是培养学生思维品质的有效途径。

每天暮省时间，学生要对当天学习的内容及时进行反思，这种反思不需要花费很多时间，但是由于反思及时和具有针对性，却能取得很好的效果。所谓"磨刀不误砍柴工"，就是这个道理。善发现，会学习，懂探索，敢质疑，将在学生参与学习反思后自觉或不自觉地形成。反思环节的实施，是消灭"题海战术"、减负增效、实现素质教育的有效途径，也是有效教学的重要体现。

（二）教师的反思

著名教授叶澜曾指出："一位教师写一辈子教案不一定成为名师，如果一位教师坚持写三年反思有可能成为名师。"一语道破了反思的重要性。日本著名教育学家佐藤学对教师有一个定义：教师是一个反思性的实践家。注意他说的不是实践者，他说的是实践家，实践家肯定是超越实践者的，怎么从实践者走向实践家呢？那就是反思，反思成为我们提升思想的一个重要途径。

1.反思：是会教的老师吗

可以比对《会教的老师与不会教的老师的30条差异》进行个人反思，找出针对性的问题所在，再研究之，实践之，改善之。

序号	会教的老师	不会教的老师
1	能把复杂的教材教简单了	会把简单的知识教复杂了
2	能把难学的知识教容易了	会把很容易的知识教难了
3	自己"悠闲"让学生忙	让学生没事自己忙忙
4	希望听到学生的独立见解	生怕学生的回答跟老师预想的答案不一样
5	不怕学生答错了	生怕学生答错了
6	对学生说："说说你是怎么理解的？"	总是说："谁来回答？"
7	让学生自己读书去发现、总结	把自己的答案端给学生
8	心里始终装着学生	心里只有教案
9	把时间尽量留给学生	喜欢自己滔滔不绝
10	敢于让学生质疑问难	生怕课堂"节外生枝"
11	关注学生的思维方法	只关注学生"掌握了没有"
12	尊重并珍惜学生已有的知识水平	总是觉得学生什么也不懂
13	重视问题的思维价值	追求学生的脱口而出
14	把教后反思当作课堂的延续	教完课就"完事大吉"了
15	引导学生联系课文表达自己的思想	只满足于让学生从课文中找到现成的答案
16	让学生发现、纠正讲授过程中出现的错误	把自己教错的东西悄悄改掉
17	为学生搭建展示的舞台	千方百计让学生配合自己
18	常常装作不懂	喜欢不懂装懂
19	抓重点、抓关键	喜欢面面俱到、主次不分
20	教方法、教习惯	教知识、教答案
21	教出自己的风格	千方百计效仿别人
22	思路清晰、逻辑分明	领着学生转迷魂阵
23	吸收优秀教法的思想精髓，并在课堂上灵活应用	了解优秀教法的皮毛，课堂上照搬人的套路

续表

序号	会教的老师	不会教的老师
24	善于倾听学生的读书、发言，从中寻找教学的良机	瞅着学生读书、发言的空当去忙自己的事情
25	善于发现学生的创造思维，及时点燃思维的火花	只关心学生的回答是否完整
26	期待学生潜心读书后的深度思考	满足于摘取文本的对答如流
27	作业卷子当天批、当天评、当天改	作业与卷子做完就没事了，对错却不知道
28	课堂上关注后进生，课下个别辅导	只满足于大课堂讲，谁会谁不会心里完全没底
29	引领学生学知识，重视学生书写、表达等习惯养成	只管学生的答案对与不对
30	根据学习水平分类布置作业，让学生都能量力完成	作业布置一刀切

2.反思：是优质的课堂吗

希尔伯特·迈尔提出优质课堂教学的"十项特征"是：清晰的课堂教学结构、高比例的有效学习时间、促进学习的课堂气氛、清晰明确的教学内容、创建意义的师生交流、多样化的教学方法、促进个体发展、"巧妙"地安排练习、对学习成果有明确的期望、完备的课堂教学环境。

二、课后服务

课后服务作为学校教育教学活动的延伸，有助于落实全面育人的任务。有了课后服务，能更好地为学生们提供多种途径的学习、兴趣、拓展活动，可以提供大量的兴趣班、社团，让学生发挥特长、自由选择。除了这些社团服务课程之外，还有知识巩固课程，有了这些课程，可以从标准化的人才培养走向个性化的、差异化的人才培养，从传统的有教无类走向真正的因材施教。

第七章　有效辅导监测

课后服务有四方面工作要做。第一，要指导学生认真完成好作业。第二，对学习有困难的学生进行帮扶指导答疑。"这是个别的答疑辅导，不是集体性地、整体性补课，而是有针对性地帮扶，帮助他们达到国家规定的学业质量标准要求。"第三，为学有余力的学生提供拓展的空间，充分利用学校的实验室、科技馆等进行自主探究活动。第四，开展丰富多彩的文体活动、阅读活动、社会实践、劳动实践、兴趣小组、社团活动等，帮助学生提高综合素质、全面发展。

后进生是影响学校教学质量的重要因素，教师绝不要放弃每一位学生，这些学生只是在某个学科的学习中碰到了困难，这可以通过课后服务，由学科老师进行作业辅导，帮助解决问题，不仅要帮助他们解决学习上的疑难问题，而且更要帮助他们解决思想问题。可以采取如下有效的措施：

（1）建立后进生成长档案，教导处也要存有各班学困生名单，随时和教师保持联系，加强检查指导，了解学困生的情况，和教师一起想办法进行转化，对转化成效大的教师予以鼓励，通过建立制度，使后进生转化工作走上制度化、规范化的轨道。

（2）任课教师必须对任课班中的后进学生做到心中有底，教学时要分层次教学，课后作业的布置上也要区别对待。

（3）教师需要利用课余时间对后进学生进行个别辅导。

（4）任课教师要坚持日常转化，每天利用课余时间，与后进生进行谈话、补习，鼓励他们克服心理障碍，在课堂上教师对差生要多启发诱导，多提问，多检查他们的课堂作业，对他们取得的每一点进步都要及时进行鼓励，让他们找回自尊和自信，树立起奋发向上的动力。最后一名差生进步了，整体质量就自然会水涨船高了。

（5）任课教师要相互合作交流，想办法不让学生出现偏科现象。

（6）开展"一帮一、共进步"结对子活动，让班级内好的学生进行一对一帮助，提高后进生的学业成绩。

（7）调动家长的积极性，号召和家长一起每日检查孩子的作业，帮助孩子弄懂学习内容，耐心做孩子思想工作，提高孩子的学业成绩。

三、全员育人

所谓全员育人，指全学科教师帮扶全部的"后进生"，以实现全员学生整体素养的不断提升。具体做法是每个班级的班主任和助理老师分别认领本班级本学科5名学困生，持续跟踪这5名学生的全面发展，包括日常的学习习惯、上课状态、作业管理、学业质量、活动能力、心理建设等各方面都要关注、关爱、指导、帮扶，通过交流、谈心、观察、批评、鼓励等多种不同方式深入到学生的学习、生活、心理活动中去，真正树立这些孩子的自信心，激起他们的进取心，以期获得一天进步一点点的成功与喜悦。无论是人员上，还是时间上，如此浩大的、持久的、日复一日的帮扶工程终将迎来学生的高光时刻。

第三节 有效学业监测

为了做到对学生学情的及时了解，以便教师及时调整教与学的方式方法，可以实行"单元清"的学业质量检测制度，既保证了学生学业质量的循序渐进，也是对老师教学质量检查的手段。每次检测后最重要的是进行系统的质量分析，任课老师要讲究试卷评讲的艺术，试卷讲评应有针对性，不能平均用力；引导学生对单元易错题型进行收集整理，每周安排错题过关训练；老师要建立学生学习过程中易错题型题库，方便单元或期末复习时更有针对性，提高复习效果。

每次检测后要分层召开教学质量分析会，对测评结果及时进行多层次、多方面的剖析、总结。教导处、教师个人都要从现象、归因、对策等方面进行具体分析，真正认识到自己的不足，采取有效地提高措施：或加强听课，现场指导；或组织交流，共寻妙计；或成立微信群，共同分享；或寻找试卷，提供方便。另外，教导处还要组织老师们总结提高学业质量的办法，集结打印成《复习小窍门》《小组合作学习》等小册子，再要求学生形成错题集，反复训练，攻克难关，这些都是提高学业质量的锦囊妙计。

每次检测后学校要对相关的薄弱学科、薄弱教师等进行重点分析与指导，加强"五薄"（薄弱年级、薄弱班级、薄弱学科、薄弱教师、薄弱环节）的教学整改提高。还有，再通过优秀教师的经验分享、薄弱教师的自我剖析、结对帮扶的跟进指导等多种方式，有效提高单元教学的学业质量。

另外，为了从检测中发现问题，剖析学生素养达成情况，再有针对性地改进教学和学习策略，进一步全面提升学科核心素养，可以进行相关的"以考促教"的实践研究（参看：第九章《有效经验分享》的第二节《核心素养导向下的"以评促学""以考促教"评价体系实践研究》）。

还有，学生的学业质量监测不仅指测试情况，还包含形成学科素养的诸多方面，如学习习惯、诵读与阅读、思维与训练等。为有效推进学校教学质量的提升，还需要对这些内容进行及时总结，分享形成有价值的校本资源，如《备课组教学研成果：易错易混专项精练》《晨曦经典诵读汇编》等。

第八章　有效线上教学

第一节　加强学生考勤

要进行高质高效的线上教学，首先得保证学生能按时上课、按时完成作业、按时参加活动。由于受线上教学模式的限制，在学生管理方面还有一定的短板和不足，有的学生自觉性差，存在挂号逃课、外出不归、上课迟到等现象，同时也存在着较多安全隐患。为进一步加强线上教学学生管理，确保线上教学成效，对学生考勤工作可从以下几方面入手。

一、按时考勤

建立网课考勤制度，明确班主任与任课教师的具体责任，每节课都要考勤。可以发挥授课平台的技术优势，减少机械劳动和授课教师的管理负担。除履行请假手续的学生外，要确保全员参与。

二、干部巡察

巡课干部要将学生出勤情况纳入巡察内容，着重加强对艺术、体育、科学、劳动等课程的监管，不得让学生自由活动。要建立通报制度，对存在无故缺课的班级要进行追查和通报。

三、及时跟踪

要加强对缺课学生的追踪，任课教师要加强与班主任的沟通，及时将出勤情况反馈给班主任，班主任要第一时间与无故缺课学生监护人取得联系，落实缺课原因。对于不同原因找出相应的解决策略，或对学生进行相关教育，或和家长共同进行引导，或增加有效的激励措施，以期将问题彻底解决。

四、加强管理

要加强课间管理，提醒学生尽量减少外出，不到人多的地方去，不聚集，不扎堆，不在小区、街道闲逛。课余时间严禁学生进网吧、游戏厅等场所。

五、多样奖惩

建立相应的奖惩制度，班主任对线上教学出勤率高、课堂表现好的学生给予表彰；对多次缺课且屡教不改的，要给予批评教育并要求监护人加强监管。学生出勤和表现情况要记入学生成长记录袋。学校也将进行不定期督导，对缺课学生多的班级进行通报。

第二节 有效教学探究

要实现线上教学的有效性,还得重点关注晨诵、课前、课上及课后每个环节的目标是否实现、是否达标,是否实现它的价值和意义,唯有此,才能确保线上教学的成效。

一、晨诵的有效性

(1)提前一天晚上布置好晨读内容并发到班级群,让学生提前做好准备,明确诵读目标。

(2)提前10~15分钟候课。早到的同学先行背诵,也方便老师个别检查。

(3)诵读方式多样化,既要关注全体,又要关注个体,做到朗读指导与检查背诵相结合。

(4)学生到位,视频连线。会议模式更有助于老师们看到每一位学生,也能让学生之间相互看到,形成良性竞争。

二、课前的有效性

(一)候课

明确要求,做足教学资源、心理建设等方面的准备。

(1)课前出示"温馨提示"(课前准备、上课要求),提醒学生做好课前准备,重点强调的地方用红色标注,特别醒目,便于学生直抓要点。同时,要随机提醒学生居家也要做好个人防护,体现对学生的真诚关怀。学生爱上你的人,才会爱上你的课。例如,温馨提示:亲爱的同学们上午好!请拿好语文课本、练习本、钢笔、红笔等学习用品,端正坐在屏幕前。提醒:上课期间打开摄像头，不能随意下位！你，准备好了吗？再如，晨诵要求：端正坐姿，声音洪亮，注意力集中；朗读课文要正确、流利，即不错字、不添字、不落字；背诵的内容要正确、流利。

（2）及时签到，了解学生到课情况。有的老师组织三签到（课前、课中、课后），并通过随机点名、连麦回答问题等方式进行抽查，提高到课率。

（3）设计有价值的内容和方式，可检查背诵的知识点、考点；可播放和授课内容相关的视频或音频资源（音乐、体育课等）；可欣赏学生作品或本课要学习的作品（美术课等）。

（4）"上课、同学们好、请坐"，这样满满的仪式感，学生自然而然立马进入上课状态。

（二）作业反馈

要全面且有针对性，并且体现指导的时效性。

学新课之前，语文、数学老师均要进行前一日的作业反馈，以光荣榜的形式表扬作业中书写认真、完成较好、进步明显的同学。角度不同，评价全面，善于捕捉不同学生的闪光点，并对出现的错误和问题，尤其是共性问题，以图片的形式直观呈现出来并细致讲解，真正让学生不仅知其然还要知其所以然，把错题真正弄明白，争取不二错。

不过需要注意的是，由于每节课的线上教学时间有限，所以每天反馈作业的时间不要太长，节省时间在教学上。名单呈现可提前出现在班级群，课上让学生快速浏览，抓重点表扬几个，不要挨个读一遍。

（三）默写词语

默写后及时对照。对的自我加分，错的在老师指导下激活学生的发散思维和想象力，尽量运用巧妙的办法记住，且永不二错，同时再立即订正，课下再整理在"错题本"上，以此真正夯实基础知识，有效提高教学质量。

三、课上的有效性

（1）课件中要呈现学习目标，课件和课堂教学都要体现"教学评一致性"。有相应的学习任务和评价标准，并且让评价真正落地，让评价得星或记分记在课题旁边等相应位置，让评价看得见，让学习有奔头。

（2）布置学习任务后，一定不能一问一答把课文从头至尾讲完了，一定先让学生进行朗读、观察、思考、分析；然后让学生汇报、展示，对的予以肯定和强调，错的再结合视频资源或老师讲解进行重点指导；接着及时进行学法小结，课上一定要有不仅授之以鱼，更要授之以渔的教育理念；最后再学以致用，将学到的方法进行拓展运用，通过举一反三地运用形成相应的能力。贯彻落实好"学练用"教学理念的学习才是学生参与的真学习，才是能实现学生学会的有效学习。

（3）课上绝不能"一言堂"，绝不能满堂问、满堂灌、满堂看，绝不能让学生当"看客"、当"听客"，绝不能被课件左右。一定要与学生积极地互动，一定要通过分批、分小组的连线给更多同学参与、展示的机会；一定要让学生多种感官参与学习活动，读一读、画一画、想一想、说一说、评一评、演一演、辩一辩；一定根据学习目标的需要有选择地使用"平台资源"或修改课件。不能把上课变成"看课"，一节课都在如看电影般看"平台资源"是不可取的。有的老师在走课件、走视频资源，不能让资源和课件很好地为学习目标所用；抛出任务，未让学生去读、去思、去汇报，就直接呈现结果、给出答案。如此，学生只看、只听、不读、不思、不说、不练，怎么能形成学科素养？

（4）借助"e积分PK教学法"激活思维、激活课堂。教学越来越难，难在你讲了许多遍，学生就是学不会，其实就是不学；老师讲得嗓子冒烟，学生就是脑子一动不动。但是有了e积分，就可以"见招拆招""随机应变"。

首先，把眼睛从"盯短板"变成"定长板"，把大脑从"鸡蛋里挑骨头"改成"沙里淘金、寻钻石"的频道，我们面前所有的学生就都成了令我们喜欢的天使。

其次，小组合作给了学生责任和约束，学生自己可以不学习，但为了不给"伙计们"扣分，拼命完成所有作业。

另外，把所有的学习任务一一明码"标分"，学生有了明确的努力方向和目标，学习也就有了劲头。我们和学生、家长交流也就有了具体的内容，可以让他们清清楚楚学生的现状和努力方向。配以不断提升的"进阶"制度，大部分学生不进步都难。个人积极性调动起来，别忘记还有PK。个人、小组、战区，PK的对象和内容随时变换，想让学生学什么就让学生PK什么，想让谁学就让谁PK。学生成了学习的主体，高效课堂让我们自己都有满满的成就感。

（5）要还课程的本来面目，也就是什么课就要像什么课。语文课不读、数学课不练、英语课不说、音乐课不唱、美术课不画、体育课不跳，那还像这些课吗？上完课，课文不会读，数学题不会做，英语不会说，歌曲不会唱，作品不会画，动作不会做，那还像这些课吗？

（6）课上环境的有效性。良好的上课环境也是决定课上是否有效的关键一环。一是网络原因导致的黑屏、卡顿不要出现，提前要做好调试，万一出现，要做好预案，及时调整到位，可联系网络供应商上门检查网络，联系电脑公司检查电脑，也可以到学校进行上课；二是学生刷屏、不文明聊天的现象要加强关注、引导、教育和跟踪；三是要关注学生的学习状态，特别是大班课的老师，是否清楚学生们在电脑前做什么，学到多少、学会多少？所以，老师要多互动、多检查、多反馈，尽可能地全面了解孩子的学习掌握程度，同时还需要班主任的协同管理指导。

四、课后的有效性

（1）作业：认真批改，重点反馈。老师们最辛苦劳累的就是这方面的工作了，因为线上的作业批改完全不同于线下的批改。学生多、字又小、借助屏幕来批改又极不方便，远没有改学生纸质作业那么顺手、那么高效。常常是盯得头晕眼花，改得腰酸背痛。学生没有按时交的，一遍遍不厌其烦地再催、再改、再反馈，每天忙到深更半夜。所以，一定要让辛苦的付出见到成效，要分类别反馈，要有方法指导，要确保不二错。

（2）学生：及时跟踪，关注全体。有些学科间听课人数差距太大，需要班主任和各任课老师共同管理、跟踪，尤其是不上线上课的本班级学科任课教师，更要随堂听课，务必高度重视每名学生是否在线上听课，是否在学、真学、学会。

（3）教师：积极引导，因材施教。针对上网课时举手频率不高、作业不按时上交、不按时上课的同学，线下打电话询问其原因，从亦师亦友的角度对其耐心地鼓励，多举手、多发言、按时上课、认真学习，赢得家长和学生的信任，换回学生点滴的成长与进步。

（4）教研：每日必做，形成常规。各学科、各教研组积极开展教研活动，每天一教研，反思交流是否关注"教学评一致性"，研讨学习目标、评价任务和学习活动，分享当天上课的优秀经验，发现问题及时进行出谋划策并进行相应整改。

相信人人都做到了课前、课上、课后的有效性，就一定能保证线上教学的质量。

五、样例分析

（一）《松鼠》

下面以听到的五年级上册《松鼠》一课为例，说说如何实现学习的有效性。

（1）候课：观看有关松鼠的科普视频，既激发了兴趣，又拓展了知识面。但是，看后不能白看，可以让学生谈感受，说收获，一定要互动起来，每一个环节要实现它的价值和意义。

（2）课前准备环节：呈现需要学生做的两方面的准备。老师带着学生又熟悉了一下内容，那到底学生准备了吗？准备到什么程度？有多少达成要求？要检查和呈现，有必要让学生呈现出来，把学生的笔记、收集的资料等放在摄像头前展示，既是一个检查，也是一个引导。

（3）导入环节：出示作者布封简介的时候，完全可以让学生去默读，看

第八章　有效线上教学

看能抓住哪些关键信息，然后试着让学生说说，这一课作者是谁，他的著作有什么……也就是读完得让学生记住点儿东西，不然出示简介，老师按课件读一遍有什么意义？

（4）初读环节：检查学生认识生字词时，直接出示"杈、薛、锥"字的相关图片，告诉学生这是什么，领着学生看一遍，有什么收获和价值？学生看完一遍就记住了吗？如果出示三个字后让学生说说谁能用什么方法记住它？说完之后，好的肯定、鼓励，说不到的，再进行方法指导，可以用借助图片、想象画面、联系生活实际、加一加等方法巧妙识记。在认识形近字时，也是领着学生各组一词，再读一遍，有什么意义？尤其是五年级的学生了，更不需要这么领着读一遍。每个环节都要让学生学有所得、学有所获。应该让学生去读、去组词，当学生说不对、不会组词时，再引导区别这些形近字的不同之处，再指导用什么方法巧妙地记住它，并且知其然知其所以然。

（二）《习作7》

下面以听到的五年级上册《习作7》一课为例，说说如何实现学习的有效性。

（1）重难点的环节，务必让学生真正去学、真正在学、真正学会、真正学透。品读说明方法时，目的不仅是知道用的哪些说明方法，更重要的是要明白用什么说明方法，怎样把事物特点说清楚、说明白的，并且学会运用说明方法进行说明事物，这才是学习说明方法的意义所在。在《习作7》的教学中，只是出示课件读读句子，说说用的是什么说明方法，这仅是知识的灌输。在引导找出描写相关事物特点的句子后，如果让学生读读、想想后再说说用什么说明方法写出了什么特点，通过用与不用说明方法的两段话的对比，认识这样写有什么好处，进行相应的语言文字的训练……让学生去思考、比较、分析，更有利于学生真正学会、真正学懂、真正会用。

（2）善于及时总结，才有可能实现学以致用。引导学生学会方法比告诉他答案、知识更重要。让学生说每个自然段写松鼠各方面的什么特点，老师再自顾自地又逐段说一遍答案，学生学会什么了？他说对了吗？说不对的，他知道哪里说得不对吗？知道怎么改吗？没有针对性地点评与指导，那是教与学吗？没有根据学生的汇报及时捕捉学生会与不会的信息，视而不见，听而不闻，不及时研判调整教与学，怎么能让学生真正学会呢？老师应及时点评，对的肯定，错的指出来，用巧妙的方法引导学生学会并及时改正，接着再总结方法，让孩子学这一段会所有的段，学这一篇会所有的篇，这才是我们教学的目的所在，我们指导的价值所在。

  在分析题目、拟订题目的环节，根据表格让学生去发现，有自己看出是什么事物的，有的是新奇有趣的，有的是介绍制作使用方法的，到此也就为止了。那学生知道怎么去拟定一个有趣、新颖、合适的题目了吗？未必。最关键的地方，老师又忽视了应及时进行一个总结，你想写什么，想写什么事物，这个事物属于哪一种方式，你可以用什么样的题目，学会针对不同类型拟定不同题目的方法，如此一来，才是真正的审题、定题。同样，在通过不同题目的对比、不同例文的赏析后，要总结出想写什么如何定题，用哪种说明方式和思路去说明事物，用哪些说明方法说明白事物的哪些特点。只有对方法了然于胸，才能谈得上学以致用。

  通过比较《百科全书》中对于松鼠描写的句子和文中句子，学生认识到各有各的好处，那最后老师还得及时总结，为什么百科全书用这种方式，而文中却用另外一种方式？表达方式换下行不行？要让学生认识到百科全书的形式就得用什么方式去写，而这篇文章和百科全书有何不同，用什么样的语言风格去写。最终让学生认识到不同文体要用不同的语言风格。老师的教学不能仅仅局限在知识的传授上，不仅仅是教孩子点儿东西，更重要的是让他学会方法、学会运用，这样才有可能形成相应的语文素养，一定要有这样的思维和意识。

  （3）从学生如何去写、哪儿难写的角度组织教学会更有效，老师一定要在该出手时再出手、该出手时必出手。习作教学时，一定要从学生角度进行教学设计，在学生习作困难处施以援手，才会更有利于提高学生的习作水平。比如，要关注如何选题，如何拟题，从哪几方面来写，如何列提纲，用什么说明方法怎么把事物特点说明白等。如果说得不够具体、生动、有趣，再次借助本单元中的课文进行有针对性的指导。如此设计，以学生为本，基于学生的现有水平发现问题，指导改进，才能使学生真正有所收获，真正会写，真正写好。

　　课上就有一名学生，他想写的事物是过桥米线，收集的资料却是一个米线的传说故事，这个传说故事和制作过桥米线关系不大。到底何去何从，用什么样的题目好？根据题目如何筛选材料，写哪方面的内容合适？老师就得给学生指点迷津。针对过桥米线是如何制作的，是一种程序式说明文；如果从另一个角度来写，过桥米线是什么样子的，什么颜色、味道，有什么样的传说，反而是一篇不同风格的说明文。但是，老师未对学生进行引导和总结，只是告诉他，你如果收集一下如何制作米线更好了，学生还是稀里糊涂。因此，教师一定要让学生在他不太清楚的地方给一针见血地指出来，再进行强有力的、有效的指导，让他真正醍醐灌顶、恍然大悟。

第三节　有效复习指导

一、试卷讲评如何见成效

五年级单元检测试卷讲评

　　（1）不要老师自说自话，要让学生真正明白错在哪里，怎么改正，如何不二错。例如，读拼音写词语一题，老师讲评时，先出示答案，逐个字进行一遍强调，自顾自地认为要怎么样不要怎么样，如"梳理"的"梳"字，是木字旁的，右边是流水的"流"的一半，千万别忘了右上部分的"点"，不要写成"亡"了。说完，又匆匆忙忙地强调下一个字了。这样的讲评，我们要反思：说完一遍学生就能记住，就能不二错了吗？显然不是，这样的题目如何才能做到有效、高效地处理。首先要让学生看看出错的是哪些字，如果老师没改，也可以出示答案后，让学生对一对，哪些出错了；然后再聚焦出错的字，引导学生开动脑筋，发散思维，比一比谁能用巧妙的方法记住这些字，永远不二错。比如，"梳"这个字，就可以让学生想象成：用木梳子梳头更科学健康，梳头后再别一朵小头花就更漂亮了，那个"点"就是小头花，如此一来，画面感非常强，学生一想到这个字，就能记起梳头后的这朵"小头花"，怎么还能写错呢？老师再进行学法小结，或编故事，或编顺口溜，或创编情境，或借用形近字等给学生以方法引领。最后再让学生记录在错题本上，隔一定时间再拿出来复习巩固，这样的话既做到了复习的高效，又夯实了基础知识。

（2）拓展资源，形成完整的知识结构，再及时渗透"学、练、用"的教学思想，学生能真正学懂、学透、学会。例如，在选用合适的关联词把两句话合成一句话的习题讲解时，有位老师是这么处理的：查找资料、拓展资源，引导学生观看视频片段《关联词语》，时间不长，内容却非常丰富，涵盖了关联词语有哪八种类型，每一种表示什么意思，又有哪些相对应的关联词，运用这些又有什么好处，再通过举的例子进一步解释这类型的关联词如何使用等信息。看过之后，使学生形成了对关联词语的完整的知识结构，对关联词的认识、理解、体悟会更加具体、清晰、透彻。然后再让学生读题目，说题意，明关系，选词语，使学生真正知其然，又知其所以然。所以，在讲解类似的习题时，不要一味地给出答案，而是要引导学生审题、分析题意、知其脉络、理清思路、指导做法、提出要求，再出示答案，让学生真正明白如何去做题，如何做才不会失分，才是最好的，这样的习题讲解才是有效的。另外，适时总结方法后再进行相应的拓展练习，及时检测学生是否学以致用、举一反三，这样既体现了"学练用"的教学思想，又将实现学习效益的最大化。

（3）及时学法小结，才有可能形成学生能力。讲解试题或习题，都要考虑如何让学生学有所得，复习课一样可以获得新知，习得方法。如何审题、如何做题、如何分析错题、如何巧妙指导，都要及时进行总结，真正让学生永不"二错"，形成学生更加完整、透彻的认识才是最重要的。

二、复习建议

（1）复习完一轮后，可以进行分类复习，如语文的形近字、多音字、按课文内容填空、照样子写句子等，从而形成每种题型的完整的知识结构和做题技巧，也便于拓展积累和举一反三。

（2）关注后进生，了解他们对各类知识的掌握程度，便于开展有针对性的指导与复习。

（3）要明确讲评试卷的目的是发现有哪些学生、在哪些题目上出现什么样的错误，分析出错的原因是什么，找到解决问题的办法，再思考如何将这题改对、如何使这类问题永远不再出错，及时总结做这一类题的方法、步骤及有关注意事项，最后再学以致用，拓展同一类型的题目，检测学生是否真正学会，是否不再出错。

（4）注意对复习的节奏和时间的把控，学会巧妙利用时间完成预定的任务，真正提高复习的效率。比如，语文的默写，一般的老师会提默之后，收上来，课下到办公室再改，改完再找时间发下去，让学生改错。一来二去用的时间长不说，"放羊式"的改错有多少学生会认真改错？又有多少学生能知道怎么记住，永不二错？所以，要思考如何提高复习成效。默写之后出示正确答案，让同位互相交换，对照答案进行批改，学生会改得相当认真，再反馈出错的字词，共同发散思维，试着用巧妙的顺口溜、想象情境等办法记住正确的字，且永不二错，如此一来，不就节省了时间，提高了正确率了吗。

第四节 做好线上线下有效衔接

做好线上线下教学的有效衔接，是恢复和维护正常教学秩序、确保教育教学质量的重要环节。为此，学校提前谋划、精心准备，研究制定特殊时期的教学工作实施方案，提前完成教学设备测试，调整教学任务，确保线上线下教学顺利衔接。

一、诊断动态学情，厘清衔接起点

一开学，各年级进行"诊断性"单元检测，批阅、分析反馈，对线上知识学习和能力的盲点、弱点和易错点进行系统分析，结合"空中课堂"遇到的困难、知识点的疏漏以及线上教学难以突破的瓶颈等问题进行系统地梳理。随后组织学科大教研活动，针对检测中反映出的问题，集体讨论，群策群力，共同寻求解决问题的方法，提高衔接的高度和精准度。

二、转换教学策略，设计教学活动

读准学情后，不主张对线上教学的内容从头重讲。为避免教学内容的重复，依托"空中课堂"教学进度对线下教学内容和目标重新定位，教学计划重新梳理，集体研究每份教案，注重教学活动中评价任务的设计，让评价促进学习的真实发生，让学习更加兴致盎然。

三、课时案例分享，打造润泽课堂

为进一步促进教师细心深入地研讨"新常态"的教学，解决当下教学设计中的困惑，教导处分学科进行"润泽课堂"之教学课时案例分享活动。通过交流碰撞，解决了在实际操作中关于课时设计的种种问题，为以后的教学打下良好的基础。

四、师徒互相结对，培训促其成长

实施青蓝工程，采用一对一、一对多的助推模式，手把手帮扶，为新上岗教师尽快适应学校教学提供助力。学期初，召开新教师培训会，从不同角度进行师德师风、教学业务等方面的培训；针对新教师提出的困惑和问题，现场答疑并做指导提出建议，对新教师进行精准培训，增强他们的上岗信心。

五、实行推门听课，听评促进提升

学校实行"推门听课"制度，教导处分好听课小组，采取提前不通知授课人、不通知授课班的方式，随机推门听课。领导班子也随机进入课堂听常态课，课后及时对课堂教学情况进行剖析与评价，发掘优点，指出不足，达到共同助力、尽快提高的目的。

线上教学需要我们迅速掌握新的教学手段，从走向线上，再回归课堂，师生需要不断地自我调节才能适应新的环境和任务。唯有此，才会心有所定，志有所立，劳有所获，学有所进！

第九章　有效经验分享

第一节　构建"12345"模式，助力"空中课堂"高效运行

疫情防控期间"停课不停教、不停学、不停研"组织实施案例

庚子新年，一场突如其来的新冠肺炎疫情，扰乱了整个假期生活。受疫情影响，全国各地学校都延期开学，广大师生不能按计划如期返校，在这个加长版的寒假中，东湖小学在文化教育集团的高度重视和坚强领导下，按照教育部和省市教育行政部门的部署，制定了疫情防控期间保障"空中课堂"高效运行的"12345"实施方案，实现了"停课不停教""停课不停学""停课不停研"。

一、"1"——一个主题："停课不停教""停课不停学""停课不停研"

疫情就是命令，防控就是责任。习近平总书记提出："要把人民群众生命安全和身体健康放在第一位，坚决遏制疫情蔓延势头"，学生的生命安全

和健康成长是学校的首要工作。根据市区统一要求，学校延期开学，自2月10日起，组织学生观看"空中课堂"，在这个特殊的假期里，做到"停课不停教""停课不停学"。

为保证学习效果，2月6日，学校制定了《疫情防控期间组织开展"空中课堂"的实施方案》，对教学平台的使用、课时课程的安排、课程实施的注意事项等都提出了具体可操作的要求。第一时间下发《致家长的一封信》《枣庄市空中课堂问答》，把"空中课堂"相关的观看方式、要求都给家长和学生以明确的建议和指导。

指导各个年级组制定了《"停课不停学，成长相陪伴"的延期开学学习指南》，作为孩子们居家学习的方向标。每天都对"空中课堂"教学情况进行监控、记录并上报区教体局。另外，学科组、年级组教师利用网络平台进行线上教研活动，"停课不停教""停课不停研"，隔空不隔情，时刻准备着。

通过一系列的举措，真正促进了"停课不停教、停课不停学、停课不停研"活动的有效落地，真正将疫情对教育教学、对学生的健康成长和学业发展影响降到了最低。

二、"2"——两个关注：医务人员子女、建档立卡贫困户

为贯彻落实省市关于对新冠肺炎疫情防控一线医务人员关心关爱的有关要求，切实解决他们在子女教育方面的后顾之忧，根据市教育局和区教体局"空中课堂"开展的最新要求，我们对"医务人员子女、建档立卡贫困户的学生们"给予了"特别的爱"。制定《东湖小学做好疫情防控一线医务人员子女关爱工作实施方案》《建档立卡贫困户学生"空中课堂"观看情况记录表》，摸排出5名医务人员子女和4名建档立卡贫困户的学生的名单，再分别对这些"特殊"学生的学习生活、心理疏导等方面进行指导和帮助。

（一）学校层面

以班级为单位线上开展"致敬最美逆行者，争做小小追梦人"为主题的

活动，号召同学们向"最美逆行者"致以崇高的敬意，学习他们给无数病人生的希望与战胜病魔勇气的大爱精神。调查贫困户学生能否正常收看"空中课堂"，并解决他们的实际问题，开学后再安排骨干老师给予人文关怀，提供心理疏导，促进孩子们健康、快乐地成长。

（二）班主任工作层面

（1）每天通过微信、班级群等多种方式，及时了解孩子观看空中课堂的情况，关心生活困难和心理困惑，做到心中有数。

（2）帮助孩子消除因冠状病毒感染肺炎产生的恐惧心理，养成良好的卫生习惯，依靠科学防范，维护孩子的身心健康。

（3）给予更多的学习和生活指导和督促，做好心理呵护。

（4）主动对孩子指导孩子科学安排学习时间，把在家的空闲时间有效利用起来，养成良好的自学习惯，培养高雅情趣，适当锻炼，养成良好的生活习惯。

（三）任课教师层面

孩子如需要提供课业指导、辅导，要及时答疑解惑，确保这些孩子"停课不停学"的学习效果。

三、"3"——三个环节：课前准备、课中收看、课后习惯

"空中课堂"的授课方式不同于在校的班级教学，没有了学生思维的碰撞，没有了师生的现场互动，学习的效果也会大打折扣。为了尽可能地取得学习的效果，特对学生学习的三个阶段提出了三个环节的具体要求。

课前：及时完成老师布置的预习任务，在练习本上记下自己预习时的困惑；准备好练习本、笔等学习用品。

课中：根据《学生作息时间表》安排，准时观看"空中课堂"，认真听讲，做好笔记，尤其是试着解决预习中发现的问题。严格按照平时上课要

求，无特殊原因上课期间不要中断观看视频。对于上课时讲课老师布置的随堂练习要认真完成。

课后：按时、认真完成家庭作业，随时关注群内老师的反馈指导，及时订正。因为习惯比聪明更重要，所以要科学安排学习时间，把在家的空闲时间有效利用起来，养成良好的自学习惯；张弛有度，学习之余，培养高雅情趣，做一些力所能及的家务，注意养成良好的生活习惯。居家线上教学需要学生自主管理、独立思考，这既能够锻炼学生自律自觉的品格，又能挖掘学生提出问题、思考问题的能力，更是一种创新精神的培养。所以，还要培养良好的自律的品格和质疑的能力。

四、"4"——四个层面：班主任、任课教师、学生、家长

在疫情防控期间开展中小学"空中课堂"教育教学工作，是针对当前疫情防控特殊时期采取的特殊措施，所有人员务必提高"停课不停教""停课不停学"的意识，高度重视，严格落实；同时要各司其职，各负其责，恪尽职守，认真负责。为此，从班主任、任课教师、学生、家长四个层面提出了具体要求。

（一）班主任

（1）自方案下发之日起，要通过电话、微信等"家校联系平台"，将网络教学相关事宜告知每一个学生及家长。

（2）要重视学生的心理辅导和健康指导，帮助学生消除恐惧心理，依靠科学防范，维护学生的身心健康。

（3）要主动加强家校联系。指导家长树立"延时开学不等于延时学习"的理念，为孩子营造良好的学习环境，督促有效完成学习任务。

（二）任课教师

（1）提前发给学生电子书，引导学生有效预习。提前研读教材，制定教

学计划，梳理知识要点，为指导学生做好准备。

（2）课前：布置预习作业。教师首先应及时了解第二天的授课内容以便向学生布置预习任务。

（3）课中：和学生一起按时听课，做好记录，为课后的检查练习、有选择性地布置家庭作业、答疑解惑做好准备。

（4）课后：如果网络课上没布置作业，可布置适量作业。对于学生的提问、主动上交的作业等要进行讲解、讲评、答疑解惑。对于进步较大的学生采取评价激励措施，以巩固学生学习的积极性。

（5）在线答疑：是线上教学的质量保障，也是学生在线上教学的基础上提升能力、发展思维的重要途径。

（三）学生层面

按照本节第三部分"三个环节"中课前、课中、课后的要求去做。

（四）家长层面

每位家长要充分认识到"网络课堂"的开始就意味着新学期课堂教学的开始。为确保学生用好"网络课堂"，需做好下面的配合工作。

（1）课前：为学生创设一个安静舒适的学习环境，督促学生完成预习和复习工作，按课程表提醒学生准时观看"空中课堂"。

（2）课中：由于平时课堂授课，不同于单向接受式的"网络课堂"，再加上孩子们自我接受能力、自我约束能力等方面的不同，为保证更好的学习效果，建议有陪伴条件的家长一起陪同学习。

（3）课后：及时将作业告知学生，将学生作业可自愿发给老师，孩子不懂的地方可帮助请教老师予以答疑解惑。

五、"5"——"五润"并举：润德、润智、润健、润行、润美

我校以培养"爱责相携，乐学阳光，博才有长"的东湖学子为最终育人目标，东湖小学的孩子们人人都愿争做"五润"少年，疫情防控期间也不例外。

（一）润德篇

习近平总书记说，"雷锋精神是永恒的，是社会主义核心价值观的生动体现"。东湖小学作为枣庄市雷锋学校，在"3.5学雷锋纪念日"来临之际，更掀起了学雷锋热潮，开展了"学雷锋，致先锋"主题系列活动。

俗话说"谣言止于智者"，在疫情防控的紧要关头，我们号召学生一方面要保持理性态度，密切关注政府发布的正规信息；同时要培养独立辨析真伪的能力，不要成为谣言制造与传播链条上的任何一环；再与家人一起通过电视、网络等多种途径了解病毒传染方式，制作有关病毒传播和预防的小漫画，为战胜疫情尽自己的一份力量。

（二）润智篇

停课不停学，"空中课堂"会助我们一臂之力。在家要坚持自主学习，为新学期做好准备。

（1）预习新课；

（2）每天坚持诵读；

（3）每天静心练字；

（4）每天阅读课外书目；

（5）看名剧看电影。

提出要求的同时送出了温馨提示：观看视频时，严格控制使用时间，每次不超过20分钟，每日不超过80分钟，坚持一天两次眼保健操。

（三）润美篇

"我手画我心"，学习之余拿出画笔，将一线抗击疫情的白衣天使们，警察叔叔们和社区工作者的阿姨们的感人事迹，用图画和文字的形式来表达对他们的感激和崇敬之情，画出我们心中的祝福和感动！

（四）润健篇

84岁的钟南山院士告诉我们"体育锻炼"真的很重要！同学们可以做些有意义的事情，可以进行踢毽子、深蹲、呼啦圈等活动。锻炼时要根据个人情况，选择适合的时间和次数，先做好准备活动，不要过度疲劳。

（五）润行篇

俗话说得好：良好的习惯是人一生的财富。同学们在家期间也要注意自己的行为，养成良好的文明礼仪、学习习惯、生活习惯、劳动习惯。

停课不停学，成长不延期，相信有大家的守望相助，共克时艰，一定会迎来疫情的最终胜利，一定会迎来教育的春暖花开！

（本文发表在2020年4月8日的《语言文字报》）

第二节 核心素养导向下的"以评促学""以考促教"评价体系实践研究

一、背景分析

（一）国家政策背景

全国教育大会强调：坚决克服唯分数、唯升学、唯文凭、唯论文、唯帽子的顽瘴痼疾，从根本上解决教育评价指挥棒问题。

近年来，随着国家高考评价体系、教学研究工作改进以及考试命题改革等政策的持续发布，表明了国家层面对评价改革的高度重视。特别是2020年中共中央、国务院《深化新时代教育评价改革总体方案》中提出的"改进结果评价、强化过程评价、探索增值评价、健全综合评价"的"四个评价"方针，为评价改革指明了方向。

（二）教育实践背景

新课程改革要求"改革课程评价过分强调甄别和选拔功能，发挥评价促进学生发展、教师提高和改进教学实践的功能"，倡导用内在的评价促进教师和学生长期发展。

2022年在"双减""五项管理"等新要求背景下，课改的内容、形式、方法正向纵深发展，中高考"指挥棒"也向课改方向倾斜，课标、教材、考试互相匹配，注重实现教、学、考的一致性。很长一段时间，课改让老师更新了教育观念，但也产生了一些课堂乱象：有的追求课堂热闹、花里胡哨，有的教学评脱离，有的是虚假学习、浅表学习，有的则是碎片式、无结构的状态。课堂教学的现状需要借助评价来有效推动真实学习、深度学习的发生。

考试是课程评价的一种重要方式，但并不是学生学业评价的全部。当前，我们的中小学考试评价虽然从理论上倡导发展性、形成性、过程性评价，但是由于放不下中考和高考的包袱，"穿新鞋走老路"的现象依然比较普遍。要关注学生学业，关注每名学生各个方面的掌握和发展情况，防止考试评价中以点带面、以偏概全情况的发生；要满足学生需求，增强学生自信，帮助学生认识自己的长处和不足，建立"我可以学好"和"我能学得更好"的信心；要通过衡量增加的价值来看学生的进步幅度，注重学生素养的纵向增值发展。

（三）学校课改实践

作者所在东湖小学从2016年建校至今，学校各学科组建课改团队，组织"教学评一致性"的教学设计与课堂实施、大单元教学的探究实践等方面专题教研活动。

学校采取"请进来、走出去"的方式，与专家面对面，研究、领会、学习崔允漷、张斌等专家有关"教学评一致性"的相关研究报告，并积极组织课改团队践行基于课程标准的教学设计，积极实践探索"教学评一致性"的课堂教学。2020年9月与2021年4月先后承办了两次枣庄市"新课堂达标"现场会。

2022年，作为枣庄市首批"真实性学习"项目研究校，以诊断性评价量表、Steam项目式学习为依托，通过真实性诊断，为学生素养画像，为核心素养画像，不断构建真实性教学模式、创设真实性情境、实现真实性学习、实施真实性评价、解决真实性问题。

二、"以评促学""以考促教"评价体系构建

素养可测可评，实施素养导向的教学才是真正的有效教学。东湖小学基于多年教学评价探索实践经验，建构核心素养导向下的"以评促学""以考促教"的双轨评价体系，是同时关注贯穿于教学过程全程的过程性评价和终结性评价。

该评价体系是基于对课程标准的理解，结合对学情和教材的分析，以学

习目标为起点对课堂关键表现和阶段性测试等数据进行研究，实现教与学的及时改进；制定评估标准，设计评价量表，形成教学评一体化的教育的良性生态，最终指向核心素养的达成。

核心素养主要是指真实情境下的问题解决能力，通俗一些，就是能做事。在课堂上和阶段性检测中如何达成学生的素养呢？笔者研究团队进行了以评促学、以考促教的相关研究。

（一）建构评价体系的理论基础

1.建构主义理论

学习是主动意义建构的过程，学生发现新旧知识经验的联系与作用，并形成、完善自己的认知结构。学习既是新知识融入已有的认知结构，也是原有的知识经验因新知识的融入而在调整或改组中产生新的知识结构。

2.多元智力理论

教育心理学家霍华德·加德纳认为，智力是多元的，且各种智力以相对独立的形式存在。人的智力至少可以分为以下八个范畴：语言智力、音乐智力、逻辑数学智力、空间智力、身体运动智力、内省智力、人际关系智力、自然智力。

（二）过程性评价和终结性评价合力诊断学生素养达成

无论是"以评促学"还是"以考促教"的评价形式，其核心还是基于课程标准的评价，出发点和落脚点是学生核心素养的达成。"以评促学"的评是基于课程标准、教材和学情的理解与分析，精准制定学习目标，设计与之相匹配的评价任务，通过"教学评一致性"的课堂教学的实施，实现学习目标，达成核心素养。"以考促教"的考同样是基于课程标准的考，考查学生素养的达成，同时考后的分析更是基于课程标准进行的素养达成度的分析。

（三）双轨评价体系的具体实施

"以评促学"的课堂教学评价发生于课堂，评价的主体为教师和学生，其本质是基于课程标准的教学设计的课堂实施。教师基于对学生学习目标达成情况的预设，设计评价任务和评价标准，通过一做、二收、三反馈、四调整的活动过程，对比评价标准通过自评、师评、互评等多种评价方式带动学生进入真学习状态。教师不断收集学习信息，即证明学生是否学会的证据，及时分析与研判，进而调整教学策略，以便学习目标的最终达成，这既实现了以评促学、以评促教、以评达效的"教学评一致性"，又充分体现评价的指导性和科学性原则。

"以考促教"的过程性评价是基于新课程标准设计评价量表，充分分析评价样题，进而得出每名学生在每项核心素养方面的得分数据，绘制学生素养画像，再根据全班学生在各素养的达成情况，绘制本班核心素养画像。在此基础之上，分析现象、查找原因、调整策略、重构设计，再次指导、跟踪改进，再通过多次有计划的训练，有针对性地数据比对，直至每名学生的素养都相应得到提升。

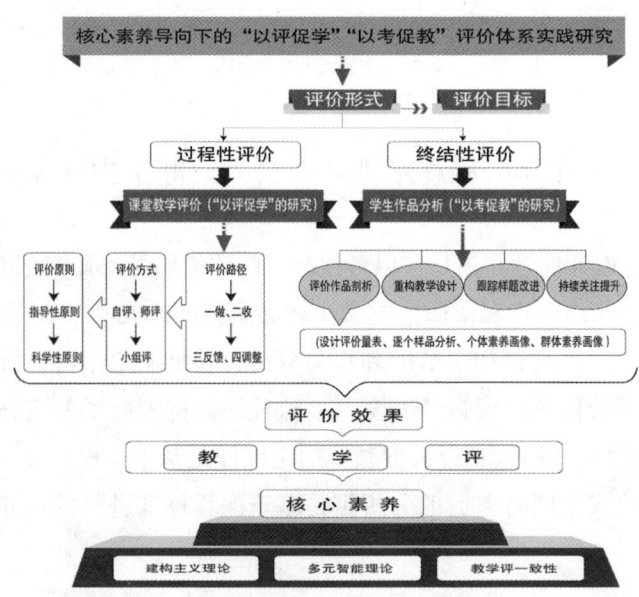

图9-1 核心素养导向下的"以评促学""以考促教"的评价体系一览图

三、具体实施

（一）"以评促学"的课堂教学评价

课堂是一个动态的"四连环运动进程"：一做、二收、三反馈、四调整，这一连环进程既是学生学习的历程，也是教师教的历程。下面就以数学学科五年级下册《平行四边形的面积》一课为例，谈谈在课堂学习活动中如何将评价镶嵌全程，来实现"以评促学、以评促教、以评达效"的。

活动一：平行四边形转化成学过的图形

环节1：出示平行四边形图片，引导学生说说能快速计算它的面积吗？把一部分剪下来贴上去就成了一个长方形，利用剪拼把这个图形转化成长方形，就很容易知道它的面积了。

环节2：呈现学习任务与评价标准。

学习任务一：剪剪、拼拼、说说，你是怎样把平行四边形转化成学过的图形的。

评价标准（最高）：方法合理。+3分　　讲解有根有据，条理清晰。+2分

环节3：学生明确学习任务和评价标准。学生在小组内根据学习任务与评价标准相互交流互学，形成小组统一意见。

以上环节1～3都属于"一做"：教师解释评价任务与评价标准，学生读懂任务，然后根据标准去执行任务。学生根据评价任务剪、拼平行四边形，形成对数学的好奇心与想象力，主动参与探究活动，发展创新意识，逐步养成会用数学的眼光观察现实世界。

环节4：学生在小组交流时教师巡视，收集评价信息，及时对个别小组点对点指导。

环节4是"二收"：教师通过收集以上的信息，研判学习信息后，发现学生们能把平行四边形剪拼成长方形，并讲解自己剪拼的过程，但对于"沿着高"剪还不能准确概括。

环节5：教师组织学生汇报交流，根据评价标准互评、质疑、补充。

预设：我沿着平行四边形的一条线将它分成了这样两个图形，然后将右

边的三角形平移到左边，重新拼成了一个长方形。(生边说边贴)

预设：平行四边形剪下2个三角形拼成长方形再和这个长方形一起也是长方形。

质疑：这条线是随便剪的吗？

预设：不是。是平行四边形的高。都是沿着高剪的。

环节5是"三反馈"：组织学生汇报交流，在生生互动、师生互动的过程中，将收集的共性的学习信息再反馈并指导给全体学生，学生也在互评互学中收集、反馈评价信息。

环节6：质疑为什么沿着高剪呢？创设真实情境分析研讨。

评价：将平行四边形转化长方形，方法合理，分析全面，讲解清晰，值得大家学习。

教师总结：沿着任意一条高都能把平行四边形转化成长方形。

环节6是"四调整"：根据收集的学习信息，将进一步引导学生深入思考，沿着任意一条高都能把平行四边形转化成长方形。引导学生真实的情境中（动手操作、观察等活动）思考、说理（长方形特征四个角都是直角，沿着高剪拼成的即长方形）。

活动二：推导平行四边形的面积公式

环节1：呈现学习任务二与评价标准。

学习任务二：

（1）回忆剪拼的过程，指着转化后的长方形，说说转化后的图形与原平行四边形之间的关系。

（2）概括平行四边形的面积公式。

评价标准（最高）：讲解有根有据，条理清晰。+3分。公式正确。+2分。

环节2：学生明确学习任务和评价标准。（此环节属于"一做"）

环节3：学生根据评价任务，独立完成。教师巡视收集评价信息，发现个别组把平行四边形转化为长方形，平行四边形的面积与长方形面积不变。没认识到的进行点对点指导。

环节3是"二收"：教师巡视收集评价信息，如果学生仅仅发现面积不变，而没有发现平行四边形的底与长方形的长，平行四边形的高与长方形的宽之间的关系，教师要调整教，请同桌互相观察剪拼的过程，或再次对照黑板张贴转化过程，引导学生直观发现转变前后之间的关系。根据评价标准，学生之间互讲，再学，最大限度地证明每位学生达标。

环节4：分别指学生在实物展台演示。

预设：我们把平行四边形转化为长方形，发现平行四边形的底=长方形的长，平行四边形的高=长方形的宽，转化前后平行四边形的面积没变，所以平行四边形的面积=底×高。

质疑：长方形面积是邻边乘邻边，平行四边形面积是不是邻边乘邻边？

小结：原平行四边形转化为长方形后面积没有改变，即长方形面积就是原平行四边形的面积；转化后长方形的长等于原平行四边形的底，转化后长方形的宽等于原平行四边形的高。平行四边形的面积=底×高（讲解有根有据，清晰条理就是最高标准）。

环节4包含"三反馈"和"四调整"。反馈是指如果收集到的评价信息，证明学生不知道为什么平行四边形的面积≠底×邻边，就要进行教师调整教和学生调整学。教师调整教：演示平行四边形拉伸展示的过程，直观验证：平行四边形面积不是邻边乘积，而是底×高。

环节5：同桌根据评价标准：思考平行四边形面积转化的过程，进行抽象概括、总结提升。

小结：刚才大家在剪拼的时候，都把平行四边形变成长方形，这种方法是一种很重要的数学思想方法——转化。通过转化，我们可以找到新旧知识之间的联系，从而解决新问题。相信大家在今后的学习中会不断运用这种方法。

活动二中学生在质疑中观察、思考、交流，经历数学再发现的过程，发展质疑问难的批判性思维，形成实事求是的科学态度，初步养成讲道理、有条理的思维品质，会用数学的思维思考现实世界。学生通过发现"平行四边形面积与长方形面积"之间的关系，在组内、班内清晰条理交流"平行四边形面积公式"推导的过程，逐步养成用数学语言表达交流习惯，会用数学语言表达现实世界。（核心素养）

活动三：解决实际问题

出示检测题（1）：下面图形的面积能计算出来吗？检测题（2）：计算平行四边形车位的面积。一个平行四边形的停车位，底是2.5米，高是5米。这个停车位的占地面积是多少平方米？

采取个别学生班内讲解展示、同位互说、小组长检查、教师检查的评价方式，以关注到全班学生是否达标。

综上所述："教—学—评一致性"的课堂实施主要采用板块式教学，每个板块的教学活动主要分四个环节实施：一做，即呈现学习任务与评价标准，学生做与目标相匹配的评价任务；二收，教师收集学习信息，与目标进行比对，研判学生参与学习是否达到相应的评价标准，并及时对个别小组进行点对点的指导；三反馈，组织学生汇报交流，在生生互动、师生互动的过程中，将收集的共性的学习信息再反馈并指导给全体学生，学生也在互评互学中收集、反馈评价信息；四调整，根据反馈中再次收集的评价信息，引导学生深入思考，教师调整教，学生调整学，并在此过程中再次收集学习信息，从而证明学生达成学习目标。

学生完成评价任务的过程，需要教师的组织、指导、观察，而只有学生"生产"了评价信息，教师才能收集与研判评价信息，组织学生分享与交流评价信息，进而对评价信息进行处理。"教—学—评一致性"的课堂上，目标始终在场，评价"镶嵌"全程，用证据分析、改进、达成"教了—学了—学会了"。

（二）"以考促教"的过程性评价

为评价学生习作素养达成情况，借助阶段性检测开展习作素养质量分析、调整习作教学的相关研究，实现了以评促学、以评促教、以评达效、以考促教的目标，主要通过以下四步实施。

一是制表。以课程标准核心素养为基础，先确定不同的评价要素，如将习作素养设定审题、立意、具体、结构、语句、语气、卷面等不同维度，再根据不同维度的表现描述给予相应等级划分。

二是绘图。具体分析每名学生习作素养达成情况，绘制学生素养画像。再从各个习作素养评价维度全面分析全班学生的表现情况，绘制班级素养画像。

三是调整。根据学生们存在的共性问题，分析现象、查找原因、调整策略，重构设计、明确评价任务、内容和评价标准，跟踪样题改进。

第九章　有效经验分享

四是达标。通过改进后的案例，再次比对、查验习作素养提升情况，见证学习目标的达成。同时，再多次借助教材上的"习作训练"，或者联系生活实际多次练写小片段（扩写、仿写、改写）、积累习作（生活）素材等方法不断促进学生习作素养各项评价维度的逐步达标，进而促进每名学生习作素养的不断提升。

下面就以语文学科五年级下册习作《假文盲》为例，解读研究步骤和结果。

样例：同学们，漫画往往意味深长，能引发我们的思考。请仔细观察上面的这幅漫画，借助标题和简单的文字提示，联系生活中的人或事，思考漫画的含义，写一写你从漫画中获得的启示（28分）

要求：漫画内容和获得的启示要叙述清楚，语句要通顺。能联系生活实际去写自己的启示。

1.制表——确定要素，制定量表，根据样本逐项赋分

依据新课程标准的要求，结合学生要达成的核心素养，确定不同的评价要素，制定出本次习作的七个维度（审题、立意、具体、结构、语句、语气、卷面）的评价量表。对本次习作要素编码，对学生编号，运用分项评分法对习作能力的各个方面进行具体描述和分值规定，对文章的各个写作能力要素单独赋分，根据反馈信息认清问题，实施策略改进提高。通过建立学生习作档案表，实现了学生个体习作素养的可视化。

表9-1 学生的习作评价量表

五年级考场作文《假文盲》评价量表　　学生编号：04				
要素编码	评价要点	等级	表现描述	作品等级
5XZ01	审题	4	紧扣漫画和启示，联系生活实际，描写具体，叙述清楚	4
		3	紧扣漫画和启示，联系生活实际，叙述清楚	
		2	描写人物、叙述启示不充分，侧重叙事等	
		1	不符合题意	
5XZ02	立意	4	中心突出，材料互相关联，见解独到、深刻，联系生活	3
		3	中心明确，启示叙述清楚，联系生活，至少有一处较深刻	
		2	中心基本明确，启示叙述较清楚	
		1	中心不明确，启示空洞、不深刻	
5XZ03	具体	4	描写漫画生动，内容具体，注意人物动作、神态、心理，令人印象深刻	3
		3	描写漫画具体，注意人物描写手法，个别人物较突出	
		2	漫画内容不够具体，内容较简单	
		1	漫画内容不具体，内容空泛	
5XZ04	结构	4	结构完整，条理清晰，段落连贯，详略得当	3
		3	题目精练，开头吸引读者，结尾有力，注意过渡	
		2	结构基本完整，分段不够恰当，详略不够分明	
		1	条理不清楚，不成篇	
5XZ05	语气	4	符合文体特点，语气贴合漫画主题，讽刺幽默，吸引读者	4
		3	语气贴合漫画特点，有讽刺意味	
		2	语气平淡，平铺直叙，不太适合讽刺特点	
		1	语气缺少讽刺特点，无漫画文体特征	
5XZ06	语句	4	语句生动、通顺，句式灵活，善于运用修辞手法，文句有意蕴	2
		3	语句通顺，能用完整的句子表达自己的意思	
		2	语句基本通顺，句子的表达不完整，有语病，有错别字	
		1	语句不通顺，不完整，病句多，错别字多	

第九章 有效经验分享

续表

要素编码	评价要点	等级	表现描述	作品等级
5XZ07	版面	4	书写规范、美观，卷面整洁	2
		3	书写规范，卷面整洁	
		2	书写工整，少量涂改	
		1	书写不够工整，涂改较多	

五年级考场作文《假文盲》评价量表　　学生编号：04

备注：4分为出色等级；3分以上为熟练等级；2分以上为合格等级；1分以上为入门等级。

2.绘图——描述表现，绘制画像，全面分析素养达成

第一，样本分析。例如，案例中04号习作中，5项要素达到了"熟练"以上等级，2项要素达到了"出色"等级，总评21分，待增长7分。

表9-2　学生表现性作品评价图

学生表现性作品	表现评价
04号李依格 假文盲 今天，我看到一幅漫画，虽然内容极为简单，却极具讽刺性。 画中，一个板子上写着大大的五个字：母子上车处。后面却排了好多又高又壮的男士。他们仪容整洁，看上去文质彬彬，能不识字吗？而一旁，又有一个瘦弱的女子，眼巴巴地望着那四个男士，手里还搂着一个哇哇大哭的孩子，想去站，又不想。 他们真的不识字吗？我想，不是的。他们可能是为了自己而不关心他人，连最基本的文明都忘记了。	习作开篇抓住漫画极具讽刺性的特点；下文漫画描写和启示叙述紧扣特点，充满讽刺意味。达到"审题"水平4：紧扣漫画和启示，联系生活实际，描写具体，叙述清楚。 习作题目"假文盲"，漫画男士的假，踩踏草地人的假，描写较清楚，中心较明确。但对"假文盲"的描写，特别是男士的眼神、踩踏人的神情与心理描写，不够集中和突出。达到"立意"水平3：中心明确，启示叙述清楚，联系生活，较深刻。 对漫画中女人的描写较精彩，描写了男士的壮实光鲜，但未突出眼神斜视的"假"。达到"具体"的水平3：描写漫画具体，注意人物描写手法，个别人物较突出。

· 201 ·

续表

学生表现性作品	表现评价
生活中没有这样的例子吗？公园里，一片又一片的草地碧绿无比，一旁还竖着一些牌子，上面写着："禁止踩草""禁止在上面奔跑""爱护花草"等。可是，就有一些人，为了自己，在上面踩、走，根本无视牌子，或是装作看不见。<u>他们不是看不见，也不是不认识，就是为了自己的想法而破坏规则。</u>如果人人都这样，那么社会就没有了文明，就会乱糟糟一片。 所以，我们应该从自身做起，从小事做起，遵守规则，讲文明。不能让美好的家园变成<u>乱糟糟一片</u>。	习作开头、过渡精彩，结尾有重复。达到"结构"水平3，题目精练、开关吸引读者，结尾有力，注意过渡。 习作承接"讽刺性"，标语、男士的壮实光鲜、女子的瘦弱无助，形成鲜明对比。虽然缺乏幽默意味，但基本达到"语气"水平4，语气贴合漫画主题，讽刺幽默，吸引读者。 习作多处重复，个别地方表达不清楚。介于"语句"水平3和2之间。 习作书写工整，少量涂改。达到"版面"水平2。

第二，绘制该学生的习作素养雷达图，形成每名学生的习作素养分析。

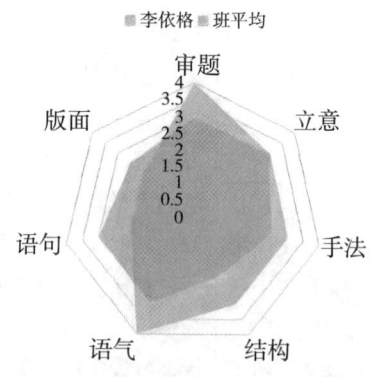

图9-2 学生习作素养雷达图

第三，整理图表，为群体画像，进行素养各维度全班学生的达成分析。

为更精确地了解、分析、掌握全体学生的习作情况，选择样本50人，具体分析每个习作维度上存在的共性问题及数据，然后统整进行整体性分析，便于后期有针对性地重点反馈和指导，再通过增值评价，真正提升学生习作素养。

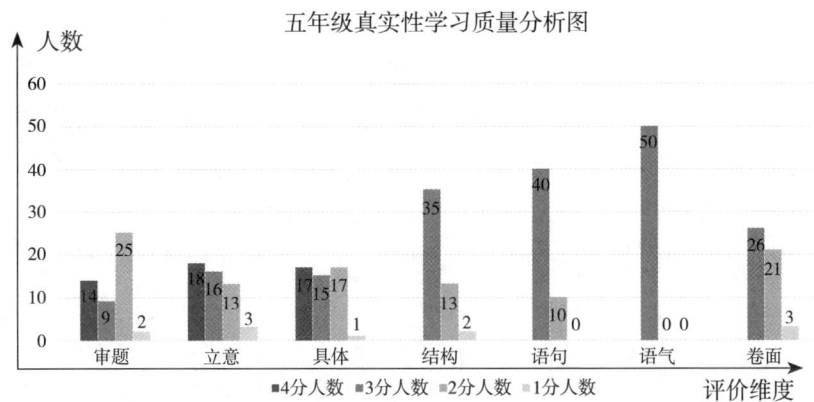

图9-3 五年级学生真实性学习质量分析图

从审题维度，研究团队看到约50%的学生审题不够准确，仅28%的学生审题得到4分。在作文内容呈现上主要体现在叙述启示上不够明确、具体，更多的学生仅在作文结尾处一带而过，流于表面。

从立意维度，36%的学生能做到中心突出，读懂漫画内容以及漫画要表达的深层意义，能围绕"假文盲"这一漫画中心，将材料联系生活，见解独到。部分学生选材不太恰当，不能联系生活实际，表述不够准确。

从具体维度，约34%的学生描写漫画生动，能抓住细节描写，令人印象深刻。但仍有36%的学生在漫画内容的描写上存在较大的问题，主要集中于两大方面：一是对于漫画内容的描写以及抒发的议论过多，缺少联系生活实际去叙述启示，部分学生列举的生活事例不够具体，过于单一化；二是在描写漫画内容时，缺少对人物的动作、神态、语言的描写，不能灵活使用人物描写方法去刻画人物形象，学生习作中更多侧重于叙事。

从结构维度，70%的学生结构清晰、明确，详略得当。30%的学生结构布局不合理，对于漫画内容描写或议论笔墨过多，整体呈现"头重脚轻"重叙事、轻启示的现象。

从语气维度，100%的学生都能看懂漫画内容以及表达的讽刺意味，习作中学生也表达了自己对"假文盲"的谴责以及对于文明的呼唤。

从语句维度，80%的学生语句生动，20%的学生作文语句通顺，但在表达上语言比较平铺直叙，缺少生动的描写。

从卷面维度，52%的学生书写美观、工整，无涂改，42%的学生卷面有少量涂改。个别学生书写过于潦草，卷面不整洁。

整体分析：本次习作审题上出现较严重的问题：一是不能够认真读清读懂习作要求，漫画内容和获得的启示要叙述清楚，语句要通顺；能联系生活实际去写自己的启示；二是在内容的叙写上，结构上布局不合理，存在重"漫画内容的叙事"轻"联系生活写启示"，作文结构布局整体呈现"头重脚轻"；三是习作内容上的人物描写，缺少对人物的动作、神态、语言的描写，不能灵活使用人物描写方法去刻画人物形象。

3.调整——根据分析，重构教学，反思调整教学策略

发现习作问题（共性、个性）有针对性地重构教学设计，进行指导反馈，因材施教，对症下药。

《假文盲》作后指导设计

【核心目标】 通过自主观察，小组交流，学会有序观察，借助标题和简单的文字提示读懂漫画内容，体会漫画的启示；能联系生活实际中的人或事，写出漫画的启示，表达自己的想法或感受。

【具体目标】

（1）通过有序观察漫画，借助漫画的标题或文字提示写清楚漫画的内容以及可笑之处。

（2）通过联系生活中的人或事，列举事例，把漫画的启示写清楚。

【学习过程】

学习任务一：有序观察，发现可笑之处

本节课我们将再次聚焦漫画大师华君武创作的这幅漫画，学习如何有序表达，写好细节。（出示《假文盲》）（明确学习目标）

（1）审图文，弄清画面内容，感知有什么（人、景、物）

讨论漫画内容（两个读：读图画、读文字）

第九章　有效经验分享

> 漫画标题：假文盲
> 文盲是指不识字并且不会写字的成年人。
> 假文盲是指明明识字却装作不识字。

> 一个妇女抱着孩子正在看着站在"母子上车处"的那些人。

> 图中人物衣着为冬季穿戴，可见天气寒冷。

> 提示牌上的文字写着此处为"母子上车处"。

> 四个男人站成一排准备在"母子上车处"上车。

图9-4　观察漫画 读懂图意

①读图画：整体入手，观察漫画，借助标题和简单的文字提示，说一说漫画内容。

②读文字：见漫画标注内容，局部观察。聚焦人物，初步感悟形象。

漫画上有哪些人？对比观察人物衣着、神态、动作是怎样的？

（预设：通过观察，不难发现图中共有六个人：四个人高马大的男子、一个疲惫的妈妈以及一个婴儿。从四名男子身穿棉服，手全部插进口袋以及大部分人头戴棉帽可以推测出，当时天气异常寒冷）。

（2）审重点，弄懂画面意思，感悟"假"

①展开联想，拓展画面。

面对母子，那几个男性角色是什么态度？这位母亲又是什么表情？她会说些什么？内心可能在想些什么？把故事情节、过程展开联想写具体，从所读懂的内容、画面、背后的故事想开去，漫画就变得有血有肉。（板书：展开联想）

方法总结：抓住人物的动作、神态、外貌、语言，展开丰富的想象，写清故事的情节。

②捕捉"可笑之处"。

预设：牌子上明明写着"母子上车处"，可是四个男人却假装不识字。漫画往往蕴含着讽刺意味，揭示社会某种现象，你觉得漫画中有什么可笑之处呢？

预设："母子上车处"却站着四个大男人，他们是母亲吗？是母亲怀里的娃娃吗？

教师适时点拨：抓住这对母子形体上的弱小、眼神中的不解与无助等进行观察，辨析"可笑之处"；从人物的外貌、衣着、动作、神情中发现"可笑之处"。

③交流体会，感悟"假"。

你们觉得排队的这四个男人是什么样的人？尝试使用一两个词语概括。

从衣冠整洁、一副知识分子的面孔中，看出是"假文盲"；从双手插入衣兜等举动，或紧闭双眼或木然直视前方等神态中，看出这些人"乐于"充当"假文盲"。

学习任务二：联系生活，获得漫画启示

（1）联系生活，列举事例。现实生活中有没有这样的"假文盲"呢？你能不能举几个例子来谈谈自己的想法？（小组合作交流、分享。）

评价标准：

①事例与漫画启示联系紧密。（+1分）

②选取事例详略得当，抓住一处印象深刻详写。（+1分）

③语句通顺，语序合理。（+1分）

④语言生动有趣，表达讽刺语气。（+1分）

⑤说出从中得到的启示。（+1分）

预设：草坪上写着"禁止踩踏"，依然有人假装看不见；餐馆里明明有"禁止吸烟"的标识，但依旧有人吞云吐雾；图书馆墙壁上明明有"保持安静"的标语，依然有人大声喧哗……

（2）交流分享，评价修改。

（3）升华主题，结尾点题。

"教—学—评一致性"的课堂上，目标始终在场，评价"镶嵌"全程，用证据分析、改进、达成"教了—学了—学会了"。通过再次比对、查验习作素养提升情况，见证学习目标的达成情况。

根据教师指导后，学生再次进行习作，通过反馈发现习作整体水平提升较大,在"审题、立意、具体、结构、语气、语句、版面"七个维度上都有较大提升。45号原文在0项要素达到"熟练"以上等级,0项要素达到"出色"等级,总评7分,待增长21分。修改后7项要素达到"熟练"以上等级,1项要素达到"出色"等级,总评分22,待增长6分。共提升15分。

通过习作案例的研究,老师们深深体会到,以量表为依托进行精细评价,对每名学生习作作品评价,进行现象、要素和数据的剖析,通过分析样本—找到问题—指导修改—对比提升,指导学生切实提升习作素养。

四、成效与反思

(一)成效

通过一系列无缝衔接又殊途同归的课改探索,我们提高了教师的教学教研能力,提升了学生的综合素养,激活了现有课堂,实现了有效教学。

1.实现了"教—学—评一致性",提高了课堂教学的有效性

新课标指出,课堂教学评价是过程性评价的主渠道。教师科学选择评价方式,合理使用评价工具,妥善运用评价语言,注重鼓励学生,激发学生的学习积极性。核心素养导向下的"以评促学""以考促教"评价体系正是基于这样的认识构建的,并在教学实施中贯穿整个学习过程,促进核心素养的真正达成。

在课堂教学方面,借助《课堂教学评价量表》(表9-3),从师生两个角度对课堂质量进行监督,通过一做、二收、三调整、四反馈,引发学生真正参与到习作及评改提升的全活动过程。根据评价任务执行相应的习作要求,根据评价标准和素养达成的维度进行自评、互评、师评等多种形式的评价,在教师收集到相应学习信息后调整教与学的过程中学会如何写清、写细图意,如何联系生活实际写实、写活启示,从而引发学生的深度思考并促进真实性学习的发生,实现学生的学习增值,提高课堂教学的有效性。

在以评促学、以考促教的研究过程中,成就了我们学校充满"掌声、笑

声、质疑声和辩论声"的"四声"活力课堂。因为学生学有目标，便会对照目标和评价标准进行自觉评价，在东湖小学的课堂便会自然而然生成掌声、笑声、质疑声、辩论声，实现了在学习、真学习、学会了的有效教学——掌声是真诚的欣赏，在专注倾听中成就欣赏他人的能力；笑声即身心的愉悦，在情感满足中享受课堂学习的美好；质疑声乃求异的思维，在善于表达中激发独立见解的意识；辩论声彰显批判性思辨，在敢于思辨中发展学生的思维及表达能力。

表9-3 核心素养导向下的"以评促学"课堂教学评价量表

评价项目	评价指标		评价等级			
			优	良	中	差
学习目标（20分）	（1）符合课程标准要求，准确、具体，具有层次性、生成性，可操作性强，切合学生实际		10	8	6	4
	（2）贯穿于整个教学过程中，落实在具体的教学内容上		10	8	6	4
评价设计（20分）	评价任务	是否具体、学生易于知道做什么	5	4	3	2
		是否紧扣学习目标，描述做的过程	5	4	3	2
	评价标准	学生是否明白具体做到什么程度	5	4	3	2
		是否与学习目标、评价任务一一对应，描述具体化的学习结果	5	4	3	2
评价方式（12分）	师评	教师是否根据生成即时评价，评价语言丰富	4	3	2	1
	组评	小组内生生之间是否依据评价标准及时评价	4	3	2	1
	自评	学生依据最高标准进行自评	4	3	2	1

第九章　有效经验分享

续表

评价项目	评价指标				评价等级			
					优	良	中	差
学习活动（12分）		做	收	反馈	调整				
	教师	是否解读评价任务	教师收集证据是否关注全体和个体，判断学生学	教师根据收集学生信息是否反馈给学生	发现学生遇到困难，是否及时判断并调整如何教，使学生学会	20	18	16	14
	学生	学生是否做与目标相匹配的"事"	学生在组内或班内汇报时，同伴是否进行反馈	学生完成任务时是否说出来、写出来、画出来、做出来	学生收到老师、同伴反馈信息，是否向最高标准靠拢、学会	20	18	16	14
教学效果（8分）	（1）学习目标达成度高，师生保持良好的情绪状态和交往状态，学生参与面广、学习积极主动					4	3	2	1
	（2）学生的思维品质和能力得到锻炼和优化，能应用所学知识解决真实问题，学生的观察、分析、思维、表达、倾听、质疑、评价等综合能力得到发展和提高					4	3	2	1

2.发挥了学生的主体性，实现了学生素养的增值性

实验后对学生进行了问卷调查和访谈，学生普遍认为评价量表对自己写作产生了积极影响。"作文评价量规可以让我更清楚优秀作文的标准""例文让我知道了作文的不同等级""用《评价量表》评价同学的作文，也能看到自己的优点和不足"……统计发现，能主动对照量表自我评价且多次修改的人数增加了。实验显示了不是"一次考试"分数的高低，我们关注了学生主体性的发挥，关注学习全过程，关注学生纵向发展，关注单位时间内每个学生的素养增值。一些学生选材方面的成绩变化和全班五次习作成绩的数据显示，都验证了学生习作能力的确有所提高。

3.认识了评价的重要性，提升了教师发展的专业性

新课程改革把对学校、教师和学生的考试评价，由以前的升学率和分数为标准的评价，变为现在以学校办学水平、教师日常表现和学生综合素质为内容的形成性评价。这种评价强调人的发展，注重质的分析；注重学生的自我评价，把学生看作评价主体，增强学生对考试评价的参与感和自我体验，养成学生自我分析、自我评价、自我调节的习惯和能力，使新课程考试评价从"选拔适合教育的儿童"转到"创造适合儿童的教育"；立足差异性，从思想上、情感上、行动上接纳智力不同、兴趣爱好不同、个性心理品质不同的学生，将考试作为一种积极而及时地诊断问题，总结成绩，改进教学目标，优化教学方案，促进学生发展的有效手段。

日常教学中，教师通常采用整体性评价、终结性评价。特别是习作教学中，因为缺少明确的标准，评价时主观随意性较大，同样的25分，背后的能力表现可能是不一样的，老师们认识到要聚焦各能力水平、习作素养要求，这样才能更准确地反映学生的写作水平。

《中共中央国务院关于全面深化新时代教师队伍建设改革的意见》指出"造就党和人民满意的高素质专业化创新型教师队伍"。如何运用教师评价引导高素质专业化创新型教师队伍建设，是一个亟待探索的关键问题，我们也渐渐找到了答案。教师评价要特别强调教学情境，评价的应当是教师的实践智慧；教师评价需要超越传统的纸笔测验，通过观察教师的专业实践来获取评价信息；要提升教师的学科评价能力，优化课堂评价、课后作业、学业检测等学习评价；要深入学科课堂进行教学诊断与改进，形成在课程目标引领下的"教—学—评一体化"的教学格局，推动建立以发展核心素养为导向的科学评价体系。

（二）反思

在研究过程中也遇到了许多问题，希望能和各位专家共同研究：比如，双轨评价体系无论是"以评促学"还是"以考促教"，都是基于课程标准指向核心素养的达成的，在分析学科核心素养选择评价样题时，如何更清晰地厘清知识点与学科素养之间的关系；在"以考促教"研究过程中，通过不断

分析样本、发现问题、寻找对策、再次改进、比对提升，能够看到增值评价带给学生素养形成及成长的变化，但由于受时长及工作强度的限制，不可能每次都进行细致的分析、研究，那如何确定研究方向、设计研究计划、突破研究时长、简化研究历程、达成研究成效等方面都还需要不断学习，需要期待指点。

总之，通过对核心素养导向下的"以评促学""以考促教"评价体系的研究，笔者研究团队看到了学生进入真学习的状态，也看到了课堂的有效性，看到了学生素养的提升，但是对于各学科更多领域的"真实性学习"的表现性评价研究还有很多空白，我们将继续依据新课程标准的要求、着眼于学生核心素养的达成开展进一步的深入研究，深化课堂教学改革，做好课程改革的榜样，为枣庄教育高质量发展做出更大的贡献。

（本研究案例在2022年8月举行的"山东省教师评价素养专题培训与优秀案例展示活动"中现场发言交流，2023年又被编入《山东省教育评价改革蓝皮书》）

第三节　单元教学设计样例展示

一、语文主题学习背景下的单元备课——以"六年级下册第四单元《理想和信念》"为例

（一）课标要求

【阅读】

（1）能用普通话正确、流利、有感情地朗读课文。默读有一定的速度，学习浏览，扩大知识面，根据需要搜集信息。

（2）能联系上下文和自己的积累，推想课文中有关词句的意思，体会其表达效果。

（3）在阅读中揣摩文章的表达顺序，体会作者的思想感情，初步领悟文章基本的表达方法。在交流和讨论中，敢于提出自己的看法，做出自己的判断。

（4）阅读叙事性作品，了解事件梗概，能简单描述自己印象最深的场景、人物、细节，说出自己的喜欢、憎恶、崇敬、向往、同情等感受。阅读诗歌，大体把握诗意，想象诗歌描述的情境，体会作品的情感。受到优秀作品的感染和激励，向往和追求美好的理想。

（5）诵读优秀诗文，注意通过诗文的声调、节奏等体味作品的内容和情感。

【习作】

（1）懂得写作是为了自我表达和与人交流。

（2）能写简单的纪实作文和想象作文，内容具体，感情真实。能根据内容表达的需要，分段表述。

（3）修改自己的习作，做到语句通顺，行款正确，书写规范、整洁。根据表达需要，正确使用常用的标点符号。

（4）习作要有一定速度。

（二）学习目标

（1）通过课前预习、教师指导范写、学生练写、交流展示等活动，能正确熟练地认读本单元生字、词语；正确规范地书写28个生字，会写37个词语；能借助字词典、联系上下文、联系生活实际等方法理解课文中生字新词，提高初步的审美能力。

（2）通过自由读、默读、齐读、指读、圈画关键词句、做批注、交流感受等活动，能正确流利地朗读课文，能联系上下文关注外貌、神态、言行的描写，体会人物品质，通过查阅相关资料，加深对课文的理解，更深刻地感受英雄气节和民族精神，提高语言理解能力、思维能力。

（3）能根据交流的主题、对象和场合，结合自己了解的材料、思考，稍做准备，做简单的发言；能选择合适的材料，展开想象，用自己喜欢的表达方式，描述自己的愿望；能根据同学的反馈修改习作，提高语言运用能力和思维能力。

第九章　有效经验分享

【附】目标制定注意事项

（1）依据课标，前置后续。依据课标，关注学情，了解学生的认知起点，注意语文要素每册之间、单元之间、单元内各板块之间的内在联系。

（2）对话文本，对话编者。借助单元导读、课后习题、交流平台等，明确每一课具体的学习目标，突出教学重点。

（3）目标聚焦，表述规范。依据单元要素，明确单元内各版块独特的教学价值。每个目标采用"三维合一"的表述方式，使每个目标都具体、规范、可操作。

（三）材料选择

（1）"远大志向"的七首古诗对应《古诗三首》，诗人将自然界中普通的物象，赋予它们以生命和情感，表达出自己的远大志向。阅读时要再联系作者生平，查找资料，加深对古诗的理解。

（2）"革命先驱"的八篇文章对应《十六年前的回忆》，阅读时要在人物的神态、言行等描写中体会革命先驱的精神品质。

（3）"人民公仆"的七篇文章对应《为人民服务》，阅读过程中要找到人民公仆感人事迹中最具有代表性的地方，感受公仆的高尚品质。

（4）"我的心愿"的七篇文章对应《金色的鱼钩》，阅读这组文章时要思考作者为什么会有那样的心愿，他们为实现自己的心愿都做了些什么。可以查阅资料，加深对文章的理解。

（5）整本书推荐，引导学生阅读《林海雪原》，明白英雄的含义，在学习和生活中传承英雄精神。

（6）图书整合。

序号	教材中文章	图书中文章	整合依据
1	《古诗三首》	《咏煤炭》《题竹石画》	"托物言志"的表达方法
2	《十六年前的回忆》	《贺龙将军印象记》	单元目标、单元导语、课后练习
3	《为人民服务》	《宋庆龄和她的保姆》	单元目标、单元导语、课后练习
4	《金色的鱼钩》	《忆过草地》《白马》	单元目标、单元导语

（四）方法指导

1. 立足整合一课一得

课时	课型	学习内容	拓展篇目	学习要点	主要活动设计	整合依据
1	精读引领课	《古诗三首》	《咏煤炭》《题竹石画》	1.朗读背诵古诗 2.理解古诗大意 3.学习托物言志的表达方法	活动一：正确、流利地朗读古诗 活动二：结合插图、借助注释、查阅资料了解诗歌大意，感受诗人的远大志向 活动三：学习"托物言志"的表达方法	单元目标 单元导语 课后练习
2	单元预习课	《十六年前的回忆》+《为人民服务》+《金色的鱼钩》		1.明确单元任务 2.认读理解生字词 3.正确流利地朗读课文 4.理清文章顺序，初步把握课文大意，概括课文内容 5.质疑问难	活动一：明确单元任务 活动二：勇闯"字词关"。交流整理的多音字、形近字、易错难写字以及词语的意思 活动三：勇闯"朗读关"。组内互相检查朗读课文，班内抽查朗读效果 活动四：勇闯"内容关"。默读，想一想每篇课文的主要内容，完成概括内容的填空，说一说单元主题 活动四：习作放题，做足准备	单元导语 语文园地
3	精读引领课	《十六年前的回忆》	《贺龙将军印象记》	通过抓住人物的外貌、神态、言行，借助相关资料，体会李大钊的高贵品质	学习活动一：感悟人物形象 学习活动二：提炼学习方法 学习活动三：尝试拓展运用	单元目标 单元导语 课后练习

第九章　有效经验分享

续表

课时	课型	学习内容	拓展篇目	学习要点	主要活动设计	整合依据
4	略读实践课	《金色的鱼钩》	《忆过草地》《白马》	运用抓住人物的外貌、神态、言行体会人物品质及查找资料的方法，读懂内容，体会老班长忠于革命、舍己为人的崇高品质	活动一：运用方法，体会老班长舍己为人忠于革命的高贵品质 活动二：查阅资料，综合运用方法，进一步体会红军长征途中忠于革命、舍己为人的崇高品质	单元目标 单元导语
5	精读引领课	《为人民服务》	《宋庆龄和她的保姆》	1.通过联系上下文，结合具体事例，说出对"人固有一死，或重于泰山，或轻于鸿毛"的理解 2.分析作者的演讲思路，学习围绕主要观点分层论述的表达方法	活动一：通过联系上下文，结合具体事例和查阅资料，说出对"人固有一死，或重于泰山，或轻于鸿毛"的理解 活动二：通过自由朗读课文，说说课文是围绕哪一句话写的，能理清课文层次，准确说出文章围绕中心句从哪三方面进行一层一层论述的并能找出运用的论证方法	单元目标 单元导语 课后练习

续表

课时	课型	学习内容	拓展篇目	学习要点	主要活动设计	整合依据
6	组文阅读课之阅读交流课		《零时之前的煎熬》《我是您的儿子》《一个少不得的人》	通过三篇文章的阅读，关注人物外貌、神态、言行的描写，结合查阅的相关资料，加深对文章的理解。缅怀革命先辈，继承光荣传统	活动一：自读《零时之前的煎熬》《我是您的儿子》《一个少不得的人》三篇文章，了解主要内容，画出描写人物外貌、神态、言行等的句子，做批注写感受 活动二：以小组为单位汇报阅读成果。抓住重点句子赏析，结合背景资料，体会人物品质 活动三：结合当下"抗疫"英雄，开展故事会，深化人文主题，致敬英雄，学习英雄	单元导语
7	口语交际课	"即兴发言"		1.学会根据场合、对象正确地"即兴发言"并能评价同学的发言 2.培养学生勇于表达、专注倾听、及时应对的口语交际能力	活动一：读懂内容，说说如何"即兴发言" 活动二：创设情境，练习"即兴发言"，试着评价	单元导语 单元目标

第九章 有效经验分享

续表

课时	课型	学习内容	拓展篇目	学习要点	主要活动设计	整合依据
8	习作指导课	"心愿"		1.选择你最想和别人交流的心愿写下来 2.根据想表达的内容,选择一种适合的表达方式	活动一:选取内容。读懂要求,说说你的心愿是什么 活动二:选择方式。选择一种适合的方式写一写	单元导语 习作要求
9	习作点评课	"心愿"	习作例文	1.通过讲评,使学生更好地表达内心的愿望 2.培养学生互评互改、自改作文的能力	活动一:关注内容、表达方式,自评 活动二:关注内容、表达方式,互评 活动三:关注内容、表达方式,展评 活动四:关注内容、表达方式,自改	
10	单元整理课	语文园地四		1.回顾"交流平台"文章开头、结尾的写法 2.积累词语和古诗词,感受诗歌中蕴含的品格和志向 3.关注外貌、语言、神态描写的句子,体会这样表达的好处	活动一:语文园地,交流写法 活动二:关注细节,再悟品格 活动三:"英雄赞歌"主题朗诵	单元导语 单元目标

续表

课时	课型	学习内容	拓展篇目	学习要点	主要活动设计	整合依据
11	整本书阅读课之阅读汇报课	《林海雪原》		1.回顾主要内容，能就印象深刻的情节进行交流，分享自己的阅读感受 2.结合《逢险敌，舌战小炉匠》这一章节杨子荣言行、神态、心理活动的词句，欣赏影视剧片段，能准确概括出杨子荣的人物形象，体会人物品质 3.通过资料链接、教师讲解、与同学交流，明白英雄的含义，传承英雄精神	学习活动一：阅读目录，回顾内容，分享阅读感受 学习活动二：结合描写杨子荣言行、神态、心理活动的词句，体会人物品质 学习活动三：链接相关资料，明白英雄的含义，传承英雄的精神	单元导语 单元目标 图书推荐
12~14	检测讲评	第四单元			纸笔测试、讲评反思、查缺补漏	

第九章　有效经验分享

2. 方法引领有章可循

（1）关注细节。通过学习《十六年前的回忆》，习得学习方法，即综合运用以下两个方面：关注外貌、神态、言行的描写，体会人物品质；查阅相关资料，加深对课文的理解。接着课上尝试运用此法，拓展阅读图书。然后运用此法，进行略读课文和相应图书的教学。最后再用此法，开展组文阅读的学习。至此，学生思维及阅读理解能力水到渠成。

（2）查阅资料。学生能根据需要查阅相关资料，但是还很难筛选出对于理解人物形象有帮助作用的资料，只有真正把人物放到特定的历史环境中，才能深入理解时代背景下的人物形象。这就需要教师的引导。要随着学生阅读理解的推进，有针对性地选用不同类型的资料。例如，课前可以引导学生查阅时代背景资料，了解人物所处环境；课中，查阅人物的相关事件资料，加深对人物品质的体会；课后，可查阅同时期其他英雄人物的故事资料，丰富对革命英雄人物的认识。

总之，14课时形成一个整体。在落实人文、语用要素的同时，实现单篇阅读、组文阅读、整本书阅读三位一体的"大单元教学"。

3. 线上资源读学思练

（1）名师打造：中小学语文教研中心组织全国名师团队打造了《单元教学解析与案例》整合版、拓展版、临沂版、传统版等丰富的资源。

（2）单元整合：内容与教材同步配套使用，融合主题单元整合的教学思路。

（3）内容丰富：教案+PPT+视频讲解，期中、期末及其他补充资源。

（五）评价量化

评价量化一览表1

评价方向	评价任务	评价标准	评价方式
指向单元目标的评价	检测目标1	会写"络"等28个字，默写"埋头、幼稚"等词语；默写《竹石》	读正确 写正确	自评 生评

续表

评价方向			评价任务	评价标准	评价方式
指向单元目标的评价	检测目标2	诵读	朗读课文11~13课，背诵古诗《竹石》	读正确、流利，会背诵	生评组评师评
		理解	关注神态、言行的描写，体会人物品质	找出神态、言行，分析人物品质	
		运用	通过查阅相关资料，加深对课文的理解	能够用多种方式查阅资料；加深对课文的理解程度	
	检测目标3		围绕"心愿"选择合适的材料，选择合适的方式，用修改符号修改	选方式，写清楚，会修改	生评师评
	检测目标1、2、3		整个单元学习结束后全体学生统一单元测试	（1）成绩≥80优秀 （2）70~79良好 （3）60~69及格 （4）低于60需努力 需努力的学生需要查漏补缺	师评

评价量化一览表2

评价方向	评价任务	评价标准	评价方式
单元形成性评价	单元预习	每一单元学习前，根据"预习五步走"（圈、查、读、标、思）的方法进行预习	（1）按要求预习 （2）完成《自主学习单》中"整体感知课"部分的内容，书写认真、规范 （3）正确、流利地朗读课文	家长组长教师
单元形成性评价	"晨诵、午读、暮省"、课前3分钟的预备课程	（1）诵读《单元读本》《中华优秀传统文化》课文等经典文章 （2）阅读"图书"或必读书目 （3）规范书写汉字 （4）自我反思总结	（1）按要求诵读，熟读成诵 （2）静心阅读 （3）规范书写 （4）反思到位	家长组长教师

续表

评价方向		评价任务	评价标准	评价方式
单元形成性评价	作业评价	课堂作业 家庭作业	（1）按时并独立完成 （2）书写认真 （3）及时订正错误 （4）积极让老师再次批改	教师组长
	实践活动	班级实践活动	根据展示情况，按照参与次数和参与质量，记入形成性评价	教师
	特项加分	（1）帮扶见效 （2）进步生 （3）参加各级各类比赛获奖	依据结对子强弱帮扶的效果、进步的程度、获得比赛的奖次，记入形成性评价	教师组长

二、语文主题学习背景下的单元备课——单元整体感知课

（一）课标要求

【书写】
有较强的独立识字能力。硬笔书写楷书，行款整齐，有一定的速度。

【阅读】
能联系上下文和自己的积累，推想课文中有关词句的意思，辨别词语的感情色彩，体会其表达效果。

【综合性学习】
利用图书馆、网络等信息渠道尝试进行探究性阅读。

（二）学习目标

1.核心目标

能正确读写本单元生字新词，理解词义，正确、流利地朗读课文，感知单元内容，说出写作方向，升华单元主题。

2.具体目标

（1）认识并正确书写本单元28个生字，理解由生字组成的词语，并能用其中的词语造句。

（2）能正确、流利地朗读课文，理清文章顺序，准确概括课文主要内容，明确单元主题。

（3）说出习作的内容和要求。

（三）评价设计

（1）正确认读生字、词语，理解重点词语的意思，规范书写生字。

（2）熟读本单元的课文，初步了解课文大意，准确概括课文的主要内容、单元主题。

（3）说出本单元的内容和要求。

（四）学习过程

1.激趣导入，明确主题

（1）有那么两句诗："有的人活着，他已经死了；有的人死了，他还活着。"今天，我们就来认识几位虽死犹生的革命前辈。请同学们打开课本55页，用较快的速度阅读单元导读语，说说你捕捉到了哪些信息？

（2）从导语中，明确本单元的学习重点：关注外貌、神态、言行的描写，体会人物品质；查阅相关资料，加深对课文的理解；习作时选择合适的方式进行表达。

2.学习活动一：勇闯"字词关"（完成目标1）

（1）利用《自主学习单》，小组汇报交流课前预习整理的多音字、形近字、易错难写字。

（2）运用"写好生字'四步走'"指导学生书写"魔、泰"。即：

说一说：说说字的结构特点，写时要注意什么等。

看一看：看关键笔画在田字格中的位置，尤其是在横中线、竖中线上的笔画写法。

写一写：老师范写，学生仿写。

对一对：写完对照课本检查，是否做到正确、美观。可同桌互相圈出写得比较好的字，也可投影学生的字，学生互评。没写规范地方，下一遍写时及时更正。

评价标准：

正确，即能将生字写正确，不错字。★

美观：间架结构合理。★

关键笔画的位置正确。★

书写干净整洁。★

姿势：书写姿势正确。★

握笔姿势正确。★

其他生字：利用写好生字"四步走"，学生书写，及时展评。

（3）了解词义，练习说话。

说说你读懂了哪些词？用什么方法读懂的？（联系生活实际法、查字典法等）

选择你喜欢的词语说一句或几句话。

小结理解词语的方法。有换词法、联系上下文、先拆后合法、想象画面法……

练习写话：尽量运用多个词语。

3.学习活动二：勇闯"朗读关"（完成目标2）

（1）小组内成员互相检查朗读。

（2）有想展示自己朗读才华的同学吗？课件出示重点段落，指名展示，生评价。

评价标准：

正确：吐字清晰，声音洪亮，能读准字音、不添字、不重复、不颠倒字词。★

流利：能做到语气连贯，节奏自然，速度适中，不读破句。★

（3）将自己认为最难读的句、段多读两遍。

4.学习活动三：勇闯"内容关"（完成目标2）

（1）默读课文，思考每篇课文的主要内容。

（2）小组相互交流，概括课文的主要内容。

（3）代表汇报，教师点拨。

①《十六年前的回忆》主要写了_____。（按照时间顺序依次回忆了被捕前、被捕时、被审时、被捕后的情形。）

②《为人民服务》主要写了_____。（全文阐述了中国共产党为公的根本宗旨。）

③《金色的鱼钩》主要写了_____。（长征途中，一位炊事班长牢记指导员的嘱托，尽心尽力照顾小战士，不惜牺牲自己。）

（4）拟定主题说明理由。

①这一单元的每篇文章围绕着哪个主题来写的？说说你的理由。

②师板书：理想和信念。

③总结：是啊，这组课文都是讲前人远大的志向和英勇的事迹。正如宋代文天祥有诗云"人生自古谁无死，留取丹心照汗青！"

（5）推荐阅读。

革命英雄的事迹还有很多很多，推荐大家阅读《林海雪原》，再一次感受他们的理想、信念、品质。

5.学习活动四：习作放题——做足准备（完成目标3）

（1）初读习作4，说说习作内容和要求。（心愿）

习作内容：心愿

习作要求：选择适合的方式进行表达。三篇课文，有记叙文，有演讲稿，借鉴课文的表达方法，相信你一定能写好心中的愿望。

（2）为完成习作，你可以提前做哪些准备工作？（阅读相关习作、搜集好词佳句妙段等）

（五）板书设计

第四单元　整体感知
理想和信念

三、语文主题学习背景下的单元备课——精读引领课《十六年前的回忆》+《贺龙将军印象记》

（一）课标要求

【阅读】
（1）默读有一定的速度，学习浏览，扩大知识面，根据需要搜集信息。
（2）能联系上下文和自己的积累，推想课文中有关词句的意思。
（3）阅读叙事性作品，了解事件梗概，能简单描述自己印象最深的场景、人物、细节，说出自己的喜欢、憎恶、崇敬、向往、同情等感受。受到优秀作品的感染和激励，向往和追求美好的理想。

（二）学习目标

（1）通过抓住人物的外貌、神态、言行等细节描写，感悟李大钊的人物形象。
（2）通过借助相关资料，加深对课文的理解，深刻感悟李大钊的人物形象。
（3）通过理解课文，感知首尾呼应、前后照应的写作方法及好处，并学以致用。

（三）评价设计

（1）快速浏览课文，思考：李大钊是个怎样的人？圈画关键词句，做好批注，小组交流。

（2）思考：作者是如何把李大钊刻画得这样生动形象的？

（3）默读丛书4中的《贺龙将军印象记》，圈画出人物言行、神态等细节描写。思考：贺龙将军给你留下怎样的印象？

（四）学习过程

1.复习导入

（1）通过预习课上的学习，回顾一下课文按时间的顺序，介绍了哪些事情呢？

（2）指名汇报，相机出示：被捕前、被捕时、法庭上、被害后。

（3）这节课，继续走进文本，了解李大钊的内心世界，看看作者是怎样刻画李大钊光辉的人物形象的。

【设计意图】通过复习导入，结合对预习课的认知，寥寥数语单刀直入，创设学习情境，激发学生参与热情，调动他们知识储备和求知欲望，引发独立思考，更快地进入状态。

2.感悟人物形象（达成目标1）

本文教学重点：一是感受人物形象的塑造，二是学习作者刻画人物的方法。复习导入过后，教师顺水推舟，引导学生小组合作探究。

（1）自主学习。出示学习任务：快速浏览课文，思考：李大钊是个怎样的人？圈画关键词句，做好批注，小组交流。

评价标准：

能简要说出李大钊是一个怎样的人。★

能抓住关键词句，语言有序，准确说出李大钊是一个怎样的人。★

能抓住关键词句，借助补充的相关资料深刻表达体会，感悟李大钊的人物形象。★

第九章 有效经验分享

学习任务为本课的主要问题,是对课文学习能否"牵一发而动全身"的重要问题。要落实好"一课一得",用主问题来制约课堂上无序的、零碎的、频繁的问答,遏制教师的过多讲析,真正让学生成为课堂有序活动的主体,给学生以充分阅读文本和自主学习交流的时间。

【设计意图】在这一学习活动中,学生通过自主学习和小组合作,达到思想与情感的共识,在交流中形成思想碰撞的火花。文中的多处细节描写反映了李大钊的精神品质。对于学生的回答,教师及时点评和指导,同时更多地创设生评和自评的环节,通过评价使回答者明确理解得是否全面、深刻,对于评价者也深知评价的标准。教学评一致不仅仅针对回答者的客观评价,更是帮助学生在思想上建构评价体系,变有形于无形,才是评价的最高标准。

(2)汇报交流。结合学生的汇报,教师适时地追问、引导和补充:

教学中教师要善于追问,尊重学生发表的见解,耐心地聆听和指导。追问时,教师要"趁热打铁",在短时间内进行追问,并自然地引导,课堂不断生成推进,学生的思维处于活跃状态,易于形成情感上的共鸣,真正学有所得。

预设一:被捕前

第一,"局势越来越严重,父亲的工作也越来越紧张。他的朋友劝他离开北京,母亲也几次劝他。父亲坚决地对母亲说:'不是常对你说吗?我是不能轻易离开北京的。你要知道现在是什么时候,这里的工作多么重要。我哪能离开呢?'母亲只好不再说什么了。"

从文中的叙述可以看出,敌人已经开始了对革命工作的残酷镇压,以及对革命者的大肆搜捕。此时李大钊如果继续留在北京,一定会受到镇压与折磨,可是李大钊说他坚决不能离开,为什么?引导学生结合对背景资料的搜集和自己的理解畅谈体会。

第二,通过小组汇报,体会李大钊的临危不乱、忠于革命。

第三,结合语境感情朗读,通过范读、指生读、齐读等形式,朗读感悟李大钊的临危不乱,忠于革命。

预设二:被捕时

第一,"父亲不慌不忙地从抽屉里取出一支闪亮的小手枪,就向外走。

我紧跟在他身后，走出院子，暂时躲在一间僻静的小屋里。"（镇定自若，为革命事业早已做好各种准备）

第二，"父亲保持着他那惯有的严峻态度，没有向他们讲任何道理。因为他明白，对他们是没有道理可讲的。"（处变不惊，把生死置之度外）

师小结：这个部分将敌人的数量、态度与李大钊进行对比，更加反衬了李大钊临危不惧、沉着冷静的品格。如果我们在写作中能够学习运用的话，一定会使你的文章锦上添花。

预设三：法庭上

"父亲瞅了瞅我们，没对我们说一句话。他脸上的表情非常安定，非常沉着。他的心被一种伟大的力量占据着。这个力量就是他平日对我们讲的——他对于革命事业的信心。"（从容不迫，坚强不动摇）

师小结：哪有父亲不爱自己的孩子，不留恋自己的妻子。可他只是一位父亲、一位丈夫吗？他还是什么？（共产党员、革命工作者、党的领导人）李大钊为了革命事业早已把自己的生命置之度外，他爱自己的妻子和孩子，更爱全天下所有受苦受难的人们！虽然最后他牺牲了，但是李大钊在面临着险恶的形势时，依然对工作高度负责；李大钊在面对着残暴的敌人时，能够做到临危不惧；李大钊虽然受尽酷刑，却始终坚强平静。

【设计意图】小组合作探究，让学生自己发现问题并在讨论中寻找答案，化被动学习为主动。小组成员援引文句，各抒己见；探究结束，各小组再推举代表在班上分享，其他成员补充发言，同时进行师评、生评和自评。学生紧紧抓住人物神态、衣着、语言、动作、心理描写的关键词句，感受人物的内心世界和光辉形象。达成共识之后，教师再现文本情景，引导学生有感情朗读，再进行评价，在深化理解的基础上进行合理的个性表达与二度创作。

3.情感升华（达成目标2）

（1）匆匆一别竟是永生，究竟1927年4月28日这一天都发生了些什么？请看。

（2）补充资料：李大钊与另外19位年轻的革命者一起走向了刑场。面对两台巨大而阴森的绞刑架，大钊先生深情地望了一眼亲人和同志，然后头也不回的第一个走上了绞刑架，为了延长他的痛苦，敌人对他用刑的时间长达

第九章　有效经验分享

40分钟。

（3）此时你对李大钊又有了哪些新的认识？

由于李大钊对革命事业的无限忠诚，最终被反动军阀残忍地杀害，对于这位为新中国的诞生抛头颅洒热血的英雄我们不能忘怀。让我们一起来读一读吧！

"教学千法读为本"，朗读永远是语文教学最俭省、最见效的方法。学生充分地、多种方式地朗读，在读中培养语感，在读中受到情感熏陶，在读中感悟人物形象。

【设计意图】通过资料的补充，补全作者缺失的记忆，使学生对李大钊遇害当天深入了解，并且在文本的渲染下达到情感的共鸣，更好地升华情感，加深对人物形象的感知。

4.提炼学习方法（达成目标3）

（1）思考：作者是如何把李大钊刻画得这样生动形象呢？

①细节描写：抓住人物的言行、心理、神态等细节描写体会人物形象。

②对比、反衬的写法：引导学生提炼、总结精彩写法。"抓捕过程中，作者用了大量篇幅来写敌人而不是李大钊，这是什么写法？这样写有什么好处？"引导学生认识到对比、反衬的写法，更加突出了李大钊临危不惧、沉着冷静的品格。

③首尾呼应的写法：开头和结尾有什么特点？这样写又有什么好处？通过对比、交流认识到首尾呼应写法及作用。

概念：一篇文章里，有的内容前面说到了，后面又做必要的交代；有的内容虽然主要在后面说，但在前面也有必要提一下，这就叫首尾呼应。

作用：这篇文章运用首尾呼应的写法，强调了主题，加深了我们对人物的印象，也使文章结构更加严谨，内容更加完整，引起我们的情感共鸣。

本文是一篇回忆录，作者采用了倒叙的写作方法，先从父亲被难日说起，然后回忆了父亲被捕前、被捕时、法庭上以及被害后的过程，最后又回到父亲的被难日。课文最后3个自然段写了父亲牺牲后全家人的悲痛心情，而且反复强调了父亲被害的日子，这与文章的开头形成了照应关系。这种写作方法叫作首尾呼应。这样写使得文章首尾呼应、结构严谨，更加突出了作者对父亲深切怀念的悲痛心情。

④文中除了首尾呼应，还有几处也形成了前后照应，请你找出文中前后照应的句子，并说说它的好处。

我蹲在旁边，看到他把书和有字的纸片投到火炉里去。

工友阎振三一早上街买东西，直到夜里还不见回来。

好处：结构更严谨，内容更完整，情感更强烈。

（2）学法总结

文章究竟是如何把人物刻画得这样生动传神呢？正是通过了神态、言行等的细节描写、首尾呼应、前后照应、对比反衬，感受到李大钊的镇定自若、从容不迫、坚强不屈、处变不惊。关于此类文章丛书中还涉及很多，接下来我们一起阅读。

【设计意图】每一篇教材都有"牵一发而动全身"的"支点"，准确把握才能更好地实现"一课一得"的目标。教学中以学生为中心，围绕学生能有所"得"的这一目标开展有效的教学活动，进行实现有效的师生对话，让学生一步步抵达"得"的高地。这课重在写作方法的引导，所以通过人物品质的感悟后，进行写法的提炼和总结，为接下来的拓展延伸做好准备。

5.尝试拓展运用：整合丛书4"成长风向标"中《贺龙将军印象记》(节选)

（1）请大家默读丛书4中的《贺龙将军印象记》，圈画出言行、神态等细节描写。思考：①贺龙将军给你留下怎样的印象？②借助补充的相关资料，加深对人物形象的认识。

评价标准：

能简要说出贺龙的人物形象。★

能抓住关键词句，语言有序，准确说出人物形象。★

能抓住关键词句及借助补充的相关资料语言精练、深刻表达，感悟人物形象。★

（2）自主学习，小组交流。

（3）代表汇报，相机指导。

【设计意图】通过拓展阅读丛书4中的《贺龙将军印象记》，学法用法，进一步掌握抓住细节描写、首尾呼应、对比等写法的具体运用，通过"当堂训练"真正落实"一课一得"，起到了学练用的教学效果。

6.课下作业

请大家课下继续阅读丛书4中的《彭德怀速写》《王震将军记》，圈画出人物言行、神态等细节描写。思考：文中的人物给你留下怎样的印象？

【设计意图】通过拓展阅读进行同类文章的阅读，学习运用抓住细节描写、首尾呼应、对比等写法的具体运用，达到课外阅读的高效阅读。

（五）板书设计

11.十六年前的回忆

（写法）　　（人物品质）

神态言行　　镇定自若

首尾呼应　　从容不迫

前后照应　　决定不屈

对比反衬　　处变不惊

四、语文主题学习背景下的单元备课——略读实践课《金色的鱼钩》+ 图书《忆过草地》《白马》(节选)

（一）课标要求

【阅读】

（1）默读有一定的速度，默读一般读物每分钟不少于300字。学习浏览，扩大知识面，根据需要搜集信息。

（2）能联系上下文和自己的积累，推想课文中有关词句的意思。

（3）阅读叙事性作品，了解事件梗概，能简单描述自己印象最深的场景、人物、细节，说出自己的喜欢、憎恶、崇敬、向往、同情等感受。受到优秀作品的感染和激励，向往和追求美好的理想。

（二）学习目标

（1）通过快速默读、圈画、批注、阅读资料等活动，运用体会人物品质的方法，说出老班长的人物品质。

（2）通过默读资料、圈画、批注等活动，进一步体会红军长征途中的崇高品质。

（三）评价设计

（1）运用体会人物品质的方法，快速默读课文，找出描写老班长的句子体会他的思想和品质，并把自己的感受写在旁边。

（2）默读丛书《忆过草地》《白马》两篇文章，结合读到的资料用"＿＿＿＿"画出描写喜子语言、动作、神态等的句子并说出喜子是一位怎样的人？把自己的感受写在旁边。

（四）学习过程

1.运用方法，体会老班长舍己为人忠于革命的高贵品质（学习目标1）

（1）谈话导入，激发兴趣

①你了解长征吗？谁来给大家介绍一下你所了解的长征呢？

②根据学生介绍，教师相机出示：长征是世界军事历史上的一个伟大奇迹——一个由伟大的中国工农红军创造的奇迹。在这个奇迹的背后，是红军战士历尽的千难万险，是无数可歌可泣的感人故事。今天这节课，就让我们走进一个老班长的故事吧——《金色的鱼钩》。

【设计意图】"查阅相关资料，加深对课文的理解"是本单元编排的语文要素，本环节意在安排学生回顾课前查阅长征的相关资料，如起止的时间、经过的省份和一些重要的战斗，了解故事背景，为理解课文做铺垫。

（2）运用方法，入境赏析

过渡：上节课通过《十六年前的回忆》一文，我们学会了抓住人物神态、言行等描写，借助资料体会了李大钊同志大无畏的革命英雄气概。

第九章　有效经验分享

①出示评价任务及评价标准。

运用体会人物品质的方法，快速默读课文，找出描写老班长的句子，体会他的思想和品质，并把自己的感受写在旁边。

评价标准：简要说出老班长的人物品质。★

抓住关键词句，语言精练，准确说出老班长的人物品质。★

②生自主学习在组内交流。

③教师组织学生班内交流。

预设一：交流老班长外貌描写的句子。

第一次："炊事班长快四十岁了，个儿挺高，背有点儿驼，四方脸，高颧骨，脸上布满皱纹，两鬓都斑白了。"

第二次：其实这些天，他比我们瘦得更厉害呢。（说明班长日夜为小战士们操劳，但丝毫不影响照顾小红军，表现他对工作的高度负责。）

第三次：老班长虽然瘦得只剩皮包骨头，眼睛深深地陷了下去，还一直用饱满的情绪鼓励着我们。（说明班长对战友的满腔关爱，对党的高度忠诚。）

引导反复朗读，进一步体会老班长是心中只有战友、唯独没有自己的优秀共产党员。

预设二：交流老班长动作、神态描写的句子。

他坐在那里捧着搪（táng）瓷（cí）碗，嚼着几根草根和我们吃剩下的鱼骨头，嚼了一会儿，就皱紧眉头硬咽（yàn）下去。

老班长看到这种情况，收敛了笑容，眉头拧成疙瘩。

老班长看着我们吃完，脸上的皱纹舒展开了，嘴边露出了一丝笑意。

通过男女生对比读，把两处神态描写形成对比，来感受班长心情的变化，充分体现了老班长心中只有战士没有自己的高贵品质。

预设三：交流老班长语言描写的句子。

"不行，太少啦。"他轻轻地摇摇头，"小梁，说真的，弄点儿吃得不容易啊！有时候等了半夜，也不见鱼上钩。为了弄一点儿鱼饵（ěr），我翻了多少草皮也找不到一条蚯（qiū）蚓（yǐn）……还有，我的眼睛坏了，天色一暗，找野菜就得一棵一棵地摸……"

"小梁别浪费东西了。我……我不行啦。你们吃吧！还有二十多里路，吃完了，一定要走出草地去！"

"不，你们吃吧。你们一定要走出草地去！见着指导员，告诉他，我没完成党交给我的任务，没把你们照顾好。看，你们都瘦的……"

【补充过草地资料】课文中的草地指的是松潘草地，位于青藏高原和四川盆地连接段的川西北草原，纵横300余公里，海拔在3500米以上。由于排水不良，形成大片沼泽。水草盘根错节，结成片片草甸，覆盖于沼泽之上。气候极为恶劣，年平均气温在零度以下，雨雪风雹来去无常。过草地是红军长征中最艰难的行军，稍不小心，就会陷入泥潭，遭受灭顶之灾。红军战士凭着对革命必胜的信念和钢铁般坚强的意志，战胜千难万险，走出了人迹罕至的茫茫草地。

小结：从老班长的外貌、动作、神态、语言等描写，体会出老班长是一个舍己为人、忠于革命的人。学生通过以上交流展示，对照评价标准记录本环节得到的分数。

（3）品味"金色"，升华情感

①这篇课文明明是写老班长的，题目为什么是"金色的鱼钩"？如果让你拟一个题目，你会起什么题目？

②小结：这篇课文生动感人，抓住人物的外貌、语言、动作、神态等方面进行细致入微的描写，揭示出人物崇高的精神境界，第一人称写法，真实、朴实，感情真挚，令人动容。

【设计意图】通过学生自主分析人物的言行，在讨论和比较中体会还是"金色的鱼钩"更有代表意义，它记录着老班长可歌可泣的英雄事迹，闪烁着老班长金子般的思想光辉，昭示着老班长关心同志、舍己为人、忠于革命的精神永垂不朽。体会老班长为代表的千万红军战士忠于革命、尽职尽责、舍己为人的精神品质，不断深化学生对"金色的鱼钩"的理解。

2.活动二：借助资料，综合运用方法，进一步体会红军长征途中忠于革命、舍己为人的崇高品质（学习目标2）

（1）过渡：相信同学们一定被老红军崇高的革命精神深深地感动。其实，长征途中还有许多感人故事，请同学们打开主题图书《忆过草地》《白马》两篇文章。

出示评价任务：

①快速默读《忆过草地》，画出描写过草地的艰辛语句，做出批注。

②快速默读《白马》一文，用"＿＿＿"画出描写喜子语言、动作、神态等的句子并说出喜子是一个怎样的人？把自己的感受写在旁边。

评价标准：能画出过草地的艰辛语句。★

能抓住画出的语言、动作、神态等关键词句，语言精练，准确说出喜子的品质。★

（2）自主学习在组内交流。

（3）班内交流喜子舍去"心头肉"，舍己为人，为革命献一份力的光辉形象。

（4）小结：正是因为有了他们，才有了我们现在美好的今天，让我们继承他们的优良传统，珍惜现在的生活吧！

（5）作业布置：推荐阅读图书《我的心愿》板块。

（五）板书设计

13.金色的鱼钩 { 语言 动作 神态 } 舍己为人　忠于革命

五、语文主题学习背景下的单元备课——组文阅读课《零时之前的煎熬》《我是您的儿子》《一个少不得的人》

（一）课标要求

【阅读】

（1）默读有一定速度，默读一般读物每分钟不少于300字。学习浏览，扩大知识面，根据需要搜集信息。

（2）在阅读中了解文章的表达顺序，体会作者的思想感情，初步领悟文章的基本表达方法。在交流和讨论中，敢于提出看法，做出自己的判断。

（3）阅读叙事性作品，了解事件梗概，能简单描述自己印象最深的场景、人物、细节，说出自己的喜爱、憎恶、憧憬、向往、同情等感受。受到优秀作品的感染和激励，向往和追求美好的理想。

（二）学习目标

1.核心目标

关注外貌、神态、言行的描写，查阅相关资料，体会人物品质，加深对文章的理解。

2.具体目标

（1）找出描写人物外貌、神态、言行的词句，体会人物品质。

（2）查阅相关资料，加深对文章的理解。

（3）领略伟人风采，感悟生命如歌，缅怀革命先辈，继承光荣传统。

（三）学习过程

1.单元回顾，明确目标

（1）本单元，我们带着深深的怀念追忆了革命先辈的感人事迹，让我们感受到他们身上伟大的精神与人格魅力。英雄不仅出现在战火纷飞、硝烟弥漫的战争时期，也出现于和平建设的年代。邓稼先、孔繁森、焦裕禄等这些全心全意为人民服务的人，为祖国建设做出巨大贡献，他们是人民公仆，更是人民英雄！

（2）打开智慧的书本，让我们细读这组文章，感受高尚品质的"浪花"吧。

【设计意图】这样的导入能够引发学生阅读的兴趣，把单元人文主题和丛书组文主题相关联，形成学习的迁移，阅读便是水到渠成的事情。

2.确定篇目，引领导读

（1）请自由阅读《零时之前的煎熬》《我是您的儿子》《一个少不得的人》三篇文章。

第九章　有效经验分享

（2）出示要求：自读文章，想一想文章主要内容，画出描写人物外貌、神态、言行的句子，写一写自己的感受。

3.自主阅读，合作探究

课题	主要内容 ★	人物描写 ★	相关语句 ★	感受 ★	表达清晰流畅 ★
《零时之前的煎熬》					
《我是您的儿子》					
《一个少不得的人》					

【设计意图】本环节意在引导学生自主阅读三篇组文，在阅读的基础上圈画出描写主人公外貌、神态、言行的语句并做批注，体会人民英雄的高尚品质；以表格的形式梳理阅读信息，写出阅读感悟，提升学生语言理解能力和运用能力。（注：部分文章过长，教师可以引导学生进行片段阅读。）

4.汇报赏析，学法延伸

（1）小组汇报阅读交流成果，其他小组根据评价标准进行星级评价。

（2）重点感悟

①《零时之前的煎熬》：你读出了怎样的邓稼先？哪些语句给你留下了深刻的印象？

预设一：这一切，邓稼先当然清楚。但他没有听从好心同志的多方劝阻，决定立即上车。他心里在想："这事我不去谁去？"

（从心理描写中感受到邓稼先的责任之重，舍己为人、不怕牺牲的高尚情操。）

预设二：最后他急了，忘掉了对领导同志应有的尊重，他大声对赵副部长喊："你们站住！你们进去也没有用，没有必要！"

（从语言描写中体会到邓稼先的辛苦和为国为民的大无畏精神。）

②《我是您的儿子》：从哪些地方可以看出焦裕禄把自己当作人民的儿子，真心实意地为人民着想？你想对焦裕禄说些什么？

预设一：梁大爷睁开眼睛问："你是谁啊？"焦裕禄激动而坦荡地回答："我是您的儿子。"

（通过语言、神态的描写，让我们感受到了亲民爱民。）

预设二：焦裕禄不顾肝病的痛苦折磨，走进困难群众的低矮柴门，他到群众中访贫问苦，到处都留下了他的足迹，他把党的温暖带给了千家万户。

（从行动中体会出焦裕禄的一心为民、无私奉献。）

③《一个少不得的人》：在病痛折磨难耐的夜晚，王顺友可能会想些什么？你又读出了什么，从哪些语句感受到的？

预设：好几次，他感觉自己就要倒下了，可一个声音似乎在脑海里不断告诉他：坚持！坚持！坚持！一定要信守承诺，把党的关怀和温暖带给乡亲们！

（从心理描写中感受到了王顺友的忠于职守、不辱使命。）

（3）补充相关资料，加深学生理解。

①邓稼先（1924—1986），怀宁（今宜秀区五横乡白麟村）人，理论物理学家、核物理学家，中国科学院学部委员，第12届中共中央委员。我国核武器理论研究的奠基者、开拓者之一，也是我国研制、发展核武器在技术上的主要组织领导者之一，被称为"两弹"元勋。

②焦裕禄（1922年8月16日—1964年5月14日），山东淄博博山县北崮山村人，原兰考县委书记，干部楷模，中国共产党革命烈士。在兰考担任县委书记时所表现出来的"亲民爱民、艰苦奋斗、科学求实、迎难而上、无私奉献"的精神，被后人称之为"焦裕禄精神"。

1922年8月16日，焦裕禄出生在一个贫苦家庭，1946年加入了中国共产党，1950年，被任命为尉氏县大营区委副书记兼区长，1954年8月相继在大连起重机厂机械加工车间进修，1962年被调到河南省兰考县担任县委书记，1964年因肝癌病逝于郑州，终年42岁。

③王顺友，1965年10月出生于中国四川省凉山彝族木里藏族自治县，2005年被评选为《感动中国》十大人物之一。20年来在雪域高原跋涉了26万公里，相当于走了21遍二万五千里长征、绕地球赤道6圈。每年投递报纸8000多份、杂志700多份、函件1500多份、包裹600多件，投递准确率达到100%。

【设计意图】通过对三篇组文的阅读、交流、汇报、赏析，抓住描写人物外貌、神态、言行的语句，体会人物品质。落实目标一。查阅、分享、补充搜集到的关于邓稼先、焦裕禄和王顺友的生平资料，让学生对人民英雄、对文章有了更深入的理解。（落实目标2）。

5.主题拓展，迁移运用

（1）小结方法：抓住重点语句，关注人物动作、语言、神态等描写，体会人物品格。

（2）结合当下我国疫情，"逆行者"们战斗在"抗疫"第一线，他们就是时代的英雄。围绕单元主题，开展"抗疫"英雄故事会活动，向"抗疫英雄"致敬，再次深化主题。

（3）播放视频：《微笑着胜利》，向"抗疫英雄"致敬。

（四）作业布置

（1）积累并摘抄优美的词、句、段至"自主学习单"中。

（2）阅读丛书中的其他文章，做好阅读笔记。

（五）板书设计

《零时之前的煎熬》《我是您的儿子》《一个少不得的人》
动作、语言、神态、心理

六、语文主题学习背景下的单元备课——整本书阅读汇报课《林海雪原》

（一）学习目标

（1）通过默读目录、提炼小标题、理清时间网等方法，回顾主要内容。

（2）通过填写表格、回忆书中情节，就印象深刻的情节进行交流，分享自己的阅读感受。

（3）通过圈画《逢险敌，舌战小炉匠》这一章节中描写杨子荣言行、神态、心理活动的词句,欣赏影视剧片段,能准确概括出杨子荣的人物形象,体会人物品质。

(4)通过资料链接、教师讲解、与同学交流,明白英雄的含义,传承英雄的精神。

(二)评价设计

(1)能用简练的语言说出故事梗概,语言通顺、情节连贯。能结合书中的具体情节,说出自己的高兴、生气、难过、紧张、惋惜等感受。

(2)能结合圈画的词句,说出在《逢险敌,舌战小炉匠》这一章节中,杨子荣表现出的机智勇敢、临危不乱、有勇有谋的人物品质。

(3)能结合身边实际、书中故事、新闻报道等,理解英雄是无私忘我、不辞艰险、为人民利益而英勇奋斗、令人敬佩的人,树立正确的价值观。

(三)学习过程

1.学习活动一:阅读目录,回顾内容(学习目标1)

(1)师生问答,激发兴趣

课件出示"天王盖地虎",师读上句,学生接下句。

师:"脸红什么?"

生:"精神焕发。"

师:"怎么又黄了?"

生:"防冷涂的蜡。"

预设:

师:同学们,咱们刚才对的暗号来自哪里?

生:来自《林海雪原》。

师:哪一个情节?

生:杨子荣见到座山雕时说的"黑话"。

师:我们也叫暗号,是土匪间相互通用的暗语,也是辨明彼此身份的依据。杨子荣正是因为一口熟练的土匪黑话,才能打入敌人的内部,成功地抓

第九章　有效经验分享

到座山雕。刚才能对上我暗号的同学，肯定也认真读过《林海雪原》。

总结过渡： 能够如此准确地了解这一小细节来自书的哪一部分，相信同学们对整本书也是相当了解。

【设计意图】考虑到小说中的年代离学生较为久远，选取了小说中有意思的、学生在日常生活中也接触过的"天王盖地虎，宝塔镇河妖"的"黑话"来导入，拉近了小说和学生的距离，一问一答的形式调动了学生参与课堂的积极性。

（2）借助目录，回顾内容

①打开《林海雪原》的目录，试着通过目录的提示，理清故事发展的时间线，用梗概的语言简单地说一说这部小说的主要内容。

②评价标准：

概括全面。★

情节完整、连贯。★

语言尽量简练。★

③指生说。

④其他同学结合评价标准，进行评价和补充。

⑤教师总结。

【设计意图】目录是一部小说的骨架，通过阅读小说目录，能在最短的时间内唤起学生对整本书的回忆，而且学生在第二单元《鲁滨逊漂流记（节选）》和习作2中都进行了作品梗概的学习与训练，因此这里用梗概的形式回顾小说的主要内容，既抓住了《林海雪原》这部小说中最精彩的部分，也是对之前学习内容的复习与巩固。

2.学习活动二：交流情节及人物形象，分享感受（学习目标2、3）

（1）交流阅读感受

《林海雪原》是红色经典小说之一，它题材新颖，情节张弛有度，高潮迭起，扣人心弦，让读者忍不住一口气读到底。由此可见，情节的设置对于小说是至关重要的，同学们在读的过程中，你的心情一定也随着情节的变化而起伏，接下来，我们就一起来分享一下你阅读中的喜怒哀乐。

①出示：在读书过程中，哪一个情节令你印象深刻？你的感受是怎样的？可以再翻到书的这一部分快速读一读，带着你的独特感受，完成表格

任意一格。

我觉得挺喜欢的，当我读到：	我觉得挺生气的，当我读到：
我觉得挺难过的，当我读到：	我觉得挺开心的，当我读到：

②小组交流，教师巡视。

③小组代表到台前交流展示，学生也可以就同一情节，分享不同的阅读感受。

预设：杨子荣智斗小炉匠

学生1：读到这里，我的心情挺紧张的，我担心小炉匠说出杨子荣的真实身份后，杨子荣会一枪打死他，之前的努力就白费了。

学生2：我觉得挺兴奋的，杨子荣非常机智，他一定能得到座山雕的进一步信任。

学生3：我在读的时候就一直猜测，杨子荣接下来会怎么说？怎么做？如果是我，我要怎么做，才能让座山雕相信我？

（2）再读"逢险敌，舌战小炉匠"，感知人物形象

①这一情节紧张刺激，读完都会意犹未尽，今天再来读读这一情节，找找书中对杨子荣语言、动作、神态、心理活动的描写，聊一聊你对杨子荣的印象。

②学生默读，边读边画，边读边思：杨子荣是一个怎样的人？

③汇报交流。试用："从……，可以看出他是一个……的人"的句式回答。

④教师总结：评价一个人物，要特别留意描写人物语言、动作、神态、心理活动的句子，从中能看出一个人的性格。

⑤补充影视资料，播放影视片段，对比小说内容。

· 情节安排有没有不同？

· 人物描述有没有不同？

· 创造出来的人物形象和你想象中的有没有差别？

第九章　有效经验分享

·最后的结局一样吗？

·喜欢书的描述还是影视剧中的语言？

⑥学生讨论交流，进一步深化对杨子荣这一形象的认识。

【设计意图】这一环节从交流印象深刻的情节，感知人物形象，到观看《林海雪原》片段，更加直观地去感受杨子荣这一英雄人物，从听觉、视觉不同的角度、书本、电影不同的媒介感受杨子荣的临危不乱、机智过人，围绕作品主人公，继续练习抓住外貌、神态、言行评价人物形象，体会人物品质的阅读方法。

3.学习活动三：升华主题，传承英雄的精神（学习目标4）

（1）链接作者及相关资料

课件出示：在这场斗争中，有不少党和祖国的好儿女贡献出了自己的生命，创造了光辉的业绩，我有什么理由不把他们更广泛地公之于世呢？是的！应当让杨子荣等同志的事迹永垂不朽，传给劳动人民，传给子孙万代。于是，我便产生了把林海雪原的斗争写成一本书，以敬献给所有参加林海雪原斗争的英雄部队的想法。

——曲波《关于〈林海雪原〉》

讨论：这是作者曲波的学者意图。读完这本书，你觉得作者的写作目的达到了吗？

（2）定义英雄

这本书让我们看到七十多年前，东北林海雪原的传奇故事，让我们明白如今的和平安宁是革命战士用生命换来的。

出示图片，教师介绍：钱学森、袁隆平、王伟、钟南山、医护人员

钱学森：中国载人航天奠基人，火箭之王；袁隆平：杂交水稻之父；王伟：保卫国家领空的"海空卫士"，2001年，追踪非法进入我国领空的美军侦察机，发生碰撞后跳伞下落不明，壮烈牺牲；钟南山：2003年的非典，2020年的新冠肺炎，他都冲在第一线；医护人员：还有许许多多的医护人员，为了抗击病毒，在这场没有硝烟的战争中作出巨大贡献。杨子荣是林海雪原上的英雄，而医护人员是属于我们这个时代的英雄。

【设计意图】让学生了解，从书中的英雄到每个时代的英雄，我们对英

雄的定义是为人类的解放和进步做出贡献,甚至牺牲了自己生命的人,从而帮助学生在这样一个全民追星的时代,树立正确的价值观,使学生明白,英雄才是我们应该崇拜的偶像。当下,唯有努力学习,才能报效祖国。

（四）板书设计

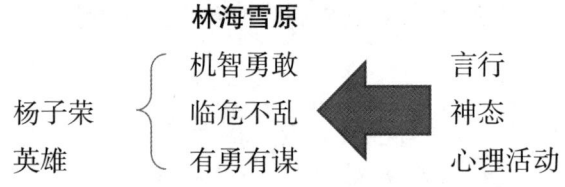

（此单元设计已发行在"一米阅读老师"App中的视频中心"名师之路"专栏）

第四节 "教—学—评—致性"的教学设计样例展示

小学科学六年级下册 《未来家园》
《未来家园》之课标分析

一、学习目标

本课主要落实《课程标准》中下列目标:

（一）科学观念

（1）通过课前搜集资料,小组合作交流等方式知道人类生存的必要条件,懂得地球是人类唯一家园的道理。

（2）意识到人类为了探索宇宙奥秘付出的艰辛;关注我国空间技术的最

新发展，并能自己设计并构建未来家园。

（二）科学思维

（1）能运用已有的知识和经验对所观察的现象作假设性解释，形成新经验。
（2）通过小组合作、辩论等活动，阐明观点。

（三）探究实践

（1）会查阅书刊及其他信息源。
（2）能提出探究活动的大致思路，设计创新性的科技作品。
（3）利用已搜集的资料，通过小组讨论、实践等活动，根据自己的认识和设想构建"未来家园"。
（4）能选择自己最擅长的方式表述研究过程和结果。

（四）态度责任

（1）认识到科学是不断发展的，并保持和发展想要了解世界、乐于研究与发现周围事物奥秘的欲望。
（2）在科学学习中能注重事实，尊重他人的意见，乐于合作与交流。
（3）关注与科学有关的社会问题，感受到科学技术发展带来的骄傲之感。

二、小学科学六年级下册《未来家园》之教材分析

课程标准中"宇宙中的地球"的内容在小学科学课程中占据相当重要的地位，加强这些内容的学习很有必要，学后学生知道有关地球和宇宙的真面目。从各种媒体以及低年级的教学中，学生早已熟悉地球、宇宙飞船、星球

等词汇；夜空中闪烁的星星和弯弯的月亮，是许多儿童文学作品中的主题，它引发了儿童强烈的好奇与无限的遐想。但这种了解还是肤浅的，有些概念也是完全错误的。通过科学课程的学习，可以让学生树立正确的观点。

《未来家园》这课是小学六年级下册第五单元"探索宇宙"的最后一课，也是小学阶段科学的最后一课，主要研究构建未来家园的梦想的相关内容。既是小学阶段学生了解和认识地球与宇宙的总结，也为中学阶段进一步探究宇宙知识做好了铺垫，起到承前启后的作用。

这一课是在学生对于太阳、八大行星、太阳系、银河系、宇宙等形成系统完整认识基础上的综合运用，是在学生认识了宇宙及其他星球的存在后，认识到地球对于人们的重要性，认识到地球上适合人类生存的环境，进而发挥学生的想象力，设计未来家园。在前面学习的基础上，学生对我们人类生存的条件，有了比较深刻的认识，而现在人类对于宇宙探索的发展，也同样使学生感受到我们人类可以为自己创设更好的生存环境，包括建设"未来家园"。

《未来家园》呈现了多幅情景图：一是学生交流的情景图，谈论研究适宜人类生存和居住的条件；二是学生正在进行辩论的情景图，给出了交流活动方式的指向，引导学生开展"人类是否能在除地球以外的星球上建立新的家园"的主题辩论活动；三是学生进行交流和设计未来家园的情景图，提示了设计活动的内容指向和开放的空间，学生可以根据自己的想法进行创意设计。

对于宇宙星空，人类自古以来一直都有着极为浓厚的兴趣。对学生来讲，博大而神秘的宇宙同样有着无穷的吸引力，他们通过书本、网络等途径对宇宙也有一定的了解，但真正落实到教学这部分内容，实际上难度很大，多数学生的空间想象力很弱，对天文观测感兴趣的人很少，学生缺少实际观测的感性体验，这些都给探索宇宙单元的教学增加了难度。因此，这部分内容的教学应该注意三个基础：一是做好模拟实验，二是建好模型，三是提供丰富的资料。

无论课程怎样改革，钻研教材、驾驭教材是教师永远的基本功。身入其境方知教材别有洞天，品尝其味方知教材魅力无限。

三、小学科学六年级下册《未来家园》之学情分析

六年级学生小学科学学科的最后一课就是这一课，也是小学阶段学生了解和认识地球与宇宙的总结单元中的最后一课，更是为中学阶段进一步探究宇宙知识做好铺垫，起到承前启后的关键一课，所以学生也需要格外重视与期待。

但是为了完成这课的学习目标，学生真正学会，还需要关注以下几点学情。

（一）学生的前概念

儿童生活的环境存在着丰富的信息刺激，他们在生活世界中已经对地球与宇宙进行了原始性的探究，积累了一些经验。虽然这些经验有误解、有疏漏，对事物的认识还不够全面、不够科学、不够深刻，但他们毕竟是儿童自己构建的对地球和宇宙的原始观念和看法。我们的教学要立足于学生的这种前概念，通过引发认知冲突、激起学生思考，重新建构起正确的概念。

学习这课之前，学生已经了解和掌握了太阳系的相关知识，同时学生对于太阳系之外的无垠浩瀚的空间总是充满了无限的遐想，特别是对于是否有外星人、人类是否能在其他星球居住等问题有着浓厚的兴趣。另外，学生在生活中或许已经接触到科幻类的文章或动画，也为本节课的学习与探究奠定了一定的基础。

但是，人类生存所需要的条件是什么？除了地球之外还有没有其他星球适合人类居住，又是为什么？对于这些问题，学生平时通过许多途径也了解了一些有关宇宙的知识，但都是零星的、独立的、不完整的，有的甚至是错误的。这时学生大脑中的宇宙是朦胧的、模糊的。这就需要我们正确对待学生的前概念，课堂学习是学生认识宇宙世界的一个组成部分，而非学生认识与学习的全部。在教学时，我们可以通过运用书籍、影视、网络等资料资源，让学生在收集资料、积累资料的过程中不断完善、充实已有知识。

（二）关注建模

良好的教育是建立在学生已有的认知水平基础上的再提升。这一课放在这一单元的最后，学生对于太阳、八大行星、太阳系、银河系、宇宙这些概念都形成了一个系统完整的认识。一方面满足了学生的好奇心和求知欲，另一方面让学生了解宇宙的相关知识，人类为认识宇宙所做的努力以及取得的成果。

1.要充分利用网络视频和课件演示的方法进行辅助教学

通过声像刺激增加学生对宇宙知识的理解，通过书本、网络、询问、电视等途径收集信息、整理信息，并尝试对信息的可信度进行判断，从而提高教学的有效度。更重要的是，通过建模活动，培养学生浓厚的兴趣，发展学生的观察力和思维力，特别是促进空间想象力的提高。也就是，灵活根据教材的内容通过交流、辩论、设计等活动，让学生进一步认识到地球对于我们人类生存的意义，同样也意识到随着科学技术的发展，我们可以创建"未来家园"。激发学生的探究欲望和进行科学探究的兴趣，进一步培养学生用科学的发展眼光去认识世界的意识。

2.通过辩论的形式，进行资料建模

学生在收集资料、积累资料的过程中不断完善、充实已有的有关宇宙的知识，使学生在大脑中初步形成宇宙空间模型。再通过对模型的论证，使学生有了全新的发现，此时的认知冲突将直接引发学生对宇宙的再认识，同时，基于论证的需要，学生对各种有效信息的需求也开始增加，对宇宙的探究欲望就更强烈，对地球是我们赖以生存的唯一的家园的认识就更深刻，这有利于学生树立正确的环境观。

3.通过设计创作，进行活动建模

活动教学模式具有开放性、趣味性等特点，符合小学生的求知欲强、好参与、善于想象的特点，是小学阶段教学的重要形式。宇宙浩瀚无边，奥秘无穷，要使学生真正认识宇宙，可以让学生经历一次次有趣而且有价值的实践活动，帮助学生形成有一定解释力的宇宙结构模型。以活动为载体，用活动来组织，让学生经历观察、搜集信息、信息交流会、科学设计、作品展示交流等过程，促进多方合作，形成新的认知。学生对构建"未来家园"的活动，非常感兴趣，也有利于他们形成对宇宙中星体的整体认识，意识到人类为了探索宇宙奥秘付出的艰辛，关注我国空间技术的最新发展，知道科学已经能解释世界上的许多奥秘，但还有许多领域等待他们去探索，等待他们为祖国的科技发展再贡献力量。

在前面学习的基础上，学生对我们人类生存的条件有了比较深刻的认识，但要真正激起学生的探究欲望，激发他们热爱科学、学习科学，为祖国的科技发展贡献力量，把这种对科学的期盼带到初中学习生活中去，还得需要通过多种方式让孩子们感受到我们航天人迎难而上、永不言弃的奋斗精神、拼搏精神、探索精神，感受到我们人类可以为自己创设更好的生存环境，包括建设"未来家园"！

四、小学科学六年级下册《未来家园》之教学设计

23 未来家园

【核心概念】

宇宙中的地球

【学习内容与要求】

（1）太空探索拓展了人类对宇宙的认知。

（2）5~6年级：知道太空环境对人体健康的影响，关注我国航天、月球和深空探测事业的发展。

【教学目标】

（1）科学观念

①通过课前搜集资料，小组合作交流等方式知道人类生存的必要条件，懂得地球是人类唯一家园的道理。

②意识到人类为了探索宇宙奥秘付出的艰辛；关注我国空间技术的最新发展，并能自己设计并构建未来家园。

（2）科学思维

①能运用已有的知识和经验对所观察的现象作假设性解释，形成新

经验。

②通过小组合作、辩论等活动，阐明观点。

（3）探究实践

①会查阅书刊及其他信息源。

②能提出探究活动的大致思路，设计创新性的科技作品。

③利用已搜集的资料，通过小组讨论、实践等活动，根据自己的认识和设想构建"未来家园"。

④能选择自己最擅长的方式表述研究过程和结果。

（4）态度责任

①认识到科学是不断发展的，并保持和发展想要了解世界、乐于研究与发现周围事物奥秘的欲望。

②在科学学习中能注重事实，尊重他人的意见，乐于合作与交流。

③关注与科学有关的社会问题，感受到科学技术发展带来的骄傲之感。

【评价任务】

任务一：知道人类生存的必要条件。（检测目标1）

任务二：就人类能否在除地球以外的星球上建立家园阐明观点。（检测目标2、4）

任务三：设计人类未来的家园。（检测目标3、4）

【教学思路】

本课是小学六年级下册第五单元"探索宇宙"的最后一课，也是小学阶段科学的最后一课，主要研究构建未来家园的梦想的相关内容，既是小学阶段学生了解和认识地球与宇宙的总结，也为中学阶段进一步探究宇宙知识做好了铺垫，起到了承前启后的作用。

在教学中，通过交流、辩论、设计等活动，进一步了解人类生存所必需的条件，知道地球对生存的意义，懂得地球是人类唯一家园的道理。同时，也意识到随着科技的发展，我们也可以综合运用所学的知识，设计创新性的科技作品，创造出人类的"未来家园"。

【教学过程】

（1）视频导入

①观看视频。同学们，看过电影《流浪地球》吗？其中有这么一个片

第九章　有效经验分享

段，请看_____。

②情景导入。如果有一天，我们的家，真的变成这样，太阳即将毁灭，地球面临冰封，我们能找到新的家园吗？"未来家园"会是什么样子？今天我们就来研究第23课：未来家园（板书）。

（2）活动一：（交流）探索什么样的星球适合人类居住

①说一说。（获取学生前概念）以前的学习中，我们认识了银河系、探索了神秘的星空，大家想一想，到底什么样的星球才适合人类居住，需要具备哪些可供生存的自然条件？（板画：球体、翅膀）

指名说，师板：大气、水、适宜的温度（板书）

总结：未来的家园中，人类要想生存，必须具备：大气层、充足的水分、适宜的温度等等条件。

②猜一猜。（获取学生前概念）除了地球之外，还有没有其他星球适合人类居住？

指名说，月球？火星？

科学最讲究的是证据，请结合你搜集的资料和人类生存的条件说说你的理由，其他同学认真倾听，也许他的资料会成为你过会辩论的有力证据。

③验证

月球：是否具备人类生存的条件？

指名说，真的是这样吗？请看视频（播放）月球上没有大气层、没有水、温差极大，看来确实不适合人类居住。

但是人类对月球的研究却从未止步。自古以来，就有"嫦娥奔月"和"月亮女神"的传说。特别是随着科技的发展，1969年美国宇航员阿姆斯特朗迈出了人类登上月球的第一步，后来"阿波罗计划"共计6次成功登上月球，带回了不同地区的月壤样本，并留下了各种探测仪器供人类进行研究。

那么，我国的探月之路又是怎样的？请看_____：（播放视频）

看了这段视频，有什么感受？（科技的发展。航天人迎难而上、永不言弃的奋斗精神、拼搏精神、探索精神永远值得我们学习！）（板书：探索精神）

火星：火星适宜人类居住吗？

请大家仔细观看并分析这段视频，看看火星上是否具备这些必备条件，人类又打算怎样改变它？（播放）

学习有效性实践探微

师生交流：目前火星上，大气、水、温度这些条件具备吗？人类又打算怎样改变？

总结： 看来，"火星移民计划"已成为我们美好的设想。随着科技的发展，和人类坚持不懈地探索，我们期待梦想成为现实。

但是，到目前为止，科学家还没有发现地球以外的其他星球有生命存在的证据。

【设计意图】 通过说一说、猜一猜，了解学生的前概念，为后续帮助学生认识人类生存所需要的条件及除了地球之外还有没有其他星球适合人类居住奠定了基础。

（3）活动二：（辩论）人类能在除地球以外的星球上建立新的家园吗？

①学习任务：到底人类能不能在除地球以外的星球上建立新的家园呢？请结合查找的资料整理相关的证据，证明自己的观点。

评价标准：观点明确，有理有据。

②两队辩论。

明确观点。正方观点"可以在除地球以外的星球上建立家园"，我们称为"非地球战队"。支持这一观点的请举手，选出3个代表。

其余同学就是支持反方观点"不可以在除地球以外的星球上建立家园"我们称为"地球战队"。也请选出3个代表。

辩前准备。第一环节：立论，陈述观点；第二环节：辩论，根据对方观点作出反驳；第三环节：总结陈词。

现场辩论。亲爱的辩手们，现场的观众朋友们，大家上午好！随着航天技术的发展，人类能不能在除地球以外的星球上建立新的家园？今天就这一论题展开我们的辩论。首先进行第一环节：请正方辩手陈述观点；感谢正方辩手，请反方辩手陈述观点；第二环节：根据对方观点作出反驳，自由辩论开始；第三环节：正方辩手总结陈词；有请反方辩手总结陈词。

③评价总结。指名依据标准进行评价得星。

总结： 今天的辩论非常精彩，而且做到了有理有据，真为你们感到骄傲！路越走越宽，理越辩越明。在地球以外建立家园，是我们美好的愿望与期盼，需要我们不断地探索与奋斗。但同时也使我们更深刻地认识到，地球才是我们赖以生存的、唯一的家园，我们更应该好好地保护它。

第九章 有效经验分享

【设计意图】通过辩论的形式，进行资料建模。学生在收集资料、积累资料的过程中不断完善、充实已有的有关宇宙的知识，使学生在大脑中初步形成宇宙空间模型。再通过对模型的论证，使学生有了全新的发现，此时的认知冲突将直接引发学生对宇宙的再认识，同时，基于论证的需要，学生对各种有效信息的需求也逐渐增加，对宇宙的探究欲望就更强烈，对地球是我们赖以生存的、唯一的家园的认识就更深刻。

（4）活动三：（设计）我们的"未来家园"是什么样的？

①探索海洋。刚才在辩论中，同学们也说到了随着全球人口的急剧增长，以及对地球生态环境的破坏，有限的地球陆地越来越不能满足人类的生存需求，然而地球表面71%都是海洋，那么海洋能否成为我们新的家园呢？它具备人类生存的必备条件吗？

首先，海洋中含有新鲜的空气、丰富的水源、适宜的温度。其次，在这个巨大的"蓝色宝库"中蕴藏着种类繁多的动植物、极其丰富的矿产资源，还有巨大的能量等。为此，科学家们也在不断努力着。

日本：20世纪80年代初，在神户建成了一座迄今为止世界上最大的海上城市，可供2万多人居住；

美国：在1993年就建成了凡尔纳海底酒店这座海底龙宫；

德国：研制出了供潜水员使用的人工鱼肺，可像鱼儿一样在海水中呼吸。

②设计家园。随着科技的迅猛发展，一切不可能都将变得可能！

学习任务：展开你们的想象，小组合作，用你们喜欢的方式（写一写、画一画、讲一讲、做一做等）设计你心目中的未来家园。

思考：你希望未来家园建在哪里？为什么？

你的"未来家园"是什么样子的？有什么与众不同的设施、功能？

评价标准：对"未来家园"的设计科学、合理、新颖、美观。

能清楚地表述自己的想法。

③学生合作，展示交流，评价总结。

【设计意图】通过设计创作，进行活动建模。活动教学模式具有开放性、趣味性等特点，符合小学生的求知欲强、好参与、善于想象的特点，是小学阶段教学的重要形式。宇宙浩瀚无边，奥秘无穷，要使学生真正认识宇宙，可以让学生经历一次次有趣而且有价值的实践活动，帮助学生形成有一定解释力的宇宙结构模型。对"未来家园"的设计这一活动，就很好地实现了这一目的。

（5）总结提升

看来同学们不仅想象丰富，还懂得废物利用、保护环境、珍爱地球。

今天是小学阶段的最后一节科学课，老师希望你们把对地球的热爱、对科学的热爱带到初中生活中，去探索更多的科学奥秘，将来为我国的科技发展做出自己的贡献。

最后，来听听太空科学老师王亚平对我们有什么话说。（播放视频）

同学们，守护地球家园，是我们每个人的责任；探索浩瀚宇宙，是我们全人类的共同梦想。

让我们一起携起手来，发扬探索精神，为实现未来家园而不懈奋斗！

【板书设计】

23 未来家园

五、小学科学六年级下册《未来家园》之评测练习

（一）任务一：探究生存条件

（1）说一说。茫茫宇宙，众多星体，我们的"未来家园"需要哪些可供生存的自然条件？

（2）猜一猜。除了地球以外，还有没有其他星球适合人类居住？结合人类生存的必备条件说明你的理由。

（二）任务二：小小辩论会

随着航天技术的发展，人类能在除了地球以外的星球上建立家园吗？请先陈述观点，再阐述理由。

评价标准：观点明确，有理有据。

正方观点：可以在除地球以外的星球上建立家园。反方观点：可以在除地球以外的星球上建立家园。

理由：_____。

（三）任务三：设计我们的未来家园

展开想象，小组合作，用你们喜欢的方式（写一写、画一画、讲一讲、做一做等）设计你心目中的未来家园。

思考：
（1）你希望未来家园建在哪里？为什么？
（2）你的"未来家园"是什么样子的？有什么与众不同的设施、功能？

评价标准：
（1）对"未来家园"的设计科学、合理、新颖、美观。
（2）能清楚地表述自己的想法。

六、小学科学六年级下册《未来家园》之观评记录

靳老师这节课有很多可圈可点之处，能依据课程标准进行设计，教学目标定位准确，教学设计合理，教学方式灵活，教学效果明显。

（一）依标设计，目标准确

在科学探究方面，本课体现了学生能运用已有的知识和经验对所观察的现象做假设性解释，形成新经验；能有创新性作品；会查阅书刊及其他信

源；能选择自己最擅长的方式表述研究过程和结果。

在情感态度与价值观上，激发学生大胆想象、合作交流，学会注重事实，尊重他人，感受到科学技术发展带来的骄傲之感。

在科学知识方面，意识到人类为了探索宇宙奥秘付出的艰辛，关注我国空间技术的最新发展；认识到人类与地球环境的相互作用，懂得地球是人类唯一家园的道理，并能自己设计并构建未来家园。

本课的学习目标是：通过课前搜集资料、小组合作交流等方式知道人类生存的必要条件；通过小组合作、辩论等活动，阐明观点，懂得地球是人类唯一的家园；利用已搜集的资料，通过小组讨论等活动，设计出人类未来家园。不难看出，目标的设计的确是以课标为依据的，是精准的、可操作性强的。

（二）师为主导，学为主体

靳老师的课上充分发挥了教师的主导作用以及学生的主体性和自主意识。一方面，体现在师生课前准备充分，围绕"月球、火星是否适合人类居住，是否具备人类生存的条件""人类能在除地球之外的星球上建立新的家园吗""科学家们对于海洋的探索及改造利用"搜集了大量的图片、影视资料，并且能融入自己的知识体系中，在辩论赛、创意赛中都侃侃而谈，有理有据。这说明了孩子们对科学的热爱与探究的意识已经形成，也为学生主体作用的发挥做足了准备。

另一方面，通过多次自由活动、小组合作、战队联盟等形式，引导学生在已有知识、经验和现有信息的基础上，做出自己的解释和结论；能用自己擅长的方式，或说一说，或写一写，或画一画，或做一做来表达研究的成果。孩子们在真正的交流、碰撞、实践中提高了认识，发展了高阶思维，也体现了综合运用的能力。

（三）任务明确，效果明显

本课教学中，共设计了三个学习任务：探索什么样的星球适合人类居住，辩论人类能在除地球以外的星球上建立新的家园吗，设计我们的未来家园。每项活动都有明确的要求和标准，尤其是展览、辩论等更是落到实处。让学生在参与中体验、在体验中交流、在交流中展示、在展示中学习，总之，使学习"真实"发生，效果也就显而易见了。

另外，教学来源于生活，同时还要融入生活中去。在本课教学中，靳老师十分注重教学与日常生活的实际联系。在探讨到底人类能不能在除地球之外的星球上建立新的家园时，通过辩论孩子们说到了人口急剧增加、环境生态遭破坏。通过递阶的活动推进，让学生真正知道了人类生存的必要条件，懂得了地球是人类唯一家园的道理，还能设计出与众不同的"未来家园"，让学生感受到学习、体验带来的成功与喜悦，这也为他们延续科学探究的动力，为科学地认识世界和理解自然现象打好了基础，并且把这种对地球和科学的热爱带到初中生活，激起他们更浓厚的探究科学奥秘的信心和决心，意义重大且深远。

（四）板书设计，别具匠心

好的板书就是一份微型教案，这课的板书设计也体现了靳老师一直以来对教学工作的用心、细心和匠心。首先是形象、生动、直观，给人留下难忘的印象；其次，突出了本课的重难点，紧扣生命必需的三大条件，组织学生以此来分析其他星球是否适合人类居住，真正让学生做到有理有据地分析与判断；另外，意义深远，不论是地球还是其他星球，一个球体就代表家园，再以翅膀的形式激发学生无尽的想象，不论怎么想象，翅膀上的三个必备条件不可或缺，这样的统一才是人类未来家园的完美呈现，而这一切又离不开人类尤其是科学家的探索精神，唯有此，一切才有可能。

尽管本课较好地达成了学习目标，优点很多，但也有一些遗憾之处，那就是学生的表达、表现、探究还不够充分、不够尽兴。比如，在任务一的交流和任务二的辩论中，还可以让更多的孩子参与进来，充分地说，充分地表达自己的观点，充分地陈述自己的认知，充分地阐述自己的经验；在任务三的设计、展示环节中，尽管每组每种形式都有，但是设计时间较长，学生展示的人员就少了些。所以，如果教师再充分地调动学生的积极性，再巧妙地处理课前准备和课中重点的关系，激起孩子们的表达欲，把他们准备的丰富的资料以多种方式呈现出来，也许会更能激活课堂，激发思维，对未来家园的认识就会更深刻，对地球的珍爱之情也会更浓厚。

七、小学科学六年级下册《未来家园》之课后反思

通过本课的学习，基本达成了学习目标。在设计上体现了引导学生自主探究、激发学生探究兴趣的教学理念，关注了学生的前概念，关注了建模，关注了学生在原有基础上的提升。

儿童生活的环境存在着丰富的信息刺激，他们已经对地球与宇宙进行了原始性的探究，积累了一些经验。虽然这些经验有错误、疏漏，对事物的认识还不够全面、不够科学、不够深刻，但毕竟是儿童自己构建的对地球和宇宙的原始观念和看法。我们的教学要立足于学生的这种前概念，通过引发认知冲突，激起学生思考，重新建构起正确的概念。

通过课前搜集资料、小组合作交流等方式知道人类生存的必要条件；通过小组合作、战队辩论等活动，陈述观点，阐明理由，懂得地球是人类唯一的家园；利用已搜集的资料，通过小组讨论，通过写一写、做一做、画一画、讲一讲的多种方式，设计孩子们心目中的人类未来家园。也就是说，通过交流、辩论、设计等活动，让学生进一步认识到地球对于我们人类生存的意义，同样也意识到随着科学技术的发展，我们可以创建"未来家园"。

学习时给孩子们呈现了大量的图片和视频资料，将抽象的知识形象地展示给全体学生，使学生的知识储备量大大增加，也达到了资源共享的目的，更重要的是激发了学生对究竟宇宙的探究欲望，对科学知识的追求，对宇宙的无限遐想，对宇宙未来的憧憬。

孩子们在真正的交流、碰撞、实践中提高了认识，培养了高阶思维的发展，也体现了综合运用的能力。尤其是辩论和设计"未来家园"的环节，真正体现了以学生为本，让学生在真实学习的情境中习得知识、形成能力、提高认识。但是在交流环节，学生有些紧张，如果再能激发学生的积极性、主动性，让学生畅所欲言，课堂成效应该会更好。

另外，本想让孩子们运用各种方式设计自己心目中的未来家园，让学生

的学习更自主些，没想到孩子们在选择画一画这一方式时，竟然是那么地精益求精，勾画得非常细致，有的孩子还非得把未来家园打扮得美不胜收，以至于再涂上丰富的色彩，耽误了一些课上时间。我就在想，是不是应该课下就让他们先画出未来家园，课上这一环节时，让学生更多地来展示？这样让更多的孩子来解说自己对未来家园的设想，来展示自己与众不同的想象力，来享受学习体验的成功与乐趣。如此，我们就能更多地激发学生的表现欲望和学习热情，鼓励他们对科学的探究与热爱了。

八、小学科学六年级下册《未来家园》之效果分析

  本课教学设计时依据《课程标准》、教材和学情的分析，制定了学习目标，主要是：通过课前搜集资料，小组合作交流等方式知道人类生存的必要条件；通过小组合作、辩论等活动，阐明观点，懂得地球是人类唯一的家园；利用已搜集的资料，通过小组讨论等活动，设计出人类未来家园。

  根据学习目标，又精心设计了三大学习任务：一是探索什么样的星球适合人类居住；二是辩论人类能在除地球以外的星球上建立新的家园吗；三是设计我们的未来家园。每个学习任务都和学习目标相对应，使目标的达成更有方向性、指向性和针对性，所以每个任务都取得了一定的成效，现具体分析如下：

  任务一：学生对于人类生存的条件非常熟悉，交流过程中除了让学生谈人类生存的条件，引导学生从地球本身的特点、所在太阳系中的位置等方面考虑居住的条件，将前面所学的知识加以综合地运用。特别是在讨论除了地球之外，还有没有其他星球适合人类居住这个问题的时候，引导学生结合搜集的资料和人类生存的条件说说具体的理由，同时提醒其他同学认真倾听，也许他的资料会成为你过会辩论的有力证据。这样的提醒既让学生听有所得，又能为后面的辩论活动做好充分的准备。

  任务二：辩论前，组织学生确定自己的观点，再查找资料整理相关的证据，用证据阐述自己的观点。整理完后开展的活动以战队辩论的形式组织进行，引导学生不仅学习辩论的技巧，知道巧妙地针对对方观点或关键语句进行有针对性地反驳，还要做到有理有据，同时让学生明白胜负不是活动的目

的，引导学生表达清楚了自己的观点和理由，让发言更有科学性、合理性和全面性。路越走越宽、理越辩越明，最后达成共识，只有地球才是我们赖以生存的、唯一的家园，我们更应该好好地保护它。

任务三：发挥了学生的主体性和自主意识，根据自己的想法自由设计内容，引导学生综合地运用所学的知识在创新设计中巩固应用，进一步激发了学生探索宇宙的欲望和兴趣。通过写一写、讲一讲、画一画、做一做等多种形式的设计，让学生真正学起来、真正学进去。设计完之后，再在黑板上开辟一块专栏"小小科学幻想家"，把学生的作品予以展示。在他们解说的同时，既显现了丰富的想象力，还展示了他们对科学探究的兴趣，让学生感受到成功的快乐、创新的乐趣。并且这种成功、喜悦将成为他们延续科学探究的动力，也为科学地认识世界和理解自然现象打好了基础，也为孩子们走向初中的科学生活做好了铺垫。

（此课例获得了2022年山东省"一师一优课、一课一名师"活动省级"优课"）

第五节　小学"限时快乐作文"教学模式的探索与思考

——以枣庄市市中区文化路小学为例

一、"限时快乐作文"教学模式浅析

（一）"限时快乐作文"教学模式浅释

（1）"限时"。所谓"限时"，是对时间的一种限定。

（2）"快乐"。所谓"快乐"，是一种幸福而满意的积极生命体验，一种最大多数个体心向往之的美好境界。"快乐"在本课题里是指小学生在愉快的情绪中把自己看到的、听到的、想到的内容或亲身经历的事情，用恰当的语言文字表达出来，并感受到表达与交流的快乐和学习成功的快乐。"快乐"既是对学生习作体验、学习状态的真诚关注，也是本课题研究的价值所在。

（3）"模式"。所谓"模式"，是"某种事物的标准形式或使人可以照着做的标准样式"。简单地说，模式是一种可以模仿的套路或者程序，具体到作文课堂教学上，是指值得遵循的、具有操作程序的"套路""招式"或"范式"。

（4）"'限时快乐作文'教学模式"。"限时快乐作文"课堂教学模式就是"限时快乐作文"教学过程的活动结构，就是在"限时快乐作文"教学过程中相对稳定的图式、程式、招式或范式。此教学模式不仅关注学生作文的结果，而且更加关注学生习作的过程。它包括紧密相连的五个环节，分别是：搜集资料、完成习作、评改交流、二次修改、整理誊抄。通过这五个环节相对稳定的教学，教师控制各种影响因素，如搜集素材的方式、习作内容的选择、交流氛围的创设、习作时间的把握、师生关系的调节、教学方法的渗透、评改欣赏过程的引领等，指导小学生在限定的时间内，在愉快的情绪中把自己看到的、听到的、想到的内容或亲身经历的事情，用恰当的语言文字表达出来，然后在同学们的评改、欣赏、交流中享受到习作带来的愉悦。同时，也使老师从繁重的批改负担中解放出来，感受习作教学带来的新快乐。

总之，"限时快乐作文"课堂教学模式就是一种以"限时"为前提，以搜集、整理、创作、评改、欣赏为手段，以完成习作任务为目的，以提高学生语言文字表达能力，减轻老师过重的批改负担，享受习作带来的"教与学"的快乐为宗旨的作文课堂教学模式。

（二）理论基础

1. 课标依据

《语文课程标准》明确提出了小学写作教学的特点，"写作是运用语言文字进行表达和交流的重要方式。写作能力是语文素养的综合体现。写作教学应贴近学生实际，让学生易于动笔，乐于表达，应引导学生关注现实，热爱生活，积极向上，表达真情实感。""乐于书面表达，增强习作的自信心。愿意与他人分享习作的快乐。"这些观点，高屋建瓴地指出习作要着重培养学生的兴趣和自信，鼓励自由的和有创意地表达，鼓励学会分享习作、分享快乐，同时也映射出了教师的重要地位。如何让学生喜欢动笔，喜欢写作，让学生和老师都享受到习作带来的快乐，这是需要研究的课题，也是对语文老师提出的更高要求。

2.认知依据

现代信息理论认为，任何事物都是与其他事物相互联系的，任何一个事物都具有多层面的特征，即具有多元化的信息。信息传递渠道的多少，信息刺激的广度、强度、新鲜度的不同，其信息容量就不同，学生所接收的信息量也不同。教师所用的教学方式多，信息渠道相应增多，信息刺激广度加大。在作文教学中，教学方式不能单调，训练的内容更应该贴近学生的生活。在课题的研究中力求做到指导与训练的结合、内容与方法的融合、课内与课外的整合。只有这样，才能不断调动学生的参与意识和创造热情，从而源源不断地写出好文章。

3.张志公的语文教育思想

张志公先生说："我们下一代需要什么样的语文能力呢？普遍需要的是那种'出口成章'的口头表达能力，那种'一目十行，过目成诵'的阅读能力，那种'下笔千言，倚马可待'的写作能力。"培养学生"下笔千言，倚马可待"的快速写作能力是作文教学中高层次、高水平的理想境界。这也是本课题研究的目标基础。

4.当代心理学和教育学理论

当代心理学和教育学研究认为，每个人身上都有一种未被开发的无法估量的潜能。美国著名心理学家詹姆斯说："我们目前只运用了脑力和体力的一部分。"著名心理学家和教育学家弗斯坦也认为，不同能力水平的青少年，都具有不同程度的未被开发的潜能，他们多数人具有可变性优势，通过思维工具强化，可以把未被开发的潜能最大限度地开发出来。因此，限时作文教学以思维训练为杠杆，把读说听写有机地统一起来，以达到最大限度地开发学生的限时写作潜能，大面积提高学生的写作水平，享受写作快乐的目的。

5.建构主义理论

建构主义理论强调学习的主动性、社会性和情境性，认为学生应是主动的信息收集者，人脑是主动地建构对信息的解释的。学习者以长期记忆的内容和倾向为依据，对信息进行加工、处理，因而学习者关于事物及其过程的表征，不是外部世界的直接翻版，而是通过已有的认知结构对信息进行加工而建构的。

总之，以上各种理论为"限时快乐作文"课堂教学模式的实践提供了强有力的理论依据，相信它们一定会在"限时快乐作文"课堂教学模式的实践与探索中，为更新小学作文教学理念、革新小学作文教学指导方法起到积极的促进作用。

（三）基本构想与要求

《语文课程标准》中对小学语文习作教学提出的总目标是："能具体明确、文从字顺地表达自己的见闻、体验和想法。能根据需要，运用常见的表达方式写作，提高书面语言运用能力。"具体地说，就是"能把自己的见闻、感受和想象写出来，做到内容具体、感情真实，有一定条理，语句通顺，书写工整，注意不写错别字，会用常用的标点符号。养成留心观察、认真思考、勤于动笔，认真修改自己作文的良好习惯"。由此可知，现代小学作文教学的目标分三个方面，即情感态度价值观目标、过程和方法目标以及知识和能力目标，最根本的是让小学生在写话和习作过程中学会做人、学会做事、学会生活、学会表达，全面提高小学生的综合素养，为他们一生的学习、生活和工作奠定可持续发展的知识基础。《语文课程标准》还明确指出："小学高年级学生40分钟能完成不少于400字的习作。""乐于书面表达，增强习作的自信心。愿意与他人分享习作的快乐。""修改自己的习作，并主动与他人交换修改，做到语句通顺，行款正确，书写规范、整洁。"本着这些要求，我们创建了该模式。

小学"限时快乐作文"课堂教学模式的内涵就是，学生在教师的引导下，在限定的时间内完成作文的全过程，即"搜集资料—完成习作—评改交流—二次修改—整理誊抄"等一系列环节。尤其是要在每两周一次的两节课的习作时间内写出一定水平的文章，实现"指导—写作—评改—交流—修改"一气呵成的快节奏，同时使学生在各个环节中享受习作带来的成功与愉悦。

基本构想就是：在单元学习前抛出本单元的习作课题及要求，鼓励学生大量阅读、搜集相关的资料与信息，以此激发学生创作的欲望；在每次两节课的习作课上，既有老师的写前指导，又有学生的习作初稿，还有写后的评改交流。环环相扣，结构紧凑，既轻松地完成了每一次的训练任务，又使学生的写作和评改的水平有质的提升，还减轻了老师过重的批改负担，更重要的是在展示课前积累、"我手写我心"的创作、共同欣赏佳作等环节中，可以充分地让学生享受到写作带给他们的幸福与快乐。

这一模式与传统作文教学模式的区别主要表现在，注重了课前的大量阅读与积累，提升了老师精讲指导的水准，达到了限时完成写作任务的目的，培养了学生评改欣赏文章的能力，减轻了老师过重的批改负担，扩大了面批及类批的范围，节约了批改的时间，提高了批改的效率及学生习作的水平，更重要的是学生不再厌写、老师不再厌改，实现了"教与学"的快乐双赢。

本模式在实施过程中注重培养学生观察、思考、表达和创造的能力。要求学生说真话、实话、心里话，不说假话、空话、套话，并且抵制抄袭行为。写作知识的教学力求精要有用，应抓住取材、立意、构思、起草、加工等环节，指导学生在写作实践中学会写作。同时，要重视对作文修改的评价，要考查学生对作文内容、文字表达的修改，也要关注学生修改作文的态度、过程和方法。要引导学生通过自改和互改，取长补短，促进相互了解和合作，共同提高写作水平。

二、"限时快乐作文"教学模式的实践探索

（一）模式流程

本"限时快乐作文"课堂教学模式为两节作文课连堂模式，其教学流程如下：

1.搜集资料

此环节安排在每单元学习前。

（1）教师提示学生，要结合教材内容明确本单元习作要求。

（2）指导学生做好习作前的准备：

①引导学生从本单元或课外读物中选择与本次习作要求相关的文章，从中汲取"营养"，习得方法。

②从大量的课外阅读中，搜集可以使用的妙词佳句、精彩片段、名言警句、歇后语等记录在《写作资料搜集库》（学生自备，可自命名）中。

③思考自己将要写什么以及如何写。

④其他（教师可以根据不同习作的要求安排其他准备内容）。

2.完成习作

此环节在每次两节习作课的第一课时来完成。

（1）审题与命题（时间约1分钟）

引导学生根据学段要求及习作要求，快速把握题目要义，明确习作的题材、范围、体裁、内容及要求，并适时给以命题指导。

（2）指导与点拨（时间约8分钟）

这是关键的一步。因为小学生受年龄特点、思维发展、知识储备、表达能力等诸多因素的影响，写作起来不可能信手拈来、如鱼得水、一帆风顺。这时教师就可以根据学段的要求及习作的重点，从选材、主题、结构、写作顺序、写作技巧等方面做恰当的指导与点拨，为学生快速写作做好充分的准备。

（3）快乐成文（时间约30分钟）

指导与点拨之后，一定要为学生创造一个安静的环境，以便他们一气呵成，以此享受快乐成文的喜悦。

（4）小结（时间约1分钟）

教师根据习作完成情况，作简要小结。限时内完成任务的予以鼓励，没有在限定时间内完成的，帮助他们分析原因，找到问题所在，为下次的限时完成激发斗志。

3.评改交流

此环节在每次两节习作课的第二课时来完成。

（1）自我修改（时间5分钟左右）

前人说：好文章是改出来的。老舍先生说：我写作中有一个窍门，一个东西写完了，一定要再念、再念、再念。叶圣陶先生说：修改稿子不要光是看，要念，就是把全篇稿子放到口头说说看……这些文学家们的话都充分说明了自我修改的重要性、必要性，并告诉了我们自我修改的方法。因此，每次学生完成草稿后，老师都要鼓励他们先进行自我朗读、自我修改。通过读读念念，发现并修改丢字、添字、不通顺的句子等基本毛病。这样既让学生养成了学习严谨的好习惯，又使他们找到自我修改后的成功感。

（2）互评互改（时间15分钟左右）

批改形式：灵活多样。可以是同位互改，可以是前后位换改，也可以是小组内轮改，还可以是下位找你最信任的人改。不论是哪种形式，都要在老师批改方法的指导下有条不紊地进行。

批改方法：在学生形成评改能力之前，老师要带领学生一步步学会批改的符号、批改的步骤、批改的方法，真正让每位学生学会为止。那么，具体如何教会学生去批改呢？

首先，教会学生正确使用批改符号，如增添号、删除号、对调号，好词佳句、错别字及病句的批改符号等。

其次，引导学生熟悉批改步骤，即"评改作文四步走"：第一步，边读边找妙词佳句写眉批；第二步，边读边找错字病句写眉批；第三步，边读边思考是否围绕习作重点写总评；第四步，写出批改等级、批改人及批改日期。

最后，老师还要示范引领做榜样。通过展示老师的批改过程及方法，使学生有样可学、有法可依，为加快学生评改能力的形成奠定基础。

第九章 有效经验分享

（3）作文展示交流（时间15分钟左右）

这一环节实施的过程中，要求老师要有一双孙悟空似的"火眼金睛"，一是去关注每名学生，让每一位学生都真正动起来，认真听，认真评；二是要细心发现学生在写、评时没发现的错误，给予及时的指导，以真正提高学生的写作水平。

①赏评习作。在展示学生习作时，作为老师，要公平、公正地对待每一位学生，每一篇习作。无论是优秀学生还是潜能生，无论是展示全篇还是片段欣赏，力争使每名学生的原创作品都有"抛头露面"的机会。

赏评时，老师可针对巡视时发现的主要问题梳成辫子，进行指导，实现"每课一练，每课一得"的目的。例如，这次着重评遣词造句及文采，下次着重评文章结构及顺序等。这种评讲不仅使学生逐步学会了赏评的方法，还降低了评改的难度，使他们在不知不觉中享受到了评改的快乐。

②赏评批改。这一环节主要是针对同学的评改态度、评改方法、评改效果做出展示与评价。通过老师引导下的共同点评，进一步提高学生的评改及鉴赏能力。

③下水文引领。通过朗读教师的下水文，引导学生结合习作重点、行文选材等看看老师是如何写的。这不仅给予了学生写作方法的指导，这种以身示范的榜样作用，无疑更能凝聚师生间的向心力，激发学生的向师情，更能激起学生的写作欲，另外也使教师的基本功得以不断提升。因此，老师写下水文这一环节具有不可替代的作用，可谓是一举多得。

4.二次修改（时间为5分钟左右）

此环节也在每次两节习作课的第二课时来完成。

二次修改是指同学互改后习作回到原作者手中，原作者再根据"作文展示交流"这一环节中得到的收获和启示以及同学的评改意见，针对自己的习作进行再次修改，以达到原作更加完美的目的。此次修改可在随文点评处或总评后予以修改、补充。

5.整理誊抄

此环节以家庭作业的形式在课外进行。整理誊抄时要求学生：一要在学校专用的《小荷》（三、四年级用）及《作家童年作品集》（五、六年级用）

上誊抄；二是务必把二次修改的内容整理到原文中再行摘抄；三是誊抄完毕一定上交，老师作为资料进行积累；学生也把习作整理成电子版，把每一次的作品上传至朋友圈。无论哪一种保存方式，若干年后对于学生本人来说都是一种宝贵的财富。特别是到孩子们小学毕业时，每人捧着自己的作品集，那会是一种怎样的感动啊，那将是学校送还给他们的一份最珍贵的礼物！那也是他们人生的第一部书！

（二）实施原则

语文学习应该是积极的、生动的、活泼的，要改变语文教学中僵化的弊端，就必须充分利用教师的主导作用，发挥学生的主动性、灵活性、创造性，构建师生间融合、课内外联系、多元化评价的教育体系。为此，我们本着以下几个原则来操作本模式。

1.主体性原则

充分尊重学生的主体地位。每堂课教师精准地指导习作重点，一般不超过10分钟，把更多的时间还给学生，让他们成为学习的主体，自由、快乐地创作。

2.全体参与性原则

教学中，鼓励每一位学生都参与到活动中来，创作中来。人人听习作指导、人人写快乐作文、人人评同学习作、人人读佳作欣赏，真正实现我为人人，人人为我，全体参与，共同提高的教学目标。

3.民主性原则

教学过程中，教师充分尊重学生的阅读积累、思维想象、习作构思，在平等对话的基础上与轻松愉悦的环境中，引导学生不断学会写作、学会欣赏、学会评改，切实提高自身的习作水平。

4.实践性原则

根据写作要求，教师积极创设写作情境，并努力和学生生活实际相联系，引导学生观察生活、体验生活、表达生活，从而在实践中提高学生的习作水平。

第九章　有效经验分享

5.评价激励性原则

尊重学生个性，关注学生情感，善于从不同角度对学生不同方面的表现予以肯定、鼓励、表扬，如对学习方法、评改态度、思维方式、表达效果等方面给予正面评价，以激起学生对写作的再度热情，享受写作带来的愉悦体验。

（三）实施策略

"限时快乐作文"课堂教学模式的核心要义是要求学生在限定的时间内，完成一定水平的文章，并通过积累、写作、评改、欣赏等环节享受到写作带来的快乐。基于此，本模式采取了以各环节能力培养为立足点，促进学生整体习作素养提升的策略。

1.提高写作兴趣

叶圣陶先生说过："作文的自然程序应该是：我认识事物，我心中有感，感情的波澜冲击我，有说的欲望，这时我就要倾吐。"显而易见，当人感受到某种事物或环境的熏陶后，心中会有所触动，当感情的波澜无法抑制时，便会自然地有种要表达的、非说不可的欲望。同样道理，这种课堂教学模式实施的先决条件是，只有当学生对写作文产生了浓厚的兴趣时，限时快乐作文训练才会有成效。因此，教学时要向学生进行快乐写作目的的教育，促其写作兴趣的激发，或结合具体的写作要求及内容，通过猜谜语、做游戏、创设情境、联系生活实际等多种方式调动学生的创作热情，产生"课伊始，趣亦生"的效果。

例如，小学语文（苏教版）四年级下册《习作7》，要求是"写一次体验活动"。为了让学生体验盲人生活的辛苦，感受他们的世界，课伊始，我就让孩子们自己戴上准备好的眼罩，像盲人一样摸到水杯再倒水喝，然后引导学生将体验的过程、感受说出来、写出来。这样的设计深受同学们喜欢，自己尝试了、体验了、感受了，写作起来就不难了。

2.积累写作材料

"巧妇难为无米之炊"，这个道理谁都明白。如果没有写作材料，任凭你是写作高手，也会束手无策。因此，在实验过程中，一定要夯实"材料"这一基础工程。材料的积累可采取以下方法："活动体验法""随时记录法""五分钟速写每日练""每日阅读摘抄法"等。通过多种方式的训练，学生们不断阅读、不断积累、不断实践、不断体验、不断练笔，"无米之炊"的现象已不复存在。

平时的积累是为了扩大阅读的范围，品味优美的语言，丰富写作的素材，感受写作的技巧。而每次习作前相关资料的集中搜集就显得更为重要，这需要在老师的引导下尽快让学生养成搜集、整理资料和信息的能力和习惯。例如，小学语文（苏教版）四年级下册《习作7》，在第七单元教学前我就组织学生先看这次的习作要求，引导学生明确习作内容，把握习作重点，做好相关资料的搜集与准备工作，如可以读读相关的体验类的文章，从中摘录优美的词、句、段及写作方法与技巧；可以搜集一些相关的名言警句；可以准备一些上课时需要的眼罩之类的道具；可以在课下选择一种角色事先进行生活体验等。有了如此丰富的课前积累与准备，学生"备"好了充足的"米"，课上再通过老师"方法经"的点拨，学生对作文怎能感到怕、感到烦呢？只有不断地享受"我手写我心"的快乐了。

3.丰富写作语言

如果学生词汇贫乏，语言又枯燥，写作时就会写了想、想了写，有时还会因找不到一句恰当的话来表达自己的意思，出现"卡壳"现象，这样一来不仅写不出高水平的生动吸引人的文章，还达不到限时作文的目的。因此，写作语言的训练和词汇的积累是十分重要的。

丰富写作语言的主要方法就是加强课外阅读和积累，可以从课后出现的"背诵自己喜欢的自然段，摘抄好词、佳句"这样的练习中，让学生背诵、摘抄积累材料；可以用坚持写日记的方式积累材料、丰富语言；还可以根据老师推荐的阅读书目及自己的喜好，阅读广泛的书籍，积累更加丰厚的材料，这也和我们学校进行的"书香伴我成长"国学大阅读活动相得益彰，书读得多了，经典背得熟了，表达自然就会流畅，语言也自然就会有文采。

4.训练写作技巧

对于一篇成功的文章，教师的正确指导将起着事半功倍的作用。为了使学生逐步适应限时训练，逐步学会写作技巧，应采用分层次、有重点、逐步推进的做法。比如，快速审题、快速命题、快速选材、快速构思、快速写作、快速评改等技巧，都要分专题进行归纳、总结和指导。为了将阅读和习作教学有效地结合起来，我们还组织各年级组在学期初制订每单元的"读写结合训练计划"，主要目的是针对每单元的阅读教学的内容，设计与此相应的习作训练题目，并且在相应课文教学结束后的课上15分钟左右的时间，紧接着进行写作训练。如此将读与写紧密有效地结合起来，既做到了"一课一得""一得一练"，巩固了写作技巧，又提高了学生的速写水平，可谓是一举多得。

5.培养书写能力

作文教学中的书写训练一直不被老师们重视，2011年修订的《语文课程标准》对此做了明确的要求："要关注作文的书写质量，要使学生把作文的书写也当作练字的过程。"为了切实培养学生的书写能力，我们每天利用15分钟的写字课时间集中进行书写能力训练。与此同时，我们还要求老师教育学生"提笔就是练字时"，以认真的态度对待每一次书写，把字写得清楚、规范、工整。另外，整个作文训练的目的之一是要求学生能够快速写作。因此，每次完成作文初稿的时间只安排1课时。教学中，老师们严格要求，时间一到，一律收卷，没写完也要收卷。这样对学生的书写无疑又提出了更高的要求，让学生在限定的时间内写得又快又美也是我们实验的目标之一。

6.形成评改能力

（1）了解互评互改的意义。引导学生明白，互评互改既可以学人之长，补己之短，又可以提高自己的写作水平。

（2）教师示范批改。在学生形成评改能力之前，老师要借助展台将批改学生习作的全过程展示出来。例如，怎样找妙词佳句写眉批，怎样找错字病句写眉批，怎样根据习作重点写总评等。通过这样几次不断地演示，学生们对如何评改就会了然于胸，慢慢地，学生独自批改的能力就会自然形成。

（3）学生互评互改。在老师的示范批改后，学生们就进入了实战环节，将学到的批改技巧逐步应用到评改同学的活动中去。

（4）学会自我修改。俗话说："好文章是改出来的，而不是写出来的。"叶圣陶先生也说过："修改文章的权力首先应属于作者本人，老师只给些引导和指导，该怎么改，让学生自己考虑决定，养成自改的能力。""自改"

作文，分为两次：一是写完初稿后，自己读读改改，看句子是否通顺，看是否有错字病句，发现漏洞及时修改；二是同学评改之后的"二次修改"，即在听取他人意见的基础上，再对自己的文章加以修改与润色，自然会提高学生写作的现有水平。

　　形成评改能力，说起来容易做起来难。在课题实验刚开始时，许多学生在修改作文时只能把几个错别字找出来，对于选材是否得当、结构是否合理、是否达成写作要求，不能准确把握。有的学生干脆不改，因为他们压根不知道有什么不足，还欠缺些什么，该怎样改。记得有一次，我将一篇学生习作投到屏幕上，一步步教他们如何修改。然后让大家互评互改，却发现大都是照刚才我教的方法依葫芦画瓢，丝毫看不到每名学生的特点，看不到每篇文章的特色。我又要求以小组为单位开展互评，但由于各组内学生水平参差不齐，其结果是几篇作文全由一人或两人修改，其他的人坐享其成，只知道傻呆呆地在一旁看，达不到人人参与的效果。而且，由一个人修改几篇作文，又增加了个别学生的工作量，容易使几篇作文一个样，又造成了其他学生偷懒的心理。这使我陷入了深深的思考。

　　针对以上种种情况，我结合小学生爱当老师、爱表现自己的特点，采取了全班分工合作修改作文的方法，取得了一些成效。

　　首先，用一点儿时间先讲一讲本次习作应注意的要点。例如，六年级下册《习作6》的"通过一件事写人"的习作训练。在评改时我将习作应注意的四点分别列在黑板上：抓住特点描写外貌，事情的经过是否具体，语句通顺与否，有无用错的标点及错别字。然后由学生自由选择修改的内容，认为自己能做好哪一点就选择哪一点修改。通过一番思考，一般成绩较好、能力较强的学生会选择"事情的经过是否具体"这一部分，因为他们喜欢向高难度挑战；成绩中等、能力一般的学生有的会选择"抓住特点描写外貌"，有的则根据自己的兴趣选择"语句通顺与否"来锻炼自己；而那些平时成绩较差、能力较弱的学生则会拿着一本字典，选择"有无错别字及用错标点"一项。这样一来，所有的学生都能根据自己的需求与喜好，自主选择感兴趣的内容津津有味地批改起来。

　　其次，将选择出来的这四部分的学生分组坐好，再对各组进行修改技巧的指导。修改"抓住特点描写外貌"的学生在仔细读完作文后，要写上"描

第九章　有效经验分享

写眼睛的句子应抓住特点来写""人物的神态描写用词不当"等具体可操作的评语；修改"事情的经过是否具体"的学生读完作文后也写上自己的修改建议，如"没有抓住人物的动作和语言""没有抓住人物的心理活动进行描写"等；修改"语句通顺与否"的学生则在不通顺的句子下画波浪线；修改"有无错别字及用错的标点"的学生把错别字或用错的标点，用另一种颜色的笔画上圈即可。每个人写完自己的修改建议后，签上名字，既增强学生的责任感，又让学生们有种做老师的感觉，因为他们不是帮你改，而是教你改作文，有了这种感觉，学生就更认真了，在提建议时反复斟酌。在修改的过程中，如果有一些问题，还可以进行讨论，几个人一块商量，然后再做出修改建议，等修改建议完成后，就和其他大组成员交换，修改另一本作文。待所有人的作文全部经过四名同学的修改后，回到本人手中，根据作文后面的修改建议，自己进行修改，如果有不明白的地方可以根据签名找到提出建议的人，进行面对面交流。

用这样的方法来修改作文，虽然所用的时间比过去多一些，但是修改作文的效果却比过去好许多，不会再出现乱改、不改作文的现象。同时，对于成绩较好的学生，能从成绩较差的学生的作文中看到自己的优点；对于成绩较差的学生，也能从中学到写作文的方法，积累别人作文中的好词佳句。这样不管对谁都能从别人的作文中吸取优点，并可以将这些优点运用到自己的作文中。

经过长时间的训练积累，学生们渐渐地学会了修改作文，评改及鉴赏能力都有大幅度地提高，相应地，他们的作文水平也得到了充分提升。

7.强化激励措施

第斯多惠曾说："教育不在于教给学生多少知识，而在于唤醒、激励和鼓舞。"在写作方面更是如此。为了鼓舞老师们的教学热情，我们利用教研活动时间，专门组织老师们观看了江苏省特级教师管建刚老师的《我的作文教学革命》的专题报告。报告中提到了诸多"金点子"，如"等级评奖、积分活动、稿费活动"，管老师将这三个"金点子"运用得炉火纯青，以此不断地激发学生的写作热情，学生们也乐此不疲，在持续的、想得到它的追求中，获得持久而又新鲜的"我要写"的动力，从而促使学生的作文水平不断提高。管老师的作文教学智慧不得不让人佩服！他的做法也纷纷被老师们效仿，并在老师们的实践中得以再创造，形成了"激励学生写作新机制"。

越给学生以鼓励，学生就越自信。我们在评改作文的过程中发现，每次得到作文推荐机会的总是班级中那几个作文基础好的同学，对大多数人而言，他们自己被推到前面的机会很少。所以，可以采取更加灵活的推荐方式。比如，有的同学某个片段写得好，或有的同学某句话写得好，都可以在班级中推荐出来，或在班级赏读，或誊抄到学校的小作家习作簿上，或把班级中的优秀习作贴上墙，也可以附上别人的评价，作为一种激励方式成为学生难忘的荣耀。作文展示是鼓励学生写作的一个有效环节，因为这个展示会让学生有一种认同感，他会觉得我真的不错，心里会有成就感、快乐感、幸福感。

（四）实施过程

1.审时度势，找准关键

教学质量是学校的立校之本，课堂教学又是提高学校教学质量的主渠道。因此，我们从课堂教学改革入手，以提高教育教学质量为核心，通过对小学语文课堂教学和学生阅读与写作现状的深层研究，思索如何以培养跨世纪的高素质人才为目的，促进学生的发展，为他们的终身学习奠定基础，使学生的语言交际、个性发展及实践能力方面均有较大改观。基于这些考虑，我们把创建小学作文课堂教学的新模式作为打造教学特色品牌的切入点，旨在探索一种减轻语文教师过重的作文批改负担，提高作文教学质量的课堂教学模式。

2.建章立制，强化管理

为了保证教学改革的顺利实施，我们一方面将该模式作为学校八大品牌创建工程之一纳入学校中长期发展规划，决定利用三至五年的时间形成比较成熟的、有效的限时快乐作文课堂教学模式，并得到学生、家长和社会的认可。在此基础上，将该模式在全区、全市甚至更大范围上进行推广，将此项教学改革真正打造成为我校课堂教学改革的品牌。

另一方面，我们将该模式纳入学校的实验课题管理之中，由校长亲自主

第九章　有效经验分享

持,精选一批教学经验丰富的老教师和善于钻研学习的年轻教师,成立课题实验小组。同时,各教研组成立"限时快乐作文"实验小组,根据不同的年级确立不同的实验侧重点,全体语文教师人人参与、人人研究。学校依据《文化路小学课题管理办法》对其进行跟踪、督促和管理,将实验效果计入教师学期综合考评之中,保证了此课题的有效性和全面覆盖。

在时间上,学校将每周四下午两节课固定为阅读与写作专用时间,间周进行阅读和写作的训练,严格按时执行。这样安排保证了一学期至少7次的高效习作指导次数。同时,使课内与课外相结合、阅读和写作相结合、积累与应用相结合,有效提高了学生的写作水平。

另外,教导处不定时地了解、调查教学模式实施及进展情况,及时解决课题实施中出现的新情况新问题,并采取办"级部月报""级部周报",定期举行学生素养之习作能力测评活动,结集出版学生优秀作品集等多种形式,激发学生创作兴趣,保护并鼓励学生的创作热情,同时以此来评价教师对教学模式的实施成效,确保教学模式稳步、扎实地开展下去。

3.更新理念,培训先行

历次教学改革的实践告诉我们,教学改革成败的关键在于教师。有了模式的雏形,我们就组织全体语文老师学习模式的理念及操作流程,通过座谈、讨论和"作文教学之我见"的征集,摸清教师在实施模式过程中存在的问题、困惑、思索和建议。其间,老师们有很多的疑虑,诸如"几乎没有连着的2节语文课,怎么能一气呵成完成一篇作文呢?""平常学写一篇文章至少得3节课,现在2节课既完成教又完成写还要完成评的工作,时间能够用吗?""学一次习作那学生们不得写上3遍,哪有那么多时间?""只有10分钟左右的时间,对写作要求的指导能到位吗?""学生们可不会批改文章呀!""要教会所有的学生那可不是一时半会能做到的啊,尤其是对于那些学困生,能不能当堂写完还是未知数呢,更何况让他们去改别人的文章,他们能行吗?"……

面对老师们的疑问,我举行了多次专题报告,与老师们面对面互动交流,答疑解惑。经过一次一次点拨,老师们渐渐地认同了该模式,熟悉了该模式的流程,并且满怀信心地自觉运用到实践中去。

为了更新老师们的作文教学观念，我们又举行了各种别开生面的作文教学研讨活动。有时现场观摩学校或学区优秀的作文课堂教学，有时观看江苏省特级教师管建刚的《我的作文教学革命》的专题报告，有时欣赏作文教学名家课堂的精彩视频。这些活动的开展，不仅促进了老师们作文教学理念的提升，更为课题的顺利实施起到了有力的促进作用。

4.实践探索，促进成长

在限时快乐作文课堂教学模式实施过程中，通过不断地实践、不断地反思、不断地探索，逐步修改和完善"限时快乐作文"课堂教学模式，使之更顺畅、更有效、更科学。比如，我们发现原来模式名字中的"快速限时"这一说法欠妥，故而改成"限时快乐"，既体现了此次作文改革高效的特点，又体现了对学生的人文关怀，毕竟学生的"快乐学习""快乐成长"才是我们教育教学的根本嘛！又如，我们发现原模式流程中有四环节，当学生评改交流后就二次誊抄了，那老师讲评和同学评改的意义又在哪里呢？针对这种现状，我们又增加了一环节，那就是作者的二次修改，也就是习作的原作者根据"作文展示交流"这一环节得到的收获和启示，以及同学、老师的评改意见，针对自己的习作进行再次修改，以达到更加完美之目的。此次修改可在随文点评处或总评后予以修改补充。这一环节之后再整理誊抄，这样的作文才有实效，才高效。与此同时，我们组织了丰富多彩的活动，促进教师的专业化成长。

具体说来有：

（1）举办"限时快乐作文"大讲堂，开展作文模式大讨论。解答课题实验过程中的疑惑，激励参与实验的积极性和主动性。

（2）举行"习作讲评课""习作教学研讨课"等观摩活动及"快速限时作文"模式之"同课异构"课堂教学评比活动。

（3）组织教师听取专家报告，认真撰写观后反思，征集老师、学生对模式的看法，开展"作文模式之我见"的交流活动。

（4）举行下水文比赛，提升教师指导的准确性和有效性。

（5）结合多元评价体系，举行学生语文素养之习作测评活动，不断监测实验过程中学生作文水平的发展状况。鼓励学生在报纸杂志上发表文章，定

第九章　有效经验分享

期举行《小荷》《作家童年作品集》展览交流活动。

（6）以级部为单位，设计编印《作文月报》《作文周报》。既激发了孩子们的写作热情，又提高了他们的习作素养。

（7）树立品牌意识，利用片区教研时机，将"限时快乐作文"课堂教学模式进行推广。积极参加市级相关课题评选，将研究引向深入。

总之，在师生们的共同努力下，我们认真贯彻落实模式的精神，扎扎实实地开展每次活动，有通知、有过程记录、有老师反馈、有活动总结及反思。我们在付出的同时，也得到了丰厚的回报，师生语文素养、习作素养都得到了有效提升，实验目标顺利达成，课题实验取得了圆满成功。

（2011年，在北京举行的国家"十二五"重点课题经验交流会上，交流了本课题材料）

（2013年6月，此论文获得山东师范大学教育硕士优秀毕业论文奖）

第十章 "听"出来的有效课堂

第一节 基于新课标如何听评课

一、课前要有一定的准备工作

"教学评一致性"的高效课堂教学观课量表

时间			地点		课题	
课型			讲课人		评课人	
	是	观察点	结果统计（在对应栏打√或填写相应数字）			
高效课堂	目标	（1）是否规范和清晰？	目标清晰（ ）		目标不清晰（ ）	
		（2）是否符合该班学生？	符合学情（ ）		不符合学情（ ）	
		（3）达成情况如何？	目标达成（ ）		目标未达成（ ）	

第十章 "听"出来的有效课堂

续表

		时间		地点		课题
		课型		讲课人		评课人
	是	观察点	结果统计（在对应栏打√或填写相应数字）			
高效课堂	评评价任务	（1）制定：评价任务数量？呈现方式？	数量（　　）个 呈现方式（　　　　　）			
		（2）搜集信息：方式是什么？次数分别是多少？	巡视次数（　　）	提问次数（　　）	合作学习次数（　　）	其他（　　）
		（3）交流、反馈对评价信息的使用？	肯定追问（　　）	补例讲解	表达改进建议	其他（　　）
		（4）评价结果呈现方式？	口头表扬（　　）得星（　　）加分（　　）其他（　　）			
		（5）以评促学 评价任务的理解程度 评价任务的展开方式	效果较好（　　）		效果欠佳（　　）	
			准确理解（　　）		不完全理解（　　）	
			边读边圈画（　　）		答题 计算（　　）	
		（6）学生完成人数多少？	90%以上（　　）一半以上（　　）不足一半（　　）			
	学学习活动	（1）与目标达成有关？	是（　　）		否（　　）	
		（2）目标完成情况指向的具体目标是什么？用时多少？	学习活动	学习目标	对应目标	用时
			活动1	目标1	是（　） 否（　）	（　）分钟
			活动2	目标2	是（　） 否（　）	（　）分钟
			建议：			
		（3）合作学习情况	交流汇报（　　）		演示学习过程（　　）	
		（4）巩固拓展	知识的巩固性（　　） 拓展的有效性（　　） 活动的趣味性（　　）			
		（5）课堂效果	高效（　　）良好（　　）欠佳（　　）			
总评：						

279

听课前要做好以下的准备工作。首先，要研究所听的课。熟悉相关的课标内容、教材教参、学情，对这一课要有所知晓，要有所研究；其次，要设计所听的课，如果是你上这课，你的学习目标是什么，设计什么样的评价任务促进目标的有效达成，如何安排学习过程，对这些要有所思考，带着思考走进这堂课的教学；再次，要比对所听的课，自己的设计和老师上课的设计有什么不同，哪些环节你的好，哪些环节他的好，各自好在哪里，要在比较中深化认识，找到促进学生经历学习到学会的有效路径；最后，还要做好观课量表，明确观课的内容和要求，及时记录各个环节设计及达成的有效性，再进行总结和反思。

不打无准备之仗，只有这样，听课，才能听出门道，才能不做旁观者、盲从者、批评家，而是做主动参与者、引路人、审美者和帮助者。

二、听课、观察、记录、反思

听课时一定要坐到学生中间，感同身受，和学生一起听课、学习、参与活动才能了解学生的真实学习状态，才能真正知道学生是否学会。同时，还要关注、观察、记录、反思以下几点：

（1）目标预设和达成：教师的每一句话，每一个任务安排是否指向目标。

①是否关注具体学科核心素养目标（知识技能、方法策略、内化的素养）。

②是否关注更上位的学生发展核心素养，关注育人价值。听后想一想，这节课这么上有没有育人价值？有什么育人价值？

（2）教学内容：选择了什么样的内容来达成目标。

（3）教学活动：通过什么样的教学活动来完成教学内容？是否既关注探究又关注实践，能否给学生提供思考探究的空间，是否引发生生之间的互动……

（4）教学方式：过去我们评价一堂课的情境创设怎么样，往往看导入环节是不是设计得巧妙、生动，是不是能够引起学生的兴趣。但按照核心素养的要求，作为情境创设要尽量真实。

（5）学生的学：学生是否在教师的引导下积极参与到学习活动中，学习活动中学生经常做出怎样的情绪反应；学生是否乐于参与思考、讨论、争辩、动手操作；学生是否经常积极主动地提出问题等。

（6）教学评价：教师在教学过程中是怎样评价学生的？有哪些手段、做得怎么样？在评价时是否关注学生对知识掌握的情况，也关注学生在情感方面、观念方面、思维方面的表现。

三、评课

评课要想取得成效，得注意以下几点：

（1）站在被评课人的角度想问题。要想清楚，你要评课的这位老师身上最需要的是什么，你评的重点是什么。

（2）评课中要拿出自己的"绝活"。不能仅仅停留在用"耳"听、用"笔"记、用"嘴"说的流程中，应该是专业上的引领与带动。用发现老师教学亮点的慧眼，锐利地指出缺点、准确地解剖盲点。

（3）专业的评课拿证据说话，以理服人。要挖掘事实背后的理论，或行为背后的理念，把它上升到理论高度来评课。上升到理论之后就可以影响教师以后的课堂教学，可以举一反三、触类旁通。不要面面俱到，要有侧重点。

从学习目标设计上分析：是否符合课标、学情。

从教材资源选择上分析：是否有利于学习目标达成？

从目标达成上分析，目标达成了没有？没有达成的原因是什么？如何改进？

从结构化角度上分析：一节课是否放在整个单元结构中，是否放在完整的知识结构中去实施，是否起到迁移的价值？

从是否关注学生学的角度分析。

（4）树立重要的观念：评课不仅仅是批评，更不是无谓的赞美，评课就是发现课堂问题。要让老师们明白"问题是我们的朋友"，评课的重要目的就是正视问题和发现不足，这才有助于找到前进的方向和目标。对于评课，你有什么样的素养，就会传递什么样的评课水平；有什么样的体验，就会传递什么样的教学经验。

（5）在正视人的弱点、尊重人的天性的情况下，评课者出于"真诚"，尽量做到"义正词婉""理直气和"。

（6）评课不能流于形式，不能在设计好的表格上打个分，草草了事；不能一味地表扬为主，做"好好先生"；不能被动发言，敷衍了事。如果评课只说些正确的废话，那评课还有什么意义呢？有些时候，所谓的讨好鼓励是不负责任的表现。既然评课要围绕课堂信息提出问题、发表意见，那么评课的过程就应当是参与者围绕共同的话题展开对话、平等交流的过程。评课只有超越了"领导说了算"的局限，改变老师在评课活动中的"被评"地位和失语状态，让授课者说话，评课才能更加点中要害。

第二节　学生喜欢这样的教学设计

【时间】2022年9月8日

【案例】部编本小学语文三年级上册第一单元《语文园地》中的《词句段运用》（第三题）

【课堂回放】

题目：在班里组织几个兴趣小组吧！试着给每个兴趣小组取个响亮的名字，吸引有相同爱好的同学一起开展活动。

【课堂在线】

（1）出示题目，指名读，说说题目要求是什么。

（2）出示兴趣小组的名字，说说这些小组是做什么的？这些名字怎么样？篮球侠、巧手剪纸组、鲲鹏航模队、探索者小队、黑白棋社……

（3）指名说说这些小组名字有什么特点？出示课本中的泡泡语，师总结。好名字要做到：体现活动特点；名字中加入个性的词语，让人一看就能记住；响亮，顺口。

（4）指名为你的兴趣小组起个名字。

第十章　"听"出来的有效课堂

【诊断建议】

整个环节就像挤牙膏一样，挤一点出来一点，学生被动地被老师牵着走，丝毫没有主体性可言，没有兴趣可言。本题要达成的目标是什么老师并不清楚，换句话说，没有围绕目标组织教学。标准就是泡泡语中提示的，为了便于学生快速读懂、掌握并运用，可以将响亮的小组名字的特点概括并板书为：活动特点、个性词语。这既是小组名字的特点，又是学生练习与评价小组名字的标准，围绕这个进行训练，本题的目标才有望达成。

具体设计时，可以首先创设一个情境：有一些兴趣小组需要招募优秀的"起名师"，比一比谁起的名字最响亮，在投票评选中获胜的将获得神秘大奖，以此激发学生的学习兴趣。

接着出示课本中五个小组的名字，引导学生小组合作：读读、议议、说说，这些名字响亮吗？从哪里看出来的？响亮在哪些关键词上？分析完之后，再增加难度，试着让学生总结出这些响亮名字的共同特点是什么，鼓励学生用句子、用关键词来表述，在此基础上，老师再适时指导概括并板书要点是：活动特点、个性词语。

然后引导学生根据板书的要点，也就是响亮名字要达成的标准，进行头脑风暴，发散思维，给自己喜欢的兴趣小组起各种有趣的名字。学生汇报时，老师要提前明确评价的标准也是：活动特点、个性词语。如此训练，学有目标、练评都有标准，目标才会真正达成。

最后再通过投票，评出本次招募活动中优秀的"起名师"，不仅目标达成了，学生的兴趣还一直被激发、保持着，学生的认知、能力也都得到了相应的提升。这样的设计才是学生所参与的、发挥其主体性的喜欢的设计！

第三节　每一步，你达标了吗

【时间】2022年9月8日

【案例】部编本小学语文三年级上册第一单元《语文园地》中的《词句段运用》（第二题）

【课堂回放】

题目：怎样朗读能更好地表达句子的意思？想一想，练一练，然后和同学交流。

（1）妈妈，我真的觉得那些花朵是在地下的学校里上学。

（2）书里说的是什么意思，他一点儿也不懂。

（3）孙中山笑了笑，说："学问学问，不懂就要问。为了弄清楚道理，就是挨打也值得。"

【课堂在线】

（1）朗读句子。指名读、齐读。

（2）说说该怎样朗读？指名说。

（3）小结方法。

①一边读一边想象描写的画面；

②强调句子中的重点词语：有的需要重读，有的需要轻读，有的需要读得快一点，有的需要读得慢一点。

（4）再指名朗读。

【诊断建议】

整个流程是符合学生认知规律的，从朗读熟知句子内容到试着说说朗读的方法，再及时总结出朗读的技巧，最后再练习朗读。但是课上的学生表现、老师对于学生反馈的信息的及时捕捉、调整与指导却出现了这样那样的问题，导致了学生并没有真正通过朗读表达出句子的意思，换言之，学习目标并没有达成。如果像下面这样落实，每一步能不达标吗？

第一步：朗读句子。不要只让学生读两遍就行了，读的目的是什么，老师要做到心中有数。应该让学生在切实读正确、读流利的基础上，用自己的话说说每句话所要表达的意思，明确意思了，再找找、圈圈和要表达的意思相关的重点词语，如句子中的"真的、一点儿、不懂就要问"。这也是为后面朗读时要突出强调的关键词语做好准备。

第二步和第三步：说说该怎样朗读？及时总结出方法。对于方法学生只是只言片语，老师可适时指导用简练、概括的语言总结出不同角度的方法，并及时板书要点，如强调关键词、长句有停顿、有轻重缓急、边读边想象，而不是不疼不痒地出示两条，读完就算了。

第四步：再让学生读一遍，名义上是要求看看学生是不是读出了句子要表达的意思了？但是读过就读过了，没有任何评价，学生目标能达成吗？基本上没有什么提升，如果老师根据上面板书的内容（强调关键词、长句有停顿……）引导学生去听、去评、去指出优缺点、去再练读，提升才是有可能的。板书的内容既是读好的标准，又是朗读的目标，还是评价学生是不是达标的依据。依标而学、依标而练、依标评价才能真正看到学生是不是通过朗读表达出了句子的意思。

第四节　当堂检测这样才有效

【案例】五年级数学

临下课还有10分钟，老师组织学生以"课堂检测"的形式进行了巩固练习，布置学生在书上完成课后的2道习题。学生开始做了，老师才悄悄地用优化大师设计了3分钟的倒计时，时间一到，就组织学生对了答案，再告诉学生每小题的分值，让学生得出自己的分数，再统计谁得了满分，谁得了95~99分。然后就下课了。

反思老师的这一环节，检测的目的达到了吗？首先是有带给学生的检测的仪式感、成就感吗？没有。其次，给出习题的答案是最终目的吗？不是的，哪些孩子哪些题有错误，他们知道错在哪里、为什么错、怎么改、为什么这么改了吗？另外，统计得分后，满分的、没有满分的该怎么评价，他们今后又该怎么做？学生知道了吗？很显然，这些都没有达到。

那该怎么做才可以达成这些目的，实现课堂的有效性呢！

首先，给学生讲清楚，"同学们学得怎么样？敢不敢当堂限时做几题看一看。"调动起学生争强好胜的欲望，再边打开"优化大师"的倒计时软件，边说"那我们就比一比：一看谁做得又对又快；二是如果时间没到你完成了就起立，看看谁最快；三要边站边检查，争取做全对（对于数学来说，做完就检查是非常好的学习习惯，就要有意识地去训练）；四是看看哪三位同学做得又快又对；准备好了吗？倒计时！开始！"在这种氛围下，孩子们进入实战状态，跃跃欲试，都想比一比谁最厉害，这种状态下的孩子能不集中精力专注地去做题吗？因为此时已激起了他们想获胜的决心了，有了这个内驱力，学习不就变得认真了吗？所以，老师富有鼓动性的语言可以让"检测""练习"更有仪式感，时间没到早早完成的同学很有成就感，对完答案后又对又快的同学更有自豪感！

其次，对答案的环节，当老师或学生说出正确答案后，找出哪些学生做错了哪些题；然后再聚焦这些错题，由老师或学生说出正确的算理和算法，让人人都明白到底错在哪里；最后让孩子们和同位再次练说同一种类型的一个错题，真正明白为什么错、怎么改。这样的对答案环节才能让所有的学生都能做正确、改正确、都学会，才能真正知其然又知其所以然，这样设计的教学环节才会有助于实现有效教学！

参考文献

[1] 张菊荣.周建国.教了不等于学会了[M].上海：华东师范大学出版社，2018.

[2] 卢明，崔允漷.教案的革命[M].上海：华东师范大学出版社，2019.

[3] 崔允漷.有效教学[M].上海：华东师范大学出版社，2015.

[4]（美）格兰特·威金斯，杰伊·麦克泰.理解为先模式——单元教学设计指南[M].福州：福建教育出版社，2020.

[5] 钟启泉.读懂课堂[M].上海：华东师范大学出版社，2021.

[6] 托马斯·C.默里.真实性学习——如何设计体验式、情境式、主动式的学习课堂[M].北京：中国青年出版社，2021.

[7] 李如密.如何提升课堂教学的有效性[J].中国德育，2018（11）.

[8] 郑义华.作文讲评，快乐习作的突破口.[J].读与写杂志，2010（1）.

[9] 钟纪红.寻找作文的快乐——关于学生厌写作文的原因分析和对策[J].作文教学研究，2008（6）.

[10] 滕光辉.谈谈限时作文及其指导[J].西北成人教育学报，2000（1）.

[11] 张志公.关于改革语文课程、语文教材、语文教学的一些初步设想[J].课程·教材·教法，1984（1）.

[12] 陆志平.语文新课程新探——新课程理念与语文课程改革[M].哈尔滨：东北师范大学出版社，2002.

[13] 叶圣陶.叶圣陶教育文集.[M].3卷.北京：人民教育出版社，1994.

[14] 钟启泉.为了中华民族的复兴，为了每位学生的发展[M].上海：华东师范大学出版社，2002.

[15] 张化万.现代小学写话与习作教学[M].北京：语文出版社，2002.

[16] 刘海鹰.小学快乐作文教学研究[D].河北师范大学，2006.

[17] 李锋，崔允漷.基于标准的教学设计[M].上海：华东师范大学出版社，2013.

[18]（美）格兰特·威金斯，杰伊·麦克泰.追求理解的教学设计[M].上海：华东师范大学出版社，2019.

后　记

　　光阴荏苒，回首过往，竟有几多酸涩和感动。

　　忘不了，为了迎接教育硕士考试，在不影响繁忙的学校教学工作的前提下，在尽心照顾年幼的儿子后，我只能利用深夜时间看书，一天又一天，这对于有着腰肌劳损的我来说无疑需要更大的毅力与坚持……路途的遥远，夏日的炎热，老师的敬业，同窗的友爱，求学的执着与艰难！每一个瞬间，都那么令人难忘！

　　忘不了，一个学期有时高达近20次的工作事务都需要我精心准备，每一个事务都不是一天两天就能完成的，每一个事务也不是能在忙碌的白天所能完成的，过于追求完美的我只能在夜深人静时，才能坐下来专心工作。为了不与家人相互打扰，有时只能在校加班，多少次深夜回家记不清了；有时把二宝哄睡着，再偷偷起来继续工作，可睡不多会儿孩子又醒，再哄睡，再起来，这样的夜晚数不胜数。一次次地循环往复，一次次地通宵达旦，即便累倒，第二天依旧和往常一样来到学校，晚上下班再去医院打针，一打就是12天。当躺在病床上打针的时候，当我无力行走的时候，我感到了害怕。害怕不能再走进老师们的课堂，害怕不能再帮助他们，害怕我没有了价值。可当我再一次走进老师们的课堂中，再一次看到老师们收获欣喜的笑容时，我感到很幸福！

　　忘不了，一个学期有时高达222节的听课记录，记载着老师们的得与失，记载着我和他们倾心的长谈与耐心的指导……看到老师们会备课、会上课、会管理、会沟通了，回顾陪伴、指导他们的点点滴滴，我感到很幸福；看到每次巡课、听课、评课、教研之后老师们说"听您一说，我感到豁然开朗了"，能为老师们出谋划策、指点迷津，我感到很幸福；看到他们字斟句酌地打磨教学语言，反复推敲深挖学科本质，做到了心中有目标、过程有方法、评价有标准、课堂有实效，我感到很幸福！

　　忘不了，在每次指导老师们送教、送报告活动中，看到他们由最初的懵懵懂懂到拨云见日、渐入佳境，能帮助他们变得更专业、更美丽，我感到很

后　记

幸福！

　　忘不了，同事们和我并肩作战，百忙之中挤出时间，甚至通宵达旦，共同研究创编了《东湖小学学生学习习惯规范与准则》，设计了"教学评一致性"的各学科教学模式，开发了"微课程"建设，创新了"办公室教研"，打造出"'教学评'一致"的"四声活力"课堂，开创了"润泽大讲堂"，打造出东湖"润泽"教育品牌，我感到很幸福！

　　忘不了，出版社的老师们认真严谨，从交稿开始，一直到最后定稿的反复修改，始终认真负责地给予我深刻而细致的指导和帮助。正是由于他们的无私帮助与热忱鼓励，我的书稿才最终完成。借此机会，向他们表示衷心的感谢和崇高的敬意！

　　艰难方显勇毅，磨砺始得玉成。尽管工作里饱含辛酸，有过奔跑，有过哭泣，有过微笑，但我们还是要怀揣梦想，永不停歇。因为它是你走过的最好见证。一路走来，才积淀下本人对学习有效性的粗浅认识，实践证明有了良好的学习习惯，运用有效的学习方式，在基于新课程标准的教学设计和符合当下新课程改革需要的"教学评一致性"的教学模式的课堂里，就能实现学生在学习、真学习、会学习、学会了的有效学习。但随着新课改的不断深入，如何进行项目化学习的设计和实施、如何进行跨学科的探究式学习、如何进行更规范的大单元教学的设计和实施等都还需要我和我的团队继续深入学习和研究。

　　"空袋无以自立"，增值赋能是教师停不下来的人生课；任何时代，"学高为师"都是一个没有终点的期待；知识爆炸的信息时代，"本领危机"更是一直横亘的栏杆。爱因斯坦说："一个人只有以他全部的力量和精神致力于某一事业时，才能成为一个真正的大师。"我绝对不敢说自己是大师，但经过30年教育磨砺的我更会以全部的力量和精神致力于我所钟爱的教育教学事业，以前是，现在是，今后也是，我将生命不息，奋斗不止。

　　到这里，虽已完稿，但心里还有些忐忑，若能给您一点启发，善莫大焉；但由于本人学识浅陋，本书的深度还不尽如人意，定有不当之处，敬请批评斧正。有待日后继续探索弥补！

靳　会
2023年1月22日凌晨